国家社科基金
GUOJIA SHEKE JIJIN HOUQI ZIZHU XIANGMU
后期资助项目

20世纪70年代农户收入研究

China's Peasant Household Income
in the 1970s

黄英伟　著

社会科学文献出版社
SOCIAL SCIENCES ACADEMIC PRESS (CHINA)

国家社科基金后期资助项目
出版说明

    后期资助项目是国家社科基金设立的一类重要项目,旨在鼓励广大社科研究者潜心治学,支持基础研究多出优秀成果。它是经过严格评审,从接近完成的科研成果中遴选立项的。为扩大后期资助项目的影响,更好地推动学术发展,促进成果转化,全国哲学社会科学规划办公室按照"统一设计、统一标识、统一版式、形成系列"的总体要求,组织出版国家社科基金后期资助项目成果。

全国哲学社会科学规划办公室

目 录

图目录

表目录

引　言

以 1983 年颁布的《中共中央国务院关于实行政社分开建立乡政府的通知》为标志，人民公社体制正式解体，至今已经过去三十多年，但对人民公社的讨论一直没有结束，甚至还存在争议。人民公社是一个时代的象征。今天我们仍能从诸如土地制度、户籍制度等方面看到人民公社的影子，所以研究中国农村是不能忽视人民公社这一历史时期的。

时下，尤其是年轻人对 20 世纪 70 年代中国农村的理解是"平均主义""大锅饭""吃饭不要钱"等简单的印象。"平均主义"似乎是那个时代的代名词，这个"平均"从收入上理解就是农户间收入相差不大，或者近乎无差别。但事实上并非如此，不但地区间差异明显，而且同一个生产队内部依旧存在贫富差距，有的过得相对好点，有的则年年沦为"超支户"。

从事后情况来看，农村改革的典型是安徽的小岗村，小岗村 18 个村民冒死按下了红手印，他们的目的是要分田单干，搞包干到户，背后的原因是他们实在太穷了，年年吃返销粮，工分值只有几分钱，一年到头看不到现金。中央对包干到户的放松也是从贫困地区开始的。1980 年 9 月颁布的《关于进一步加强和完善农业生产责任制的几个问题的通知》指出："在那些边远山区和长期'吃粮靠返销，生产靠贷款，生活靠救济'的生产队，群众对集体经济丧失信心，因而要求包产到户的，应当支持群众的要求，可以包产到户，也可以包干到户，并在一个较长的时间内保持稳定。"

由此可见，人民公社体制的命运与社员的收入息息相关。问题是 20 世纪 70 年代，即人民公社后期社员的收入由什么决定，受哪些因素影响，这是本书探讨的主要内容。研究 20 世纪 70 年代的农户收入具有一定的现实借鉴意义，同时对农户收入的影响因素分析又具有重要的理论价值。之所以选择 20 世纪 70 年代作为研究时段，是因为在这一时期人民公社的各项制度相对稳定，且档案资料相对完整。

　　本书的最大特色是收集整理了大量农村档案资料，包括公社、生产大队和生产队三个层次，这些档案资料包含了丰富的原始信息，家庭账本式的原始档案几乎包括了生产队的所有方面，政治、经济、文化、党团妇女民兵组织等，充分体现出"一大二公"的人民公社特色，工农商学兵、农林牧副渔全都包含其中。更为重要的是"分户家庭账"的存在，为我们解读 20 世纪 70 年代农户间的收入差异、劳动投入策略、家庭人口结构、年龄结构等问题成为可能。学界对家庭层面的研究一直较为欠缺，这也是本书的一大贡献。

　　本书的另一个特色是田野调查和口述史访谈。历史学家和人类学家都强调田野调查的重要性，必须深入实地才更能理解那些发生在特定地区的历史故事，研究者的感观感受有时是至关重要的。因此我们走访了收集到资料的大多数村庄，有的甚至去了数十次，并与那里的人们建立了很好的联系，这也是人类学家所说的"体验式观察"吧。更为幸运的是那些为了账本上的工分而挥洒汗水的人民公社社员如今大多健在，于是口述史研究成为本书的一个特色。近些年我们访谈了上百位老社员，本书的大部分背景知识，特别与生产和分配有关的具体事项都是向他们学习来的。

　　最后一个特色是计量经济史学的应用。在收集大量资料的基础上，研究团队建立了人民公社微观数据库，即"中国农村人民公社微观数据库（CRPCMD2015）"，该数据库同样包括公社、生产大队、生产小队（包含家户）层次。目前已经整理完成的生产小队有几百个，农户数万家，且库容量还在不断增加。在占有资料的基础上，应用适当的计量方法和经济学理论进行分析，期望对当代中国农村的研究向前推进一小步。

　　本书从理论上简单梳理了 20 世纪 70 年代的收入分配制度。人民公社前期的分配制度虽有较多变化，但在 1962 年《农村人民公社工作条例修正草案》（《农业六十条》）颁布以后则较为稳定，此时以工分制为主的分配制占据了主要位置。工分制既是对劳动的计量也是分配的标准，在分配时其特点是同时执行劳动时间和人口数量双重标准，且大多数时期按人口数量分配比重大于按劳动时间分配比重。如果没有欠账和特殊人群照顾现象的存在，则无论按人口分配多少最终都需要用工分去"买"分配物，所以如果这种机制健全的话，工分制在一定程度上可以看作按劳分配制度。

农户的分配是在上缴税收和留足提留之后进行的。在工分制下农户的绝大部分收获物是以粮食为主的实物为表现形式的。每年多次分配和仅有一两次的结算使工分制出现了特殊的"超支"现象。先根据人头再根据劳动工分分配是分配制度的特点，人口因素变得尤为重要。底分评定和农活分配都会伴随着那个年代特有的政治运动进行，并受其影响。笔者在这样的背景下做了如下的考察。

第一，首先需要考察的影响因素是家庭生命周期。按家庭中第一个子女的年龄将家庭分为四个生命周期阶段，当家庭处在劳动力强且劳动供养比例小的成熟期时，其家庭收入较高，相反，当家庭处在人口负担较重的成长期时，其家庭收入较低。同时按人口年龄和性别将男性人口分为五个生命周期阶段、将女性人口分为六个阶段，数据统计更加详细地证明家庭收入与生命周期强相关。总之，家庭和人口所经历的生命周期是农户收入分化的主要原因之一，同时制度性（工分制）和文化性（婚姻等）因素也伴随着生命周期共同影响农户收入。

第二，家庭劳动力性别结构是收入差异的另一个影响因素。在工分制和传统文化的影响下，家庭内性别分工也具有一定特色，该分工是综合考虑了劳动付出与社会收益的结果，此种分工影响了农户收入。研究发现，女性对家庭总工分的贡献为45.7%；在按人口数量分配粮食的口粮分配中女性与男性贡献相差不大，边际影响分别为491.6和497.3；但在工分粮收入中差别较大，男性高出女性26.4%；在自留地粮收入中女性高于男性8.5%；相比粮食收入，在现金收入中女性贡献远不如男性，男性高于女性34.6%（粮食收入男性高于女性6.8%）；女性在没有劳动报酬的义务工上投入了更多的劳动。家庭内性别分工以效用最大化为前提，农户考虑劳动配置的同时也影响了其家庭收入。

第三，还需要考察的是生产队间的差异。上面的分析均在生产队内部，如果跳出生产队，将视野放大，会发现生产队间的差异对农户收入差异造成较大影响。利用分层模型研究发现生产队可以解释农户差异的37%，即不同生产队间农户收入分化有1/3以上是由生产队引起的。即使20世纪70年代努力消除贫富差异，但生产队间固有的差异是无法短期内改变的，因此收入平均化理想很难达到。

第四，从长期来看，收入变动有利于缩小收入差距，有利于提高低收入者收入。收入流动性研究发现长期流动性大于短期，即从长期来看收入差异变小。同时基尼流动指标和收入转换矩阵都说明收入流动存在"亲贫性"，即收入流动有利于低收入者。从社会不平等的角度看，收入流动性缩小了农户间的社会不平等。更为重要的是收入流动性的变动主要受家庭人口因素影响，包括人口供养比和家庭人数等，人口供养比越大越不利于收入等级的向上流动。

第五，最后需要考察农户收入的实物化对农户的影响。农户的收入报酬虽然到年底才能结算，但其实一年当中会陆续兑现，这是农业生产的特点。农户得到的报酬表现为实物化倾向，绝大多数分配物是实物而非现金。实物化分配倾向较大地限制了农户的消费行为，同时促进了农民的"反行为"。在粮食分配中，"大决算"与"小决算"同时出现，在此期间生产队干部和公社干部与农民达成一种默契，农民的行为策略成为一种非正式制度而长期存在。

总之，农户收入分化的主要原因是农户自身的人口结构差异，且社会制度和传统文化强化了这一因素的作用。如此会出现两方面的效果：一方面，有利于社会的稳定，对生产队社员而言，想改变收入局面别无他法，只有等待家庭人口结构的变化，因此他们只能安于现状，这可能是人民公社长期延续的原因；另一方面，可能也是社会变革的主要诱因，当社员收入变化僵持在人口结构变化这一主因上时，这样的现实就影响了社员劳动的积极性，结果就出现了"磨洋工、出工不出力"等消极现象，当这种现象积累到一定程度时社会变革就会随之而来，这无疑是人民公社解体的一个原因。

第一章　导论

一　20 世纪 70 年代中国农村的一般特征

人们常将 20 世纪 70 年代末农村改革前后的中国农村加以对比观察，因为两个时期的组织制度、生活方式、社会发展等存在巨大差异。两个时期的特点极为鲜明，农村改革之前，中国农村的体制为"一大二公"的人民公社体制，农村改革之后，中国农村的体制为"包干到户"的家庭联产承包责任制，两个时期被安徽一个贫穷的小村庄——小岗村给分开了。两个时期的成效也很明显，农村改革之前农业生产效率低下，农村改革初期农业生产效率较高，随后放缓，然后波动前行，农村改革之后无论是粮食产量、农民收入、农民住房条件，还是农民的自我认知等都体现出农村改革的成功，相反农村改革前的农业低效就更加凸显。如此差异便激发了学界更多的讨论。

1. 平均分配

提起农村人民公社，普遍观点是收入平均主义。"大锅饭""人民公社大食堂，吃饭不要钱""大家生活都差不多，普遍贫穷"等是对那一时期的形容。仔细思考这些印象背后有三层含义。首先体现了人民公社的收入分配制度。在人民公社的多数年代里，社员分配同时依据人口数量和劳动投入，但二者的比例不同，通常人口因素占有较大比重，如人口与劳动的比例为八比二、七比三或六比四，这是平均主义分配制度的主要根源。其次，"大食堂"是人民公社时期的重要事件，在人民心中留下了非常深刻的印象，已经成为人民公社的标志，转化为一种符号，一种象征人民公社的符号，也许是该事件太过新鲜，也许是接下来的"饥荒"给人们留下了惨痛的教训，也许是人们很向往这种生活，总之这一事件在人们心中的印象极为深刻。最后可以总结为对生活水平的描述。普遍贫穷是这一时期的史实，这与农村改革之后形成鲜明对比。总体而言，普遍贫穷的平均主义是人们对这一时期的主要看法。

2. 劳动生产率低下

劳动生产率低下是学者对人民公社的另一种主要看法。对于人民公社时期的生产劳动，一般形容为"出工一窝蜂、劳动磨洋工、下工一阵风"。平均主义分配制度和农业劳动的复杂性而带来的监督困难，导致社员劳动积极性不高，进而导致了劳动生产率低下。此时无论是管理者（生产队干部）还是劳动者（社员）均缺乏有效激励：一方面，生产队干部对劳动生产的全过程都实施有效监督是困难的，而且生产队干部也缺乏实施有效监督的激励，因为同一个生产队属于"熟人社会"，生产队干部不可能不考虑情面；另一方面，社员的劳动策略是多挣工分，以保证自家不致沦落为"超支户"，因此所有可能增加其工分数量的工作都是他们努力的方向，社员并不顾及劳动质量和对农业生产的作用，以致产生很多无效劳动。

总之，在缺乏足够激励的工分制下，中国农村将越来越多的劳动投入有限的土地上，结果导致农业劳动生产率低下。与此相对，农村改革之后农户家庭的收入所得为其自家所有，自己是自己的监督者和成果获得者，因此劳动生产率得到快速提高。

3. 农业发展缓慢

学者的另一个普遍看法是农业发展缓慢。过度平均的分配制度，以及限制人口流动的户籍制度，在导致劳动生产率低下的同时也阻碍了农业的发展，致使人民公社农业发展缓慢。国家通过农业税收和粮食征购价格差从农业中提取了大量"剩余"，这些剩余的提取影响了农业自身的再生产投入，影响了农业的发展。据测算 1952 - 1978 年中国农业年均增长率仅为 2.9%，远低于改革时期 1978 - 1984 年的农业年均增长率 7.7%。人民生活水平徘徊不前，正如《中共中央关于加快农业发展若干问题的决定（草案）》指出："从 1957 年到 1978 年……尽管单位面积产量和粮食总产量都有了增长，1978 年全国平均每人占有的粮食大体上还只相当于 1957 年，全国农业人口平均每人全年的收入只有 70 多元，有近 1/4 的生产队社员收入在 50 元以下，平均每个生产大队的集体积累不到 1 万元，有的地方甚至不能维持简单再生产。"

4. 一些突出的优点

中国农村改革前，农业发展虽然缓慢，但也为新中国发展做出了一定的贡献。第一，农业支持了国家工业化发展。没有农业的支持不可能有新中国成立初期如此快速的工业化发展。农业是当时"一穷二白"的新中国工业积累的唯一道路。第二，农业提高了农村社会福利。生产队内部的社会福利基本靠集体自身解决，这些福利的费用来自农业产出。农村人民公社较高的福利水平和较平均的分配制度，使农村社会的老弱病残群体得到较好的帮扶，也使人民之间的收入差距缩小。第三，农业提供了良好的基础设施建设。这一时期更加注重农村基础设施建设，特别是农田水利建设。有些水利设施至今仍在发挥作用，为农村改革后的农业发展提供了良好的基础。医疗卫生事业的发展为当时中国人的平均寿命大幅提升做出了贡献。广大妇女通过参加劳动，使妇女地位得到前所未有的提升。农村义务教育储备了人力资本。农村是国家劳动力的储备池，当城市需要劳动力时便从农村招入，不需要时便用很少的代价裁减回农村，从而为社会稳定做出了贡献。

5. 研究内容

在对人民公社一般看法基础之上，本书重点关注 20 世纪 70 年代的农户收入，具体而言包括三个主要问题。首先，利用统计资料和笔者收集的生产队账本资料，研究 20 世纪 70 年代农户间的真实收入差异。尽管人们一般认为这时的收入差异较小，但这种看法极其笼统，本书将利用案例仔细度量这一时期生产队内部农户间的收入差别。这一考察将使我们更加清晰地了解那段历史。其次，研究农户收入差异背后的原因。这部分将包括农户收入流动性考察，即从长时段研究农户的收入差异、人口因素对收入的影响，即家庭周期的影响、家庭劳动力性别结构的影响，特别是女性的贡献、生产队差异的影响等。同时在这部分也会考察农民理性与劳动激励等问题。最后，研究农户收入与农业发展及农民生活。在这样的收入分配制度和收入差异情况下，中国农村、农业得到怎样的发展，农民生活有何变化等。

本书为人们理解 20 世纪 70 年代中国"三农"问题打开一个很好的窗口，收入是农民的核心活动，收入中可以体现农户的劳动配置、农户的心理活动等，这是理解农民行为逻辑的较好方式。通过收入影响因素的分析能够让我们更加清晰地洞察集体内部的组织结构和国家与农民之间的互动关系。能够为我们更好地了解家庭人口结构、劳动力性别结构等对收入活动的影响。中国农村人民公社是今天中国农村发展不可回避的历史阶段,当今的一些现象总能在历史中找到影子,中国传统农村的强大延续性或多或少会在现代发生作用,因此很好地理解历史的发展规律将有利于今日我国之农村发展。

二　基本结论

实证研究表明,20 世纪 70 年代农户间的收入差异并非如人们想象的那般平等,生产队账册资料所反映的事实是,即使在同一个生产队内,最高与最低的农户收入间竟存在两三倍的差距。将收入对比放宽到生产队间、公社间或地区间,则效果更为明显。因此需要进一步探讨收益差异背后的原因及其影响,为我们理解 20 世纪 70 年代农村人民公社的制度运行和社员的行为逻辑提供帮助。

农户收入差异的影响因素之一是家庭生命周期。河北省石家庄市鹿泉市高迁北街第 2 生产队的实例为我们证明了这一点。本书按家庭中最长子女年龄将家庭分为四个阶段,数据统计发现家庭收入与生命周期高度相关,处在劳动力多而需供养人口少的阶段时家庭经济状况较好。另外根据人口年龄和性别将家庭生命周期分为男性五个阶段、女性六个阶段,结果同样说明家庭收入与家庭生命周期有直接关联。

家庭劳动力性别结构差异是农户收入差异的另一个原因。在工分制和传统文化的双重影响下,男性和女性劳动力在选择劳动投入时有较大差异,如在粮食收入、现金收入、投肥收入中均有不同表现,女性比男性更倾向于多挣工分,但女性不容易挣到高分值的工分。同时妇女地位的提高与其对家庭经济贡献增加有关。

生产队间差异是农户收入差异的另一个考察因素。分层模型研究发现,同一公社中生产队间差异可以解释农户收入差异的 37%,即 1/3 以上是所在生产队不同引起的。即使人民公社时期努力消除贫富差异,生产队间固有的因素也是无法短期内改变的,因此收入平均化很难达到。

最后,收入流动性研究发现短期内农户收入差距大于长期。基尼流动指标和收入转换矩阵都说明收入流动有利于低收入者，即存在"亲贫性"。从社会不平等的角度看，收入流动性减轻了 20 世纪 70 年代农户间的社会不平等。收入流动性的主要影响因素是家庭人口。

农户收入差异背后也体现农户行为的理性逻辑。农户收入的实物化倾向限制了农户的消费行为，同时也催生了社员的各种"反行为"，如在大决算之外的小决算。在这样的背景下，辛勤的劳动人民依旧取得了一定的成绩，粮食产量、人口数量等均有不同程度的增长，但同时也伴随着劳动生产率的下降，尽管如此，人民公社在诸如社会福利、基础设施等方面的建设是值得肯定的。

三　学术史回顾

对人民公社的研究就如同人民公社本身一样跌宕起伏，研究至今可以大体分为三个阶段。实际上早在人民公社正在运行时就已经出现了不同程度的研究，国内学者主要从制度层面着手，国外学者面对人民公社这一新鲜事物仅做些简单的描述，少有深入研究，此时可以称为第一阶段。到 20 世纪 80 年代末 90 年代初，随着人民公社的解体，对人民公社的研究达到了高潮，此为第二阶段。该阶段的特点是以反思为主，国内学者对人民公社制度做了较深入的研究，国外学者（或主要在国外的中国学者）对人民公社的农业生产效率、合作方式、取得成效等方面做了很多高质量研究，在国际上产生了很大反响。但不久随着国外学者关注热度的下降，对人民公社的研究逐渐跌入低谷。进入 21 世纪以后，特别是第 2 个 10 年，随着对农村人民公社档案资料的发掘整理，人民公社研究又重新焕发生机，如在经济史、社会史、社会学等领域的研究都出现蓬勃向上趋势。

（一）人民公社制度研究

1983 年 10 月《关于实行政社分开建立乡政府的通知》颁布，标志着人民公社正式退出了历史舞台，并且是作为不太成功的形象退出的。因此对人民公社制度层面的研究是首先展开的。目前对人民公社制度的研究较多，包含多个方面，如人民公社政治组织制度、经济劳动组织制度、作为副业存在的自留地制度、妇女组织制度、社会保障制度、粮食等农产品的统购统销制度、教育制度、农民流动管理制度等。这方面的研究以国内学者为主。

张乐天（2005）对人民公社制度做了较全面系统的研究，提出"外部冲击，村落传统回应"模型来解释人民公社的各种制度形式。他根据时间将人民公社制度分为四个时段，公社制度导入、"四清"及"文化大革命"时期的村落政治、70 年代（20 世纪，笔者注）中叶的公社制度模式①和人民公社的终结。关于人民公社的分配制度，辛逸（2005）在《农村人民公社分配制度研究》中做了较清晰的阐述，并将分配制度分为公共食堂、工分制和家庭副业，分别进行论述。陈吉元、陈家骥、杨勋（1993）主编的《中国农村社会经济变迁：1949－1989》和罗平汉（2003）《农村人民公社史》对人民公社的历史发展过程有较细致的描述。卢晖临（2015）在《通向集体之路：一项关于文化观念和制度形成的个案研究》中，利用人类文化学方法集中考察了人民公社制度形成的原因，他认为既有国家强制推动也有农民被裹挟然后用自己的方式推波助澜。黄宗智（2000）利用大量调查资料论证了人民公社时期农业"过密化"的制度基础。黄英伟（2011）研究了工分制度下的农户劳动行为。

其他较有影响的研究，如林蕴晖、顾训中（1995）著《人民公社狂想曲》，安贞元（2003）著《人民公社化运动研究》，薄一波（2008）著《若干重大决策与事件的回顾》，刘庆乐（2010）著《权力、利益与信念——新制度主义视角下的人民公社研究》，麦克法夸尔、费正清等（1998）主编《剑桥中华人民共和国史：革命的中国的兴起（1949－1965年）》等。

以上研究对人民公社制度做了较全面的论述，突出了发展脉络和制度建设，为后续的研究奠定了坚实的基础。

---

① 张乐天将公社的制度特征、劳动管理制度、生产分配制度、农业经营制度和工分制度等都放在第三部分，即"70 年代中叶的公社制度模式"，说明人民公社的各种制度在 20 世纪 70 年代趋于平稳，是研究人民公社劳动管理、生产分配等较好的时段。这与本书的研究不谋而合，本书研究的农户劳动和收入分配情况均采用 20 世纪 70 年代的案例，该时段的采用具有一定的科学性。

(二) 人民公社效率研究

所谓"人民公社失效"主要指的是人民公社时期农业生产效率低下。据测算人民公社时期农业生产率和劳动生产率均低于人民公社成立前的合作化时期和家庭责任制采用时期,农业生产率比前后两个时期低20%–30%(Tang,1984;Wen,1993;Fan and Zhang,2002)。于是解释"人民公社效率损失之谜"曾成为学界主要研究方向,这方面的研究主要以国外学者(或在国外学习研究的中国学者)为主,时间为20世纪80年代末至20世纪90年代初期,也是对人民公社研究的第一个高潮期。

对人民公社效率低下所做的解释归纳起来大致可以分为四个方面,即分配制度导致的激励不足、农业生产特点决定的监督困难、国家战略决策失误导致的资源错配和生产队制度带来的大量无效劳动。

1. 激励不足

人民公社的分配制度是近乎按需的平均主义分配制度,以及劳动工分制多年徘徊不前导致劳动者缺乏劳动的积极性。一些学者从平均主义分配制度与劳动积极性关系展开了讨论(Conn,1982;Nolan and Gordon,1981;Putterman,1987,1988a,1988b,1990,1993;Hsiung and Putterman,1989;Bonin and Putterman,1993;Kung,1994;Huang etc.,2016;等等)。分配的平均主义原则一方面是人民公社的制度要求,另一方面也是由于国家的资源分配,Kung(1994)指出,"由于国家对农业提取过多,为了保证农户的基本口粮,才实行平均主义分配政策"。

2. 监督困难

监督困难是人民公社失效的另一个主要原因。由于农业生产过程漫长、农业劳动十分复杂,对农业劳动者实施有效监督非常困难,不能实施有效监督就不能使劳动和分配有效结合,因此社员劳动积极性低下(Nolan,1988)。Lin(1988)指出,"由于在农业生产中监督十分困难,因此,监督的准确程度越低,生产队中社员的积极性也就越低"。Lin(1990)用博弈论给出的解释是:在监督困难的合作社里只有社员拥有"退出权",合作社的性质才是"重复博弈",社员间"自我实施"的协议才有效,而1958年之后的合作化恰巧剥夺了社员的"退出权",因而社员的劳动积极性下降，并最终导致了"大饥荒"。而 Kung（1993）、Dong and Dow（1993）指出了"退出成本太高"。

监督困难的另外一面是监督者（生产队干部）缺乏监督的激励，周其仁（1995）、黄少安等（2005）认为源于制度性的产权残缺是监督者激励不足的原因。

3. 资源错配

这部分主要从宏观的国家制度方面考虑集体效率下降的原因。国家通过农业税和粮食征购过度提取了农业剩余，是人民公社农业劳动生产率停滞的主要原因（李怀印，2010；冯海发、李微，1993；武力，2001；姚洋、郑东雅，2008）。黄宗智（2000）提出，人民公社失效的主因是农业内"过剩"的劳动力没有出路，相反农村改革的胜利恰好是将"过剩"的劳动力转移出去，从而更好地配置了资源。孙圣民、刘晓鸥（2014）的计量结果力证了"人民公社制度的生产效率损失主要来源于劳动力的非优化配置"。孙圣民（2009）指出，"国家在工农业关系上调度的失误，导致农业产值和农民收入各损失了 1/3 的潜在收益"。劳动力性别和阶级成分间配置存在效率损失（黄英伟，2011）。国家的高度控制，使生产队的种植结构不尽合理，由此带来效率损失（张乐天，2005；谢淑娟，2006）。

4. 无效劳动

这种观点的持有者认为，20 世纪 70 年代的生产队是一个熟人社会，生产队的干部对农业生产过程十分熟悉，且在集体劳动中存在同伴监督的压力，所以不存在监督困难和劳动积极性差的问题，而集体效率不高主要源于"无效劳动"太多（张江华，2007；钟霞，2007；柯鲁克，2007）。导致无效劳动的还有农民的"反行为"（高王凌，2006）。

（三）人民公社农户收入研究

除了对人民公社收入分配制度方面的研究外，对人民公社农户收入的微观研究多见于国外学者。早在改革开放初期一些国外学者开始有意识地收集人民公社的微观数据，利用西方成熟的方法研究人民公社农户收入问题。如 Griffin and Saith（1981）、Selden（1988）、Putterman（1993，1990，1989，1987）、Li（2005a，2005b）、Hsiung and Putterman

(1989)、张江华（2004）。

Griffin 和 Saith（1981）对人民公社的农户层面收入有较全面的描述。在人民公社农户收入差异方面，已有研究表明到人民公社末期（1979 年），中国农村占人口 10% 的最富裕户拥有 28% 的总收入，相反最贫困的 40% 农户仅能拥有总收入的 16%（Selden，1988）。就生产队而言也证明了同样的现象，生产队中最富裕的 1/4 农户与最贫穷的 1/4 农户相比，其收入差距有 2－3 倍之多（Hsiung and Putterman，1989；Selden，1988）。人民公社家庭间集体收入基尼系数最高可达 0.27，队间集体收入最高可达 0.28（Putterman，1993）。Li（2005a）通过江苏的案例研究了女性与男性的收入差异。总之，人民公社时期农户间存在一定的收入差异。

（四）小结

综上所述，对人民公社制度层面的研究较为充分，但对人民公社社员的收入研究较为欠缺。西方学者最早注意人民公社微观档案资料的价值，并展开了一定的研究，从而带来人民公社研究的高潮。这一时期国外学者之所以关注中国，一方面，作为社会主义新生事物的人民公社解体，对世界产生了较大影响；另一方面，西方合作经济学和制度经济学在 20 世纪 80 年代处于快速发展阶段，而人民公社恰好是检验或创新理论的较好案例，所以很多学者选择这一研究。但随着西方经济学发展方向的转变，学者对中国农村人民公社的关注度减弱，从而导致人民公社研究热度下降。近些年随着人民公社微观资料的整理利用，对人民公社的研究又进入一个新的阶段，不断推出新的研究成果。

以往无论是西方学者还是中国学者都关注了人民公社农户的收入情况，但并没有进行系统的研究，特别是对人民公社制度较稳定的 20 世纪 70 年代，本书正是在此基础上，利用已经收集的大量档案资料展开农户的收入研究。

四 研究方法

1. 文献研究法

文献法是史学研究的重要方法之一。本书所指的文献具有广泛性，不仅包含当时已出版的各种图书、杂志、报纸、各种政策文件、会议记录等资料，还包括未公开发表但已被档案馆收藏的各种重要文件、统计资料，特别是具有地方特色的文件、会议记录、相关事件记录等；更重要的是笔者自己收集的农村生产队档案资料（也称为账册资料）。这些资料是本书的研究基础。

生产队账册资料的大量拥有是本书研究的基础，也是最大的特色。资料包含非常丰富和完整的信息，既有生产队层次也有农户层次，如生产队层次的收入、支出、分配等，农户层次的家庭人口、劳动力数量、全年劳动收入、全年分配的实物和现金数量等，是研究人民公社时期底层农村经济最具说服力的文字资料之一，其强大的信息量和高度完整性尚未被学界所充分重视（黄英伟，2011）。人民公社制度改革距今已经30 余年，与人民公社一起诞生的账册资料距今已超过 30 年，其保存和维护的现状令人担忧。当时制度上并没有严格的要求，致使资料保存存在极大的空间和随意性，甚至有相当部分由生产队会计个人处理，结果多数没有得到应有的重视，在随后的改革中随着机构变化或办公场所变迁，这类资料多数被忽视或随意处理了。

生产队账册资料有三个主要特点：独特性，因人民公社的特殊历史地位，伴随而生的账册资料也具有同样的独特性，此外独特性还体现在每份资料的唯一性上；原始性，这些资料均为当时当地的原始记录，最接近历史真实（虽然也存在"两本账"的情况）；完整性，在时期上该资料涵盖了整个人民公社时期，在内容上包含了农村生产生活的方方面面。因此其价值如何描述都不为过。

本书后面章节重点涉及的生产队分布在河北、山西和江苏等省份中，所利用的账册资料均较为完整。如山西晋中地区的一份档案，时间为1956 - 1977 年，特别之处在于存在 1970 - 1977 年连续分户收入分配资料（该生产队有 300 多户）；另一份较有代表性的资料来自江苏省江宁地区，该资料包括 13 个生产小队的 500 多个农户的所有信息，内容极为丰富。

2. 口述史研究法

口述史亦称口碑史学，是指经过一系列科学缜密的准备策划后，由训练有素的访谈者对被访者进行有目的的访谈活动，并对访谈过程或访谈内容进行录像或录音，同时将访谈内容妥善保存以供后期研究或出版的一系列活动。口述史研究内容包罗万象，但凡人类经历过的活动都可包含其中。口述史在国际上是一门专门学科，该学科以搜集和使用口头史料为手段来研究历史，如今已经形成由此种方法研究历史为特征的学科分支。

口述史研究的必备条件是具备访谈者与被访者，被访者是口述内容的承载者，访谈者是口述史研究的执行者，因此两者不可或缺。当代中国的口述史研究之所以可行，是因为许多亲历者尚健在。这是口述史研究的基本前提。本书研究的时段是 20 世纪 70 年代，经历过这一时段的当事人有许多今天依然健在，这为我们利用口述史方法研究提供可能。但同时也需注意，人民公社解体至今已经过去 30 多年，有过人民公社经历的人员数量在逐渐减少，提醒研究者抓紧时间抢救研究，否则随着被访者人数减少，口述史研究的难度越来越大。

对人民公社的研究要借助口述史研究方法的另一个主要原因是现有史料严重不足。概言现有史料，一个限制是其主要集中于政治史、党史、外交史等涉及上层的大事件和上层的大人物，对底层人物的记载往往是为了烘托上层人物或时间而出现的，即对底层劳动人民的记录阙如。具体到人民公社，有关这一时期农村社员劳动、生活、心理活动等的记录寥寥无几。另一个限制是档案资料开放程度不够高，基于各种原因有关这一时期的档案资料利用不便。因此口述史料成了研究 20 世纪 70 年代农民生产、生活的重要史料来源。当然口述史研究法也有其自身的问题，正如唐纳德·里奇（2006，第 10 页）所说"口述历史和其他学科的研究资料一样，有可信的，也有不可信的"，在研究中要加以辨别。本书的原则是，被访谈者均选在相关案例村庄内，目的是使生产队档案资料与口述内容相匹配，起到相互验证的作用。这也是目光向下的微观生活史的研究法。

3. 计量经济史研究法

本书将计量经济学的研究方法应用到经济史研究中，即利用计量经济史的研究方法。该方法的应用曾将经济史研究推向一个新的高度，取得了一批有影响的论著，如 Davis 和 North（1970）等。计量方法在经济史研究中的应用使得对历史现象和规律的认识更精确、严密和简洁。

本书还将综合运用收入流动法、家庭生命周期法、分层分析法、面板数据的固定效应模型等多种研究方法进行分析。收入流动法对农户的相对收入位置和相对收入数量在一个时期内的变化情况做出判断，这在一定程度上可以减少偶然性对收入差异所造成的影响，可以更加准确地度量贫富分化现象；生命周期法可以区分由于人口年龄因素所引起的家庭经济差异，以及由于人口变化所带来的家庭经济变化情况，是家庭经济变化的一个有力解释；分层分析法可以在考虑生产队层面差异后对家庭差异做出合理解释，可以削弱单一将数据向生产队层面或农户层面合并所造成的系统偏差；固定效应模型将区分出家庭经济贡献中性别差异，在减弱组间差异的同时，可以合理地将男性与女性对家庭经济的贡献用数量计量出来，同时可以对人民公社的口号"妇女能顶半边天"进行检验。

4. 简单说明

关于生产大队与生产队。本书将频繁使用生产大队、生产队/生产小队，及其简称"大队"和"小队"。标准的称呼应该是"生产大队"和"生产队"。生产大队是公社的下级单位，生产队的上级单位。生产队是人民公社的最底级单位。在具体语境中因用意不同会有不同称呼。实际上"生产队"和"生产小队"是同样的意思，本书在与"生产大队"对比使用时，为了突出两者的差别而将"生产队"特意称为"生产小队"，也就是说在不与"生产大队"相区别时，"生产小队"就称为"生产队"，而不加"小"字。有时生产大队和生产小队也会省略"生产"两字，简称为"大队"或"小队"。

关于劳动日和劳动工分。本书中关于劳动所得，有时称为"劳动日"，有时称为"劳动工分"。严格来讲二者也没有差别，都是劳动所得的计量单位，只是习惯不同。通常认为"劳动日"是按天计算的，而"劳动工分"是根据底分或定额工分计算的，男性整劳动力劳动底分通常为 10 分，一般认为劳动工分等于劳动日乘以 10 分。如本书有的章节称 A 户劳动所得为 100 个劳动日，有的章节写为 B 户劳动所得为 2000 分，或者是根据需要两者同时使用。因为本书研究的主要是农户间的对比，只要单位统一，无论用哪一种称呼其结果均不受影响，且在阅读中不会产生混乱。

关于"中国农村人民公社微观数据库（CRPCMD2015）"。本书研的基础是人民公社农村档案资料，或称账册资料。笔者收集了大量农村档案资料，目前包括多个省份几十个公社和上百个生产队，以及数以千计的农户。为了开展统计研究工作，目前已经将部分数据做成了数据库，取名为"中国农村人民公社微观数据库（CRPCMD2015）"。该数据库支持了本书的研究，同时数据库的规模还在不断扩大和完善。

关于案例代表性。本书最易受批评的地方是案例的代表性。本书的研究虽然不能做到"随机抽样"，但对当时的特殊情况来说一个"麻雀"也大致能反映整体情况。20世纪70年代全国一盘棋，各地人民公社都是工农商学兵一体的"一大二公"的组织形式，在公社内部生产大队、生产队层面上各种制度设置基本相同，因此对一个地区的案例分析具有解剖麻雀的效应。"通过熟悉一个小村落的生活，我们犹如在显微镜下看到了整个中国的缩影。"（张乐天，2005，自序第1页）

五　案例村庄简介

下面对本书重点用到的几个村庄（生产队）做简介，使读者对案例基本情况有所了解。简介包括：村庄的地理位置，所处地区的合作化沿革，20世纪70年代的基本情况（包括人口、耕地等），该地区的气候自然地理条件等。

1. 山西省东北里生产队

东北里生产队属山西省晋中地区，归介休市张兰镇管辖。张兰镇历来以商业著称，清代商业开始发展，有"住户七百，商间四千"之说。位于山西省中南部，地处太原盆地西南端，太行山北侧，汾河南畔，距省会太原120公里。

介休县在新中国成立前就成立了互助组，1952年底开始办初级社，1955年11月办高级社，1958年9月，全县成立了5个人民公社，张兰镇被称为"跃进公社"。1984年4月1日开始撤社建乡，同年8月29日将张兰乡改为张兰镇，一直至今。

东北里生产队1977年有耕地面积1717亩，人口1146人，农户252户，人均耕地1.5亩，户均人口4.55人。1977年工分值0.83元，即一个标准劳动日可得0.83元。人均收入112元。粮食总产量101万斤，人均 882 斤，每标准人全年分粮 354 斤，每个劳动日分粮 0.8 斤。

东北里地区土地肥沃，较适宜粮食作物生长，粮食作物主要有小麦、玉米、高粱、谷子，还有少量的大豆、水稻、大麦、豌豆、红薯等。多为传统耕作方式，旱地为一年一作和两年三作，水浇地为一年两作制。套种的形式主要有玉米套土豆、棉花套花生，小麦、玉米、大豆间套西瓜和蔬菜等模式。东北里作物种植、收获大致时间如表 1 - 1 - 1 所示。

表 1 - 1 - 1   东北里作物种植、收获大致时间

作物	种植时间	收获时间
小麦	秋分以后	夏至/来年 6 月份
谷子	夏至以后	立秋以后
高粱	谷雨以后	秋分以前
玉米	同高粱	同高粱
大豆	清明前后	8 月份
棉花	立夏以前	立秋至霜降
红薯	立夏以前	立秋以后

资料来源：笔者实地访谈。

介休地势形态呈南高北低，海拔为 740 - 2487 米。处于中纬度大陆性季风气候区域，属暖温带大陆性气候，一年中大部分时间较干燥、雨季时间较短、一年四季分明、雨热同季、区域气候差异明显。年均气温 10.4℃、平均降水量 477.2 毫米。介休地区最为严重的自然灾害是旱灾，大体为"十年七旱"。旱灾主要发生在春季、初伏和秋季（介休市志编纂委员会，1996：46 - 52）。

2. 河北省北街第 2 生产队

河北省鹿泉市高迁北街第 2 生产队（简称北街 2 队）现属河北省石家庄市鹿泉市（县级市）寺家庄镇（原属高迁乡）。位于河北省省会石家庄市南侧、鹿泉市东南部。北街 2 队现已发展为城中村，村民全部离开农业转为非农业户口。

鹿泉地区 1951 年开始试办农业生产合作社，1952 年成立第一批互助组，1954 年下半年开始建立初级农业生产合作社，1955 年下半年快速进

入高级农业生产合作社。1958 年 8 月,全县成立 5 个人民公社。人民公社成立之初完全取消家庭副业,彻底变成"一大二公",不久则出现粮食不够吃现象。为此 1959 年 6 月 21 日,宣布恢复自留地,社员口粮分配到户,允许个人发展牧业,在闲散地上开荒种植。但紧接着遭受了罕见的自然灾害,灾后于 1961 年 4 月,公社规模缩小,缩到自然村规模。1968 年成立公社革命委员会,实行一元化领导。1970 年 10 月复建公社党委,各大队复建党支部。1981 年 12 月撤销公社革命委员会,建立公社管理委员会。1984 年 4 月公社改为乡,建立人民政府;大队改为村,建立村民委员会。1996 年 1 月寺家庄镇与高迁乡合并为寺家庄镇。

北街 2 队 1975 年拥有登记人口 92 户、386 人,该年全体劳动力共获可参加分配的劳动日 74034 个,人均现金收入 97.8 元,平均每个劳动日值 0.51 元。人民公社时期北街 2 队依旧保持着传统的农业生产方式,耕种农作物是他们的主要经济收入,主要耕种小麦、玉米和高粱,一年一季或两年三季。同时利用区位地理优势得到农业外收入,例如,铁路上的基建或装卸工作等。1975 年全年收入 93969 元,收入中主要由四部分构成,其中农业收入为 58907 元,占总收入的 62.69%,是主要部分;其次是副业收入,为 32990 元,占总收入的 35.11%;其他收入为 1414 元,占 1.50%;最后为牧业收入,为 658 元,仅占 0.70%。

该地区海拔 100 米左右,气候温和,年平均温度 13℃。四季分明,雨热同季,降水集中在夏秋两季。年降水量 500 多毫米,年无霜期将近 200 天,日照时间较长。

3. 江苏省祖堂生产大队

祖堂生产大队属于江苏省中部地区,今南京市江宁经济技术开发区南面,如今已经成为城市的一部分。祖堂大队当时归属东善桥公社,属江苏省南京市江宁区管辖。金陵四十八景中"牛首烟岚""祖堂振锡""献花清兴"均在此处,为江南佛教圣地。早在升元七年(公元 943 年),南唐烈祖李昇死,即葬于江苏江宁南郊祖堂山下(今谷里街道祖堂社区或称东善人民公社祖堂大队)。

1949 年 4 月 24 日,江宁县解放。新中国成立后的 11 月底在江宁废除了保甲制,实行乡(镇)、村制。1950 年 12 月上旬,土地改革开始,至 1951 年 6 月结束。1951 年 12 月至 1952 年 6 月开展了"三反"运动。

1952 年底开始筹建互助组，进行互助合作示范，每组 15 – 20 户。1953 年 11 月开始对粮食实行统购统销，取消私商经营粮食，农户只能向国家出售余粮。1954 年春初步建立了初级农业生产合作社。1955 年 8 月粮食实行定产、定购、定销的"三定"政策。1956 年春农业合作化掀起第二个高潮，东善乡 152 个初级社，谷里乡 128 个初级社，进入了高级农业生产合作社。1958 年 9 月正式成立人民公社。1965 年 9 月 4 日在东善桥和谷里全面开展"四清"运动，直至 1966 年 5 月 5 日工作组撤离。1980 年 10 月 14 日，东善公社试行"小段包工，定额计酬"的农业生产责任制。1982 年 5 月，东善人民公社撤社建立乡政府，截至 1982 年底东善乡 198 个生产队全部实行了家庭联产承包责任制。2000 年 1 月，东善乡更名为东善桥镇。2004 年 10 月，东善桥镇改为东善桥街道。2006 年 3 月 10 日，原东善桥街道管理区域及谷里镇管辖区域合并，同时江宁区谷里街道办事处成立。

祖堂生产大队 1974 年共有 13 个生产小队，392 户、1682 口人和 856 个劳动力，户均劳动力 2.18 个，户均人口 4.29 人。平均各生产队拥有 30 个左右的农户。农业生产情况以东善人民公社祖堂大队善田生产队（编号为 10）为例。该队有人口 271 人，劳动力 128 个，土地 260 亩，人均土地 0.96 亩、劳土土地 2.03 亩。1974 年种植作物包括：夏粮作物小麦，总产量为 8447 斤；秋粮作物有早稻（产量为 9694 斤）、中稻（产量为 11051 斤）、粳稻（产量为 34382 斤）、晚稻（产量为 1675 斤）、黄豆（产量为 573 斤）、山芋（产量为 5154 斤）、红豆（产量为 100 斤），全年粮食总产量为 71076 斤。此外还种植了油料作物芝麻，产量为 100 斤。因灾害影响，产量比上年减产 9195 斤。

该地区年平均气温 15.6℃，年总降水量 1037.6 毫米，年日照总时数 2099.9 小时，年无霜期 225 天。属北亚热带季风气候，四季分明，土地肥沃，气候适宜，适于粮油作物和多种经济作物生长，是江宁区"鱼米之乡"和重要的粮食生产基地。小麦、水稻是该地的主要种植作物。

第二章 基本情况概述

本章将对 20 世纪 70 年代中国农村的一些基本知识做简要介绍。包括本书以后章节所利用的农村档案资料、收入分配制度，以及农村收入情况整体介绍。20 世纪 70 年代农村档案资料是本书的基础材料，里面包含大量经济社会信息；此时的分配制度因其 "一大二公" 的制度形式而与其他分配制度有较大差别；人民公社各级差异均对农户收入存在影响。对基础知识较了解的读者可以跳过本章。

一 20 世纪 70 年代的农村经济档案

本书的资料基础为农村经济档案（也称生产队账本资料）。目前对人民公社的研究仅限于当事人的回忆、历史事实的描述以及政策层面的探讨，对于农村底层社员的政治经济生活则鲜有提及，换言之，对社员的研究缺乏深度。如此重要的时段却研讨者寥寥，其中一个重要原因是史料 "匮乏"。史料不足的原因有二：其一，随着社会发展和时间推移原始档案资料多数破损遗失，可利用数量日益减少；其二，到如今这些多数存放在农村的原始档案并没有得到应有的重视，相关部门或学者尚未意识到其重要意义，任其自由消存。据笔者所知，其生存状况堪忧，如果再不采取措施则必将为学界留下重要遗憾。本章将以江苏省祖堂大队为案例，[①] 以管中之窥，为学者详细介绍这些资料，以展示其强大的信息量。当然本章仅介绍与本书研究内容有关的经济档案，其他诸如妇女、民兵、党团关系等则不在其中。

对于人民公社的时段划分有狭义和广义之说，狭义指 1962 年《农村

---

① 祖堂大队属江苏省中部地区，由 13 个生产小队组成，1974 年平均每生产小队拥有 31 户、131 人和 58 个劳动力。

人民公社工作条例修正草案》（《农业六十条》）颁布以后的时期，
即生产核算单位"下放"之后的时期，也就是人们常说的人民公社；
广义的则是指 1958 年人民公社成立到 1984 年撤销人民公社建立乡
政府这一时期，1958－1962 年这段时间通常也称为"大公社"。中
共中央颁布的《关于改变农村人民公社基本核算单位问题的指示》
指出：调整后的人民公社亦称"小公社"，以区别于 1958－1962 年
的"大公社"。① 本章只针对狭义人民公社，即 1962－1984 年，这段
时间是人民公社各项制度相对较稳定的时期。本章的案例发生在
1974 年。

　　在人民公社的后半段各项政策基本稳定，虽然各省、直辖市、自治
区在具体操作层面有所差异，但总原则、总指导思想基本一致，② 因此
一个地区的案例可以近似代表全国的情况，或者至少能对全国有大致了
解。祖堂大队每一份分配资料由 8 张数据表③和 2 张封皮组成。封皮是醒
目的粉红色，最上端印有极具时代特色的毛主席语录，④ 下端是地区和
年份以及填表日期等信息，如其中一份为江宁县东善人民公社祖堂大队
宋庄生产队 1974 年度分配资料。

　　接下来按分配档案资料的原始排版顺序分别介绍：经济分配方案，
粮、油、草分配方案，粮、油、草归户表，现金归户表，社员工分
综合表，基本劳动日结算表和基本肥结算表。同时给出一些简略的

---

① 见《建国以来重要文献选编》第 15 册，中央文献出版社，1997，第 180 页。关
　　于"大公社"时段划分见辛逸《关于人民公社的分期》，《山东师大学报》（社会
　　科学版）2000 年第 1 期；辛逸《"农业六十条"的修订与人民公社的制度变迁》，
　　《中共党史研究》2012 年第 7 期；刘德军《毛泽东对"大公社"时期所有制形式
　　认识的演变历程及理论思考》，硕士学位论文，安徽师范大学，2004；张大伟
　　《"三级所有、队为基础"小公社体制在乡村的确立——基于民族志研究视角》，
　　《湖南农业大学学报》（社会科学版）2010 年第 2 期。关于"大公社"的收入分
　　配问题见：辛逸《简论大公社的分配制度》，《中共党史研究》2007 年第 3 期；
　　辛逸《试论大公社所有制的变迁与特征》，《史学月刊》2002 年第 3 期；辛逸
　　《"按需分配"的幻灭：大公社的分配制度》，《山东师范大学学报》（人文社会科
　　学版）2006 年第 2 期；辛逸《对大公社分配方式的历史反思》，《河北学刊》
　　2008 年第 4 期。
② 人民公社的最大特色是"一大二公"，全国一盘棋，因此各地政策有趋同性。
③ 表中的排序仅为 7 张，但因有一张附表，故这里称 8 张。
④ 如"路线是个纲，纲举目张""以粮为纲，全面发展""备战、备荒、为人民"等。

评论。①

（一）经济分配方案

广义经济分配方案包括经济分配方案，粮、油、草核产表和粮、油、草分配方案。经济分配方案由四个主要项目构成，分别为收入部分（见表 2 - 1 - 1）、支出部分（见表 2 - 1 - 2）、分配部分（见表 2 - 1 - 3）和补充资料。这里详细提供了生产队的整体经济情况，所有项目均折合成现金金额填表。

1. 收入部分

收入部分是生产队全年所得，是一个生产队经营状况好坏的表现，也是和社员收入直接相关的。收入部分包括收入总计、农业收入、副业收入和其他收入，在每种收入中均对各项做细分，如农业收入包括粮食收入、油料收入、秸草收入等，同时与上年收入进行比较，增减数额以及比例均可一目了然。

如宋庄生产队（见表 2 - 1 - 1），全年总收入为 18993.7 元，上一年收入为 19753.74 元，比上年减少 760.04 元，其中农业收入 16551.68 元，占总收入的 87.14%，副业收入 2305.02 元，占总收入的 12.14%，其他收入为 137 元，占总收入的 0.72%；在农业收入中粮食收入为 13725.43 元，占总收入的 72.26%，占农业收入的 82.92%；副业收入中，养猪收入为 438.27 元，占总收入的 2.31%，副业收入中劳务运输收入为 1144.43 元，占总收入的 6.03%。另外，从祖堂大队来看，各生产队收入构成的各比重差异较大，如副业收入

---

① 关于人民公社时期的基层档案，行龙、马维强、常利兵，行龙做过大略讨论，本章与他们的区别在于他们的讨论是整体概况性的，而本章是对经济分配资料进行的详细描述，可以说本章是在他们所述基础上的进一步深化（见行龙、马维强、常利兵《阅档读史：北方农村的集体化时代》，北京大学出版社，2011；行龙《"累档成山"：集体化时代基层农村档案的搜集、整理与研究》；谭宏、徐杰舜主编《人类学与江河文明——人类学高级论坛 2013 卷》，黑龙江人民出版社，2013）。其他研究如：胡英泽《集体化时代农村档案与当代中国史研究——侧重于资料运用的探讨》，《中共党史研究》2010 年第 1 期；张俊峰《文本的历史：集体化时代山西社队文书档案的形成、特征及意义》，《中共党史研究》2009 年第 12 期；李青《论集体化时代村级档案资料的收集与利用》，《兰台世界》2011 年第 27 期。

比例最小的队仅占 8.2%（第 9 生产队），而比例最高的队则达到24.0%（第 6 生产队）。

表 2 - 1 - 1　收入部分（节选）

单位：元，%

项　目		收 入 部 分				
		金额	占总收入比例	上年金额	比上年增减金额	比上年增减比例
收入总计		18993.70		19753.74	-760.04	-3.85
一　农业收入		16551.68	87.14	16855.25	-303.57	-1.80
其中	粮食	13725.43	72.26			
	油料	575.99	3.03			
	秸草	1599.15	8.42			
	山芋	193.20	1.02			
二　副业收入		2305.02	12.14	2898.49	-593.47	-20.48
其中	养猪	438.27	2.31			
	养鱼	62.82	0.33			
	劳务运输	1144.43	6.03			
三　其他收入		137.00	0.72			

资料来源：CRPCMD2015，江苏祖堂大队年终收益分配档案，1974。

2. 支出部分

支出部分是全年生产投入部分，不包括消费。支出部分主要包括总支出、农业支出、副业支出和其他支出，此外还包括管理费，其中每一部分均有详细分目。如宋庄生产队（见表 2 - 1 - 2），全年总支出为9350.39 元，其中农业支出 6470.16 元（占总支出的 69.20%）、副业支出 1591.36 元（17.02%）、其他支出 1055.01 元（11.28%）、管理费233.86 元（2.50%）。在农业支出中种子支出 1420.57 元（占农业支出比重为 21.96%）、商品肥支出 481.51 元（7.44%）、治虫费 429.93 元（6.64%）、水电三油费支出 464.56 元（7.18%）等。

表 2 - 1 - 2　支出部分（节选）

单位：元，%

项　　目		支　出　部　分				
		金额	占总收入比例	上年金额	比上年增减金额	比上年增减比例
支出总计		9350.39	49.23	9125.62	224.77	2.46
一　农业支出		6470.16	34.06	6935.34	-465.18	-6.71
其中	种子	1420.57	7.48			
	商品肥	481.51	2.54			
	治虫费	429.93	2.26			
	水电三油费	464.56	2.45			
二　副业支出		1591.36	8.38	1847.55	-256.19	-13.87
其中	养猪	558.76	2.94			
	劳务运输	397.05	2.09			
三　其他支出		1055.01	5.55			
四　管理费		233.86	1.23	342.73	-108.87	-31.77

资料来源：CRPCMD2015，江苏祖堂大队年终收益分配档案，1974。

通过以上两个部分可以比较全面地了解该生产队的全年总收入及收入组成、各种收入比例，还可以详细了解现代生产要素投入程度，如种子、化肥、农药、水利、农业机械等。最终两部分之差则为分配部分，这是当时收入分配的基础内容。

3. 分配部分

分配部分直接关系到农户收入的多少，由三大部分组成，即国家税金、集体积累和社员分配。

宋庄生产队总分配金额为 9643.31 元，比上年减少 984.81 元（减幅 9.27%），其中国家税金 881.83 元（占总分配 9.14%）；公共积累为 1001.49 元（10.39%）；其余为社员分配部分共计 7759.99 元

（80.47%）。① 在祖堂大队 13 个生产小队中社员分配比例均超过 70%，最低的是 4 号生产队，为 76.65%，最高的是 11 号生产队，为 89.12%。同比河北省石家庄地区这一比例仅为 69.22%（1975 年，笔者收集资料），就全国而言，该年社员分配比例为 79.3%，江苏省为 78.4%。

表 2 - 1 - 3　分配部分（节选）

单位：元，%

项　　目	分　配　部　分				
	金额	占纯收入比例	上年金额	比上年增减金额	比上年增减比例
分配总计	9643.31	100.00	10628.12	-984.81	-9.27
一　税金	881.83	9.14	881.83	0	0.00
二　公共积累	1001.49	10.39	1353	-351.51	-25.98
其中：公积金	466.19	4.83	593	-126.81	-21.38
三　社员分配	7759.99	80.47	9272.75	-1512.76	-16.31

资料来源：CRPCMD2015，江苏祖堂大队年终收益分配档案，1974。

国家、集体和个人之间的分配比例关系到农户社员劳动的积极性，关系到农业再投入与农业发展，更关系到国家经济发展战略的实施，因此这一信息对了解集体效率和农户劳动积极性等有所帮助。

4. 补充资料

本表的最后一部分是补充资料，主要是生产队的基本信息，这些信息亦极为重要，比如生产队户数、人口、劳动力、参加分配总工分、劳动单价、总田亩、社员分配/人、社员分配/劳动力、公积金账面余额等。如宋庄生产队总户数 31 户、140 人、63 个劳动力，全年参加分配的总工

---

① 《关于人民公社的十八个问题》（中共中央政治局 1959 年 4 月上海会议纪要）规定：生产费用一般不超过 19% - 24%、管理费用不超过 2%、公积金不超过 8% - 18%、公益金不超过 2%、扣除国家税收和公粮后社员分配比例为 50% - 60%。这是第一次提出该比例的文件。这里所规定的社员分配比例为社员可分配部分与总收入之比，而文中比例为社员可分配部分与纯收入之比，如果将两者进行换算则结果一样。

分为 21260.37 分、劳动单价为 0.365 元、平均每人分配 55.43 元、[①] 公积金账面余额为 2505.22 元等。

这些均为较重要的分配信息，特别是劳动单价，它代表着劳动的直接回报程度，与社员的劳动积极性高度相关，这可以为之后的各地区对比研究提供可能，因为各地区的差异较大，不同地区间很难进行直接对比，然而劳动单价表示每一个劳动日所能得到的经济回报，用货币金额表示，因此可以直接进行对比，这一研究可以进一步挖掘劳动积极性、农业发展等一直未被解决的学术难题。就祖堂大队整体而言，其劳动单价差异较大，初步统计得出，劳动单价最低的仅为 0.287 元（第 6 生产队），而最高的达到 0.925 元（第 4 生产队），差距竟达 3.2 倍。

以上是经济分配方案表的内容，表中包含的信息基本直接呈现给读者，数据背后还蕴藏着大量的时代信息，这需要研究者继续深入挖掘。

5. 粮油草核产表和粮油草分配方案

此外，在表 2-1-1 后面还附有附表 2-1，里面详细记载粮、油、棉产量、种植面积、单产、库存等信息，限于篇幅这里不做展开。

粮、油、草分配方案表，结构也分为四个部分，即收入部分、国家征收部分、集体提留部分和社员分配部分，另外还包括补充资料（没有作为正式表格内容，但其提供了极为重要的信息）。

我们仅以宋庄生产队的主要粮食作物粳稻为例进行简略说明。收入部分：粳稻种植面积 110 亩、总产 83124 斤，单产 755.7 斤。国家征收部分：征购 31460.5 斤，超购 1640 斤，合计 33100.5 斤，占总产 39.8%，其中：应售未售 33100.5 斤。集体提留：籽种 8255.5 斤，水利粮 400 斤，饲料粮合计 1153 斤，其中耕牛需 892.5 斤、种猪需 260.5 斤，在饲料粮中已吃 200 斤、未吃 953 斤，储备粮为 5250 斤，最后提留合计

---

① 同期，全国平均每人 66.3 元，江苏省人均 70.8 元，人均收入最高的省份为上海 161.3 元，最低的为贵州 44.8 元，见农业部人民公社管理局《全国农村人民公社收益分配统计资料（1956－1980）》，内部资料，1981，第 65 页。可见宋庄生产队略低于全国水平，在江苏省也较低。宋庄生产队几乎是祖堂大队中收入最低的，如果综合全队考虑则全队人均收入为 108.26 元，这一数据远高于全国和江苏省水平，显见祖堂大队属经济条件较好的生产队。

共 15058.5 斤，占总产量的 18.1%。社员分配：饲料粮计 4458.5 斤，①
口粮计 10841 斤，其中已分找补粮 1966.5 斤，分配合计 34965 斤。国
家、集体和社员间粮食分配比例分别为（笔者计算而来）39.8%、
18.1% 和 42.1%。结果全年粮食产量有 50% 以上不能直接被社员分配，
这也可能是人民公社解体的一个原因。

总之任何一种粮食品种从产量到分配均有详细记载，是研究农业产
量、粮食分配在国家、集体、个人三者间比例关系等极好的资料。

在补充资料中包括三定总产、上年总产、口粮分配办法、油料分配、
储备粮动用，其中口粮分配办法是研究人民公社时期粮食按人口分配的
重要信息。如规定基本粮、工分粮、肥料粮、照顾粮比重和粮食数额
（这部分下面将详述）。

一言以蔽之，经济分配方案提供了全面而详细的农村生产队总体经
济信息，这里几乎可以找到所有关于经济生产活动的数据，其重要性不
言而喻。

（二）归户计算表

归户计算表中蕴含着最为丰富的家庭经济信息，是研究农户收入分
配、粮食分配、现金分配、农户劳动与家庭结构等问题最有价值的原始
资料。归户计算表包含两部分主要内容，即粮、油、草归户计算表和现
金归户计算表。

粮、油、草归户计算表。因人民公社时期油料、柴草在农户分配中
所占比例较少，故在归户计算表中所显示的信息以粮食为主，因此本章
也只谈粮食方面的情况。粮、油、草归户计算表中的粮食栏大体可以分
为四个主要部分：粮食收入部分、已扣除部分、找补部分和最后合计找
补部分。这些信息有利于我们了解那个时代人们的生活水平和生存状
况等。

口粮和生猪饲料粮是农户粮食收入的两个主要途径。口粮是农户赖
以生存的基础，以家庭人口数量多寡为分配的主要依据。口粮的分配由

---

① 此处的饲料粮指社员家庭饲养的家畜所需饲料，而集体提留中的饲料粮则为集体饲养
的耕畜所需。

三大部分组成：基本口粮、工分粮和其他粮。

　　为了体现公社的优越性和实现社会均等以及对特殊人群（老、弱、病、残等）的照顾，在粮食分配中首先按人口数量（按需）分配，其次按工分（按劳动）分配，在总分配中一般按人口数量分配占60% - 80%的比例，而按工分分配的比例仅有20% - 40%。粮、油、草归户计算表中的基本口粮记录了按人口数量分配的部分，如表2 - 1 - 4所示。

表 2 - 1 - 4　社员分户粮食分配：基本口粮（节选）

户主姓名	人口（人）	基本口粮							工分粮	
		1 - 4 岁		5 - 8 岁		9 岁以上		粗分等多余粮（斤）	小计（斤）	工分数（分）	粮数（斤）
		人数（人）	粮数（斤）	人数（人）	粮数（斤）	人数（人）	粮数（斤）				
武正才	5	1	227	1	363	3	1362	170	2122	735.57	507
张长庚	5					5	2270	136	2406	931.09	642
……											

　　资料来源：CRPCMD2015，江苏祖堂大队年终收益分配档案，1974年。

　　如宋庄生产队，其基本口粮根据年龄结构分为三个阶段，1 - 4 岁每人227斤、5 - 8 岁每人363斤、9 岁以上每人454斤，[①] 另外在分等级之后如果尚有多余粮则会按"粗分等多余粮"条目分配，该队该项大约每人34斤。如武正才家有1 - 4 岁人口1人得粮227斤、5 - 8 岁人口1人得粮363斤、9 岁以上人口3人得粮1362斤、粗分等多余粮170斤，则基本口粮共2122斤。基本口粮只按人口分配，与劳动多少无关，极端一点地说，即使农户一天也没有参加劳动也要分配给其粮食。[②]

　　工分粮，即根据家庭劳动总工分所分配到的粮食。宋庄生产队工分粮只占总分配粮食的20%左右，用生产队总工分粮除以总工分以后得到每工分可分粮0.689斤，然后将各家庭的总工分数再乘以每工分粮便是每个家庭所得的工分粮总数。如武正才家共得工分735.57个，则工分粮为507斤（735.57×0.689）。对比该农户的基本口粮发现，其工分粮在

---

①　因为不同年龄对食物需求量不同，因此有一定区分，其比例为0.5：0.8：1。
②　在当时不参加劳动，如无特殊情况几乎是不可能的，但确实有很多户的劳动不能抵消其粮食分配所需的工分，这样的家庭就会变成"超支户"。

总口粮收入中只占 18.6%，而基本口粮占 77.9%。① 进一步研究会得出一个更有意思的结论，每一个整劳动力辛辛苦苦劳动一天才得到 0.689 斤粮食，② 而一个婴儿一下生即可以得到 227 斤粮食，相当于一个整劳动力工作 329 天所得的粮食量，③ 这势必会对生育有所鼓励，也许人民公社时期人口大膨胀跟这一分配制度有着千丝万缕的联系。

其他粮包括：肥料粮、三基本奖励粮和照顾粮。宋庄生产队有 5 户得到照顾，户均得到 113 斤粮食。肥料粮为农户上交粪肥折合成现金后兑换的粮食数，武正才家此年得到 95 斤肥料粮，见表 2 - 1 - 5。

表 2 - 1 - 5　社员分户粮食分配：其他粮和扣除部分（节选）

单位：斤，元

肥料粮		三基本奖励粮	照顾粮	合计口粮	生猪饲料粮	应得粮合计	扣除部分				找补粮折价		合计找补	
折合金额	每元粮数						已分粮数	预借计划	三基本扣罚粮	小计	粳稻		数量	金额
											斤数	金额		
	95			2724	148	2872	1846			1846	1013	102.31	1026	104.10
	69		113	3230	173	3403	2392			2392	1001	101.10	1011	102.48
...														

资料来源：CRPCMD2015，江苏祖堂大队年终收益分配档案，1974 年。

生猪饲料粮是家庭饲养生猪或其他家畜所需要的粮食，其粮食分配数量依据饲养家畜多少（一般只有生猪），而与农户劳动多少无关。人民公社时期出台一系列政策鼓励生猪饲养，但饲料粮食短缺致使每个家庭一般只能养一两头。养猪并不是为了自己食用，在当时也是一种政治任务，是为了供应城镇居民和出口创汇。对社员来说养猪可以有两个回报：其一，将养大的肥猪卖给国家或集体从中得到收入，但这通常都是由生产队操作的，换句话说，一般社员只负责饲养的过程，其余均为生产队控制（但社员可以得到补助）；其二，社员可以直接获得的收入是上交

---

① 其余为其他粮，因此二者合计不是 100%。

② 这里需要解释的是该分配表中记载的工分数是指劳动日数，而不是真正的工分数，实际的工分数应该乘以 10（一般是这样），但并不影响计算和分配。

③ 孩子抚养需要资金，抚养孩子会影响母亲出工天数，但抚养孩子会有少量补助，即使去除二者的影响，还会有很明显的趋势。

粪肥之后的工分所得。我们可以看到，国家对饲养生猪有政策鼓励、会奖励一定的饲料粮，上交粪肥会得到工分（数量并不小），因此对当时的家畜发展有一定的促进作用。从表 2 - 1 - 5 中的例子看，两户所得生猪饲料粮分别为 148 斤和 173 斤，分别占该户应得粮合计的 5.15% 和 5.08%，就宋庄生产队而言其比例为 5.3%，进言之，全村各农户间比例近乎相当。

基本口粮、工分粮、其他粮和生猪饲料粮共同组成了农户家庭一年全部粮食所得，在那个食品短缺的年代，这是农户的生命线，是农户所有劳动的主要目标。该类经济档案为我们再现了历史实情，仿佛农户生活的画面就在眼前。

扣除部分。扣除部分主要是已经分配粮食，包括夏分和秋分以及平时的粮食（也会有其他）分配，另外还有向生产队借的以及扣罚的粮食（这两部分均很少）。如表 2 - 1 - 5 中间部分所示，武正才家已分粮 1846 斤，没有预借和扣罚等。

找补部分和最后合计找补。找补部分为全年家庭应得粮食总数减去扣除部分总数之后，根据家庭情况多退少补。如武正才家全年应得粮 2872 斤，扣除部分为 1846 斤，则找补部分为 1026 斤（2872 - 1846）。在找补部分也会有多种粮食品种，如宋庄生产队武正才家就分为粳稻（1013 斤）和黄豆（8 斤）两种。最后合计找补是所有找补数量的总和，并折合成相应的金额（实际上相当于找补部分的合计）。武正才家合计找补 1026 斤，合计金额为 104.1 元，如表 2 - 1 - 5 后面部分所示。

现金归户计算表。相比粮、油、草归户计算表，现金归户计算表则显得更为重要。社员收入、支出、存欠款等均在这里显示，农户是否沦为"超支户"也在这里有所记载。同时这张表还包括粮、油、草归户计算表所没有的重要信息，即家庭成分和家庭劳动力数量（如武正才家，中农、人口 5、劳动力 5）。这些信息为我们分析家庭政治生活、家庭结构、家庭经济状况等提供了极其详细的信息。

收入部分最重要的是工分收入和投肥收入，这两部分对大多数家庭来说是唯一的收入来源。① 工分收入是家庭所有成员在一年当中的劳动

---

① 当然在人民公社的不同时期自留地收入也较为普遍，自留地收入一般占家庭收入的 5% - 10%。其他的如社队企业工作收入、经营收入等数量极少，并且只有有能力或有关系的人才可以得到。

所得，如武正才家全年挣到 735.57 分，此户没有照顾工分，该生产队该年的劳动日（工分）单价为 0.365 元，[①] 即每 1 个工分或每工作整一天到年底得到 0.365 元，此单价是全队总收入除去费用、税收、提留等之后除以全队总工分所得，经计算可知该农户全年劳动报酬为 268.48 元（735.57 × 0.365），占总收入的 82.3%。

投肥收入是农户上交粪肥所得收入。如武正才家投肥收入为 57.68 元，占总收入的 17.7%。由此可见投肥收入占了相当大的比重（全队比例为 12.04%），这在一定程度上促进了中国畜牧业的发展。[②]

交队金额部分的情况很多，一般是家庭中有成员从事农业以外的劳动，为了在队里分到应有的粮食而向队里交现金，这部分也是社员的收入，只不过会以实物的形式返还给社员。如张长庚家交队金额为 120 元（见表 2 - 1 - 6）。

表 2 - 1 - 6　社员分户：现金收入部分（节选）

户主姓名	成分	人口（人）	劳力（人）	收 入 部 分							
				工分报酬				投肥		交队金额（元）	归还借粮差价（元）	合计金额（元）
				实做工数（分）	照顾工数（分）	合计工数（分）	劳动报酬（元）	数量（分）	金额（元）			
武正才	中	5	2	735.57		735.57	268.48		57.68			326.16
张长庚	贫	5	3	921.09		921.09	339.85		57.06	120		516.91
……												

资料来源：CRPCMD2015，江苏祖堂大队年终收益分配档案，1974 年。

扣除部分由已分粮、油、草款和找补粮、油、草款组成，即一年当中已经分配的粮食、油料、草料等生活用品折合为现金数量。这部分也可看成农户食品消费部分，如武正才家已分粮、油、草折钱 214.27 元，找补粮、油、草折钱 104.1 元，总生活费用（主要指食品）318.37 元，

[①]　宋庄生产队全年可分配收入为 7759.99 元、全年总工分为 21260.37，二者相除即为劳动日单价。在祖堂大队所有的 13 个生产队中，宋庄的劳动日单价几乎是最低的（最低为 0.344 元）。

[②]　当时制约畜牧业发展的主要因素之一是饲料粮的缺乏。

占总收入比例为 97.6%，可见该户绝大部分收入用在食品消费上，或者可以说其家庭恩格尔系数非常高，属于非常贫困家庭，从全年结果来看扣除生活费后仅剩 7.79 元。但并非所有的农户收入都如此低，如张长庚家扣除生活费后还剩余 159.67 元，属较好情况。如从总收入中扣除生活费后还有剩余，则将此项目放在进钱金额栏中，如有超支则放在超支金额栏中，详见表 2 - 1 - 7。

表 2 - 1 - 7　社员分户：现金扣除部分（节选）

单位：元

扣　除　生　活　费			对　比	
已分粮油草	找补粮油草	合计金额	进钱金额	超支金额
214.27	104.1	318.37	7.79	
254.76	102.48	357.04	159.67	
……				

资料来源：CRPCMD2015，江苏祖堂大队年终收益分配档案，1974 年。

　　预分及预支款部分是指一年当中由于农户的各种需要而提前支取的现金和实物所折合的现金数量，在预支时一般都要有正当理由，否则很难从生产队借出钱，比如家里修房子、女儿出嫁、有成员生病等都是合理的情况。即使理由很充足，在借款时生产队领导还是要看该户的可能收入情况，以免农户借的太多而无法偿还。[1] 如武正才家仅预支现金 5.97 元，而条件稍好的张长庚家预支了 85.62 元，差距非常之大，与此相比，实物预支款项相差不多，两户分别为 22.76 元和 26.14 元。在该部分还有一项重要的内容需要说明，即"上年老超支"，也就是往年累积超支的金额，这是农户要尽量避免的事，一旦沦为超支户"日子过起来会有些困难，也有些不好意思"，而且累积多了之后很难还清。对于超支款较多的农户，生产队在农活安排时会尽量为其多派一些活，以使其尽量多挣一些工分，使超支款数降到最少。在案例的两个农户中武正才

---

① 据了解每年让超支户交齐欠款是件非常麻烦的事。而且有时候"借"实际上就是变相的瞒产私分，如高王凌（2006）的调查："另一种是零借的，结婚啦、盖房子啦，或有什么特别困难。主要是小杂粮。关系好的借七八十，少的三四十。哪一年平均借不到一百斤？零借也得达到一百。四百人就四万斤，绝对没问题。"见高王凌《人民公社时期中国农民"反行为"调查》，中共党史出版社，2006，第 25 页。

家上年超支达 155.85 元，张长庚家超支 20.01 元。① 预支款和上年超支款合计则为当年欠队的总金额。

用总收入金额（收入部分的合计金额）减去总消费金额（扣除生活费部分、预分及预支款和上年劳动超支之和）后则为全年现金收入结果，如果收入为正则是进钱金额，如果收入为负则为超支金额。如武正才家全年最终超支 176.79 元，张长庚家进钱 27.9 元，详见表 2-1-8。

表 2-1-8　社员分户：现金预支、结果和超支处理（节选）

单位：元

户主姓名	预分及预支款						结果		超支款处理		合计找补		
	当　年				上年超支	合计欠队金额	进钱金额	超支金额	照顾	交现金	互拨		转下年
	夏分现金	预支现金	预支实物	小计							拨出金额	拨进金额	
武正才		5.97	22.76	28.73	155.85	184.58		176.79					176.79
张长庚	85.62	26.14		111.76	20.01	131.77	27.9						
……													

资料来源：CRPCMD2015，江苏祖堂大队年终收益分配档案，1974 年。

现金归户计算表的最后一部分是超支款处理详情。如农户出现超支该如何处理，该表给出了几种情况：公益金照顾、交现金、互拨（社员户间互拨）和转入下一年。从原始资料看绝大部分因无力偿还只能转入下一年，来年再努力。只有少数会得到公益金照顾，有极少数会进行互拨，但交现金的户相对来说较多，大概是这些农户有农业外收入。总之，当时农户尽量避免超支，一旦超支生产队会想各种办法让其偿还，以使其他人感觉公平，但实际情况则很不乐观，这在一定程度上影响了社员劳动积极性。

总之，现金归户计算表提供了非常翔实的农户全年收入、支出金额总数、家庭全年总净收入等信息，这为学者研究人民公社时期农户收入分配、农户收入构成、农户分配比例、农户消费构成（或恩格尔系数）、农户间贫富差距以及所有上述问题的影响因素（家庭结构、劳力、成

———————————

① 该队的超支户较多，大约有 1/3，这是较罕见的，祖堂大队的其他生产队一般只有 1/5 户左右。

分）等奠定了坚实的数据基础。20世纪70年代的农户收入分配关系到该时期的贫富差距的实际情况，这是一个很有学术价值的研究课题，但目前为止还少有研究者涉足，因此也为学术界保留了一块尚未开垦的处女地，也许会结出丰硕的成果。

（三）工分和基本肥结算表

（1）社员工分综合表。社员工分综合表记录了家庭所有挣工分成员的姓名和相应的工分数量。由两大部分组成，一是家庭成员姓名和工分（还包括特殊工种分，如养猪工），二是家庭减扣分和奖励分，如表2-1-9所示。

表2-1-9　社员工分综合表（节选）

单位：分

户 主		家 庭 成 员			全家工分合计	扣除地富义务工	照顾工等	归户计算工
姓名	工分	姓名	工分	…… 放牛工、养猪工等				
武正才 ……	414.22	张义云	320.85		735.57			735.57

资料来源：CRPCMD2015，江苏祖堂大队年终收益分配档案，1974年。

社员工分综合表能为我们提供社员个人的劳动投入量，是研究20世纪70年代农户劳动不可多得的数据资料。关于20世纪70年代社员劳动的一般印象是"出工不出力""磨洋工""偷懒"等，一个普遍的解释是劳动监督困难，而实际上社员在当时究竟如何劳动，其劳动效率如何，很少有学者根据具体史料进行论述，[①] 也许我们现在的惯常看法会有偏差，因此用这类表格提供的信息或许会得出更令人信服的结论。

如武正才家有2个劳动力，户主和其妻子（张义云），工分所得分别为414.22（56.3%）和320.85（43.7%），就每个人来讲其工分数都非常高，如果按每天挣1个工分算则两人都要工作300-400天（事实是有时一个劳动日超过1分，有的可以达到1.2分、1.5分甚至2分，但这种情况并不多见），[②] 可知20世纪70年代的劳动强度非常之高，另外20世

---

① 目前为止黄英伟（2010）在这方面做了一定努力。

② 有的地区劳动一天记1分，而有的地区则记10分，这只是记法不同。

纪 70 年代农业发展的一个主要原因是将妇女大量发动起来，由表 2 - 1 - 9 可见一斑。从性别来看，男性一般多于女性，这有底分的原因也有劳动能力和农活派分的因素。

此外，家庭成员的一些特殊工种也会直接记录在表中，如放牛工、养猪工等，初步观察在宋庄生产队中武兰方得到放牛工 27 个、张加良得到放牛工 195.3 个。

第二部分是各种减扣和照顾工分，宋庄生产队中，只有 1 户减扣地富义务工 12.5 个（其家庭成分为地主），有 2 户得到军属优待工补助（1 户 50 分，1 户 100 分）。通过这部分可以研究当时的惩罚和奖励政策在农村的具体实施和力度，以验证国家的政策执行情况，国家如何照顾生活有困难的社员，以及农户为这些照顾所承担的比例等。

此外，值得一提的重要信息是，在每张表的最后都有队干部工分所得数，并在前面的粮、油、草分配归户计算表和现金归户计算表中有相应的粮食分配方案和现金分配方案，这个信息也极为重要，它可以为我们研究生产队干部的收入、干部所得占队总收入的比重、① 干部收入与其他社员收入关系等极细微但非常重要的情节。也许通过这些可以解开社员与干部之间的关系、农村治理成本等热点难点问题。

（2）基本劳动日结算表。基本劳动日结算表提供了家庭成员的劳动日核定数量和已完成情况以及家庭基本粮评减数量。当时规定的每年劳动均有一定限度的基本工分，也就是说只有达到基本工分才能弥补口粮分配所产生的费用，换句话说，只有达到基本工分才不至于沦落到超支户的水平，这是社员劳动的最低天数。在设定基本工时男女劳动力有所差别，就本案而言，男整劳力基本工为 290 天、劳动能力稍弱或年龄较大者可以适当降低如 280 天或 270 天等，女劳力基本工为 280 天，其余人员根据实际情况上下浮动。

如表 2 - 1 - 10 所示，武正才家，户主核定基本工为 290 天，实际做工 307.5 天，② 超过基本核定工 17.5 天；户主妻子张义云核定基本工为 280 天，实际完成 274 天，则有 6 天工没有完成，没完成工占核定的

---

① 如宋庄生产队队干部共得工分 857 分，占全队总工分 4.03%。

② 这里记载的是天数，每天的工分不一定是 1 分，从实际来看大多要高于 1 分，因此我们看到的与上面记录的数据不同。

2.14%。从档案资料上看，有相当数量的人没有完成基本工，在不完全统计的宋庄生产队42人中就有13人没有完成，将近1/3的比例。

表 2 – 1 – 10　社员基本劳动日结算表（节选）

户主姓名	核定基本工						家庭成员	核定基本工						评减基本粮合计（斤）
	核定（天）	已完成（天）	两比（天）		少占核定的比例（%）	评减基本粮（斤）		核定（天）	已完成（天）	两比（天）		少占核定的比例（%）	评减基本粮（斤）	
			多	少						多	少			
武正才……	290	307.5	17.5				张义云	280	274		6	2.14		

资料来源：CRPCMD2015，江苏祖堂大队年终收益分配档案，1974年。

基本劳动日结算表中的信息为我们研究农户劳动积极性、劳动管理、劳动的性别差异等提供了可能。

（3）基本肥结算表。为了强制或鼓励农户饲养生猪以为生产队交粪肥，生产队对投肥数量也和基本工一样有最低定额，到年底核查是否完成，超过的会按工分比例奖励粮食，不足的按同样比例扣除饲料粮。如徐白文家投肥定额为39元（为便于计算，将粪肥数量折合成现金，表中直接给出现金），总计完成55.75元，[①] 超过任务16.75元，应奖励肥料粮50斤。

总之，以上是对江苏祖堂大队特别是宋庄生产队收入分配表的介绍，通过描述并简略评述20世纪70年代农村生产队的基层档案资料，并提出了一些可能的研究方向。具体而言，从三个大的方面进行详细描述：经济分配方案、归户计算表和工分及基本肥结算表。

经济分配方案包括狭义经济分配方案和粮、油、草核产表以及粮、油、草分配方案。这是生产队整体经济情况，涵盖了各种经济收入、经济支出和经济分配等，在每一条目下面均有该类项目的详细子项目，在分配方案中更有粮、油、草的具体分配情况。此外，生产队的整体人口结构、年龄结构、劳动力数量等也在其中。这些资料将为了解生产队的整体经济运营、经济分配、经济发展水平、国家与个人之间关系等提供有价值的一手信息。

---

① 投肥种类很多，如黄粪、小尿、草木灰、猪肥等。

归户计算表包括粮、油、草归户计算表和现金归户计算表。这是农户层次的经济信息记录,这部分的记载则更为详细。从家庭口粮分配、工分分配、生猪饲料粮分配到粮食分配步骤,如夏分、秋分等极为细致。现金归户计算表中则反映了农户全年劳动所得和全年支出以及存欠款情况。如果想要深入研究 20 世纪 70 年代农户的经济生活和生产行为,这类资料是必不可少的参考资料。

工分和基本肥结算表,这部分可以说是归户计算表的补充。对理解劳动定额和实际劳动投入,实际投肥工等有重要参考价值。

目前,对人民公社的研究方兴未艾,已有一些较有质量的论述出现,相信将来会有更多更有影响的作品问世,而人民公社时期的经济档案资料将是不可多得的研究基础。

二 20 世纪 70 年代的收入分配制度

(一) 人民公社历史背景

中国共产党第八届中央委员会第六次全体会议通过《关于人民公社若干问题的决议》(1958 年 12 月 10 日) 指出:1958 年,一种新的社会组织像初升的太阳一样,在亚洲东部的广阔的地平线上出现了,这就是我国农村中的大规模的、工农商学兵相结合的、政社合一的人民公社。它一出现,就以它的强大的生命力,引起了人们广泛的注意。

人民公社的特点可以概括为"一大二公",即"一曰大,二曰公","大"是指人民公社的组织规模大,"公"是指生产资料公有化程度高。按照毛泽东当时的解释,"大",就是人多、地大、生产规模大,各种事业大,工农商学兵,农林牧副渔,人多势众;"公",就是社会主义高级社多,公有化程度高。

人民公社是农业合作化的最高级形式,人民公社之前先后经历了农业生产互助组(简称互助组)、初级农业生产合作社(简称初级社)和高级农业生产合作社(简称高级社)。

在革命根据地时期已经开始出现互助组形式,它是在农民的土地、牲畜等生产资料和收获的农产品均属私有的基础上,在劳力、畜力、农具使用上实行换工互助，带有社会主义萌芽性质的生产劳动互助组织。初级社，建立在主要生产资料私有制基础上，社员将土地作价入股，统一经营，耕畜与大中农机具等生产资料归社统一使用，社员参加社内劳动。高级社实现了土地等主要生产资料的共有和社员个人消费品的按劳分配，社员私有的土地、耕畜、农具等按合理价格由社收买，变为集体财产。高级社在有计划分工和协作的基础上组织社员参加社内的劳动。

互助组通常是临时性的，一般由邻近的 4 - 5 个农户组成。初级社的规模扩大到 20 - 30 户，他们稳定性稍强，劳动和分配的形式有一定的约束性。最初的高级社一般有 30 户左右，后来发展到 150 - 200 户。高级社的组织性更强，所有的生产资料都归高级社管理，按农户劳动进行分配。从 1958 年 8 月末到该年的 11 月初，仅仅三个月的时间，就有 75.3 万个高级社被合并成 2.4 万个人民公社，加入人民公社的农户占当年总农户的 99%。但 1959 - 1961 年经历了严重的农业危机后，于 1962 年又将生产队规模缩小为 20 - 30 户。

互助组采取"人工换人工""畜工换畜工"的办法进行互助交换劳动。初级社的总收入，在扣除当年生产费用、税金、公积金和公益金以后，所余部分分给社员，作为社员的劳动报酬和土地等生产资料的报酬。高级社的总收入，在扣除税金、生产费、公积金和公益金以后，剩余部分根据按劳分配原则在社员之间进行分配。

关于人民公社的分配制度，《中共中央关于在农村建立人民公社问题的决议》（1958 年 8 月 29 日）指出：人民公社建成以后，也不必忙于改变原有的分配制度，以免对生产发生不利的影响。要从具体条件出发，在条件成熟的地方，可以改行工资制；在条件还不成熟的地方，也可以暂时仍然要用原有的三包一奖或者以产定工制等按劳动日计酬的制度，条件成熟以后再加以改变。

农业生产规模调整后的分配制度，《农村人民公社工作条例修正草案》（《农业六十条》）规定：生产队是人民公社中的基本核算单位。它实行独立核算，自负盈亏，直接组织生产，组织收益的分配。生产队对于社员的劳动，应该按照劳动的质量和数量付给合理的报酬，避免社员和社员之间在计算劳动报酬上的平均主义。

人民公社初期实行供给制和按劳分配并存的分配制度，"大公社"

时期基本废除按劳分配而改为按需分配,由于三年困难时期饥荒的爆发而不得不改回按劳与按需并举的分配制度,之后到人民公社结束这种按劳与按需共存的分配制度一直较为稳定。

(二) 人民公社收入分配制度

有关人民公社的分配制度已经有较多研究。辛逸 (2005) 将人民公社的分配制度分为三方面进行讨论:公共食堂、工分制和家庭副业。公共食堂是"供给制的核心内容",工分制是"农村集体经济组织计量社员参加集体劳动的数量和质量并获取相应劳动报酬的一种形式",家庭副业是"人民公社时期所有权相对完整的一项制度安排"。张乐天 (2005) 总结人民公社的收益分配原则有三个:第一个原则是"先国家,后集体",第二个原则是留足集体的,第三个原则是处理好按劳与按需之间的关系。总之,公社时期的分配,既是经济问题,也是政治问题,一切以国家利益为重。

本部分并不会对分配制度做过多宏观性讨论,而只会针对生产队的分配、农户收入构成和公社的劳动制度等做简要说明,目的是为后面的研究做制度背景铺垫。就生产队而言,生产队可分配部分被国家、集体和个人三者瓜分。就农户而言,收入主要来源于集体,且以实物为表现形式,而家庭人口的决定性超过劳动工分。就劳动管理而言,计件工与计时工同时存在,底分评定与农活分配是主要决定因素。

农村人民公社大部分时期以生产队为基本核算单位。在扣除生产费用之后,生产队的收入最终被分为三个部分:国家税收、集体提留和社员分配。那时的国家实行重工业优先发展战略,重工业发展所需的资本原始积累来源于农业,因此生产队必须首先保证国家税收部分。人民公社时期的农村医疗、农村教育、农村社会保障等取得了一定的成效,这也是人民公社的优势之一。这些公共事业之所以能够顺利进行,一方面跟人民公社的组织制度有关,另一方面也是更重要的方面跟生产队的资金支持有关,即生产队的集体提留款支持了这些公共事业的发展。如图 2 - 2 - 1 所示,扣除前两项分配之后,余下的部分全部给社员。① 在总

---

① 三者占总收入的比例大概分别为 5%、10% 和 55%,其余 30% 左右为生产费用,见《中国统计年鉴 1981》,中国统计出版社,1982,第 196 页。

分配中，社员分配部分大约占 80%。

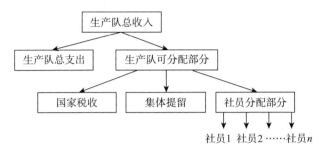

图 2 - 2 - 1　生产队的分配

如图 2 - 2 - 2 所示，人民公社时期农户收入来源主要有两个：其一是从集体获得收入；其二是家庭副业收入。从集体获取收入是主要的。副业，包括自留地、家庭饲养、家庭手工业等，在当时并不被提倡，经常被当作"资本主义的尾巴"而"割掉"。副业是人民公社时期家庭收入的重要补充，但其比例并不高，一般在家庭总收入中占 20% - 30% 的比例（辛逸，2000）。因此从集体获取收入是农户最主要的收入形式，其收入以工分为表现。在集体获得收入又可以分为两种形式，一种是参加集体劳动，获得"劳动工分"，另一种是给集体交粪肥，获得"投肥工分"，[1] 二者合计就是农户所得工分的全部。

集体农业时期，一方面为了激励农民投入劳动而实行"按劳分配"的工分制，另一方面为了体现社会主义公平性而实行"按需分配"的供给制。生产队通常以一年为一个核算周期，核算周期内社员劳动与分配同时进行，但分配和劳动的时间并非一一对应，为了在分配和劳动之间建立起联系，农民创造性的发明了"工分制"。工分制既是对劳动的计量，也是分配的标准。[2] 生产队分配要依据农作物的成熟时间，通常收获之后即刻进行分配，一年之内要分配多次，以满足农户的生存和生活需要。社员每次劳动均以工分的形式记录在工分簿上，到年底进行核算。

---

[1]　因人民公社时期粪肥缺乏，所以投肥工在当时也得到一定程度的鼓励。投肥工在总工分中的比例一般不超过 10%，如河北省北部山区的北台子生产队 1980 年的比例是 4.3%，1981 年的比例为 3.0%（黄英伟、李军、王秀清，2010）。

[2]　黄英伟：《工分制的制度经济学分析》，《二十一世纪》2014 年第 3 期。

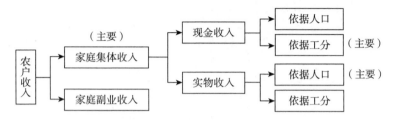

图 2-2-2　人民公社农户收入构成

人民公社时期，社员的收入以实物为主。实物收入占总收入的70%以上（黄宗智，2000；徐卫国、黄英伟，2014）。实物分配即生活所必需的粮食、油、棉、煤、柴火等生活必需品。直到年底核算时才能进行现金分配，而现金只有部分农户才能获得。

农户集体收入多寡受自家劳动和分配制度的双重影响。实物分配数量要先根据家庭人口而定，而非工分，如北街 2 队 1976 年的口粮标准是每标准人 180 市斤、布票每人 17.3 尺、牛肉每人 0.5 市斤等。年终时家庭用工分收入去"抵"实物分配，如果工分收入抵完实物分配以后仍有剩余，则剩余部分以现金形式发放，如果工分收入不足以抵充实物分配则成为"超支户"，则他们要以来年的工分进行补偿，而将当年的欠款先挂账。① 因此家庭消费人口多而劳动力少的农户常常会因为家庭工分少而不能完全抵充实物分配，沦为"超支户"，相反消费人口少而劳动人口多的农户会因为工分数多，在抵充了实物分配以后还有部分现金收入。而现金收入的获得主要依据的是工分收入的多寡。

从人口与劳动投入的角度看，通常在分配时按人和按劳会有一定的比例，如 8：2、7：3、6：4 等（郑卫东，2010；黄英伟，2011；张乐天，2005），即按人口部分分配占 80%，按劳动部分分配占 20%（人劳

---

① 如果来年再还不上则继续往下年推，这种现象直到农村改革也尚未消除，最后这些"超支户"因数量太多（1978 年底，全国 31.5% 的农户是超支户，共欠超支款 74.7 亿元，平均每户超支 139 元）很难解决。1979 年《中共中央、国务院批转农业部党组关于认真解决人民公社社员超支欠款问题的意见的通知》规定了对超支户的处理意见。1982 年国务院批转《国家农业委员会、农业部关于整顿社队财务的意见》的通知指出，社员的超支欠款，仍按照中发〔1979〕55 号文件《中共中央、国务院批转农业部党组关于认真解决人民公社社员超支欠款问题的意见的通知》执行。在整顿中要抓紧解决。也就是说到 1982 年该问题仍没很好地解决。

比8∶2），按人口分配远大于按劳动分配。具体的过程是，将所有可分配物（总收入中分别减去成本、国家税收、集体留存等）分为一定比例的两个部分，如人口、劳动比例为8∶2，则按人口分配部分为80%，按劳动分配部分为20%，然后再根据人口数量平均分配80%部分，根据劳动工分平均分配20%部分。

从理论上讲，所有按人口分配的分配物到年底也要由劳动工分去"买"，因此可以看成按劳分配，但需要注意的是，分配时间和用工分"买"分配物的时间存在较大的差异，因此将这一时期的分配看成按劳分配是不准确的。因为生产队分配的可分配物主要是实物，分配时间并不固定，而是根据实物的收获时节，随时分配（农民手里并没有多余的粮食，这种分配也是为了保证农民的生存）。但劳动工分只有到年底才能统计出来，二者之间有时间差。就是这个原理才出现了只有集体农业时期才有的独特现象——"超支户"，即到年底核算时该农户不但不能分到现金，还要欠生产队的钱，就是因为在年底之前分给农户的实物折款之和大于该户年底劳动工分的折款，结果就出现了超支的情况。

总之，在交给国家和集体部分收获物之后农户得到以实物为主的分配物，只有部分农户可以得到现金，家庭人口结构和劳动能力同时影响农户家庭收入。

人民公社实行的是统一生产、统一劳动、统一分配的高度计划经济，中央虽然详细规定了每种农业生产的产量定额，但由于农业生产过程的复杂多样，不可能对每一道工序都像工业产品一样规定明确，因此具体劳动过程都由生产队负责人把握。

基于农业生产的复杂性，人民公社时期两种主要的劳动管理制度被采用：计时制和计件制。相应的农户可以获得两种工分收入：计时工收入和计件工收入，见公式（2-1）。

$$workpoints_i = workpoints_{ip} + workpoints_{it} \qquad (2-1)$$

其中，$workpoints_i$是个体i在一年内获得的总工分，$workpoints_{ip}$是个体i在一年内获得的计件工分合计，$workpoints_{it}$是个体i在一年内获得的计时工分合计。

计时工分和计件工分分别由下面的公式决定。

计时工分由公式（2-2）决定：

$$workpoints_{it} = \sum_{t=0}^{n} basicpoint_i \cdot a_t \cdot workday_t \qquad (2-2)$$

其中，$workpoints_{it}$是个体 i 在一年内获得的总计时工分，$basicpoint_i$是个体 i 所得到的底分；[①] a_t是第 t 种农活可以获得的工分系数，需要说明的是，即使是计时工分，每天的农活总分数也有差别，如正常时节每天10 分则 a_t 取 1，而农忙时节每天可能是 12 分或 15 分则 a_t 取 1.2 或 1.5；$workday_t$是在第 t 种农活上个体劳动的天数。比如一个男性标准劳动力底分是 10，在农忙时节干了 5 天农活，农活工分系数取 1.2，则他该段时间的计时工分所得是 60 分（$10 \times 1.2 \times 5 = 60$）或 6 个劳动日（通常按每个劳动日 10 分工记）。

计件工分由公式（2-3）决定：

$$workpoints_{ip} = \sum_{p=0}^{n} workpoint_p \qquad (2-3)$$

其中，$workpoints_{ip}$是个体 i 在一年内获得的总计件工分，$workpoint_p$是每个计件农活的工分定额。

据此，可以计算个体一年的总工分，见（2-4）。而家庭总工分是家庭每个成员工分之和。

$$hhworkpoints_j = \sum_{i=1}^{m} workpoints_i \qquad (2-4)$$

其中 $hhworkpoints_j$是家庭 j 全年总工分收入，由家庭所有成员的工分之和决定。

因此，有两个重要的因素将影响工分收入，一个是"底分"，另一个是"农活分配"。"底分"将影响性别间的收入差异，"农活分配"将影响是否同劳同酬，这两种劳动制度对劳动会产生重要影响。

---

① 底分相当于"工资率"，是社员劳动前评定的。在劳动过程中，一般而言男性全劳动力劳动满一天可以得 10 分工，女性全劳动力劳动满一天可以得 8 分或 7 分工，其余半劳动力或小孩、老人等辅助劳动力根据情况递减，比如 7 分、6 分、5 分等，当时生产队有"男十分，女八分，老人、孩子四六分"的说法。

三　中国农村收入情况概览

（一）全国历年农业收入变迁

首先，了解近 30 年人民公社农民收入变化整体情况。相比农村改革之后的农业快速发展，人民公社时期相对缓慢，无论是粮食产量还是农民生活水平都有所体现。最能反映农民实际生活的是农村社员的实际收入（经可比价格处理）。据《全国农村人民公社收益分配统计资料（1956－1980）》统计得出农村社员收入历年变化，如图 2－3－1 所示。

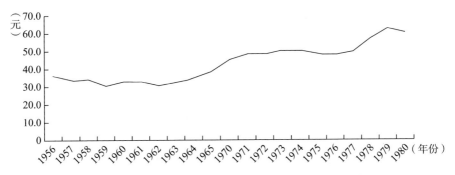

图 2－3－1　人民公社时期全国农村社员收入历年变化

注：已利用商品零售价格指数进行可比价处理（《新中国 60 年统计资料汇编》，2010）。

资料来源：农业部人民公社管理局《全国农村人民公社收益分配统计资料（1956－1980）》，内部资料，1981，各页整理。

整体来看，1956－1980 年全国农村社员人均收入在波动中向上增长。这是社会主义建设所取得的成绩，虽然也伴随着各种问题。人民公社在一定程度上提高了人民生活水平，为中国的工业化建设作出了一定的贡献，总体发展较为缓慢。具体而言，1957 年社员人均收入为 33.4 元，20 世纪 60 年代中期上升到 38.9 元（1965 年），1970 年上升为 45.2 元，1975 年又上升到 48.4 元，1980 年则上升到 60.5 元。人民公社末期社员人均收入达到了初期的 2 倍左右。当然各地情况差别较大，有的生产队变化较小，甚至到人民公社末期依然吃不饱饭（如安徽小岗生产队）。

人民公社时期农村社员的收入和农业对工业的支持，都体现在生产队收入在国家、集体和社员三者之间的分配比例上。通常国家、集体和社员三者之间都会有较为固定的分配比例，这种比例关系体现了国家、集体与个人之间的经济与政治关系。在 1959 年 4 月中央发布的《关于人民公社的十八个问题》中规定：在收入分配中生产费用不超过 19% – 24%，管理费用（包括干部补贴）2%，公积金 8% –18%，公益金 2%，扣去国家公粮和税收，分配给社员的为 50% –60%。①

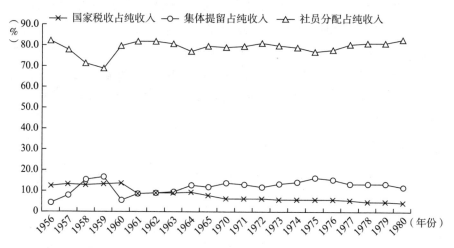

图 2 –3 –2   人民公社时期国家、集体与社员间分配比例

资料来源：农业部人民公社管理局《全国农村人民公社收益分配统计资料（1956 –1980）》，内部资料，1981，各页整理。

图 2 – 3 –2 展示了人民公社时期国家、集体与社员三者之间的分配比例关系。人民公社时期国家工业化发展所需原始资金主要来自农业，对农业征收农业税是提取农业剩余的主要方式，就全国而言人民公社初期国家税收占生产队全年纯收入的 12% 左右，随着工业自身积累能力的逐步加强和农业生产总量的增加，国家对农业的税收数量逐步下降，到 1980 年下降到 4.6%。②

集体提留中包括公积金、公益金、生产费用、储备粮基金等，主要用于农业再生产和农村社会福利。集体提留所占纯收入比例在 1965 年前波动较大，1956 年仅为 4.7%，1959 年突升至 17.1%，1960 年又

---

① 《关于人民公社的十八个问题》，载中共中央文献研究室《建国以来重要文献选编》第十二册，中央文献出版社，1996，第 170 页。
② 据有关测算，人民公社期间中国农业为工业化建设提供的资金为 5400 多亿元，年均高达 210 亿多元（冯海发、李微，1993）。

下降到 6.2%，但在 1965 年之后则较为稳定，在 13% 附近波动。社员收入比重一直比较稳定，多年维持在 80% 左右（除了最低的 1959 年 69.2% 以外）。

（二）省级农业收入差异

中国地域辽阔，不同地区之间自然地理条件千差万别，对人民公社的各种政策执行也不尽相同，这是导致农户收入差异的首要因素。对全国及后文会用到的河北省、山西省和江苏省的基本情况统计如表 2-3-1 所示。

表 2-3-1 1978 年全国及河北、山西、江苏省基本情况

项目	全国	河北省	山西省	江苏省
人民公社个数（个）	52781	3652	1887	1885
生产大队个数（个）	690388	50150	30046	34286
生产队个数（万个）	481.7	24.8	9.9	31.7
农村户数（万户）	17347	1040.8	487.1	1233.9
平均每生产队户数（户）	36.0	42.0	49.2	38.9
农村人口（万人）	80319.8	4490.4	2028.3	5066.2
农村劳动力（万人）	30637.9	1726.7	696.8	2257.4
平均家庭规模（人）	4.63	4.31	4.16	4.11
平均家庭劳动力（人）	1.77	1.66	1.43	1.83
劳动供养比	2.62	2.60	2.91	2.24

资料来源：农业部人民公社管理局《全国农村人民公社收益分配统计资料（1956 - 1980)》，内部资料，1981，各页整理。

简单描述一下 1978 年农村人民公社的基本情况。全国大约有 5 万多个人民公社、69 万个生产大队和 481 万个生产队，平均每个公社有 13 个生产大队和 91 个生产队，平均每个生产大队有 7 个生产队小队。全国每个生产队大约由 36 个农户组成，该数字在河北省是 42 户，山西省是 49 户，江苏省是 39 户。全国每个家庭拥有 4.63 个人和 1.77 个劳动力，劳动供养比（家庭人数/家庭劳动力）约为 2.62，即一个劳动力要供养 2.62 个人。

在省级之下与人民公社有直接领导关系的是县级，而且人民公社的各项政策均以县级为单位向下垂直传达。即使在同一个省内，各县之间也存在较大的收入差异，这也对农户收入存在影响。

表 2 - 3 - 2   1978 年全国及河北、山西省各县收入分组统计

社员人均收入（元）	全国		河北省		山西省	
	县数（个）	占总县数比例（%）	县数（个）	占总县数比例（%）	县数（个）	占总县数比例（%）
0 - 40	95	4.1	2	1.4	7	6.3
41 - 50	282	12.2	15	10.1	17	15.3
51 - 60	287	12.4	19	12.8	25	22.5
61 - 80	644	27.8	54	36.5	37	33.3
81 - 100	458	19.8	39	26.4	10	9.0
101 - 150	423	18.3	17	11.5	15	13.5
150 以上	124	5.4	2	1.4	0	0.0

注：县数中包括县、市、区和旗。

资料来源：农业部人民公社管理局《全国农村人民公社收益分配统计资料（1956 - 1980）》，内部资料，1981，第 140 - 145 页。

全国及河北省和山西省 1978 年的社员人均收入分组统计情况如表 2 - 3 - 2。全国及河北省和山西省社员人均收入分布集中在 61 - 80 元组。全国共有 644 个县，占全国总县数的 27.8%；河北省共有 54 个县，占河北省总县数的 36.5%；山西省共有 37 个县，占山西省总县数的 33.3%，均处在该收入组中。人均收入处在 150 元以上和 40 元以下的县均较少，全国仅有 5.4% 的县人均收入在 150 元以上，仅有 4.1% 的县人均收入在 40 元以下。

对比河北省和山西人均收入状况，河北省略占优势。就极端收入而言，河北省有 1.4% 的县人均收入超过 150 元，而山西省则 1 个都没有；相反，人均收入低于 40 元的县河北省仅有 1.4%，而山西省则为 6.3%。在人均收入分布的次集中趋势上，河北省有 26.4% 的县处在 81 - 100 元组中，而山西省则有 22.5% 的县处在 51 - 60 元组中。所以，总体而言河北省的社员人均收入状况好于山西省。

除了人均收入，各省份的粮食分配量也存在较大差异（见图 2 - 3 - 3）。1978 年全国农村人均粮食分配量为 463 斤。分省份来看，上海市、浙江省、湖南省居前三名，人均粮食分配量分别为 570 斤、568 斤和 556 斤；居后三位的是贵州省、甘肃省和青海省，人均粮食分配量分别为 365 斤、359 斤和 309 斤。各省份农村人均实际分配粮食数量严重不均，

实际分配最高的省份与最低的省份相比，二者相差 1.8 倍（约 261 斤）。总体而言，西部地区人均粮食分配量较低。

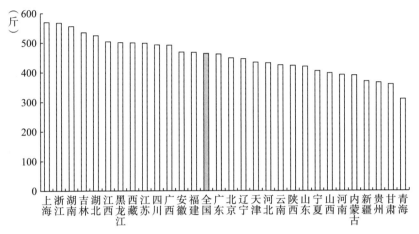

图 2 - 3 - 3　1978 年全国各省份农村实际人均粮食分配量

资料来源：农业部人民公社管理局《全国农村人民公社收益分配统计资料（1956－1980）》，内部资料，1981，第 116－117 页。

（三）人民公社"三级"间收入差异

人民公社内部通常由"三级"组成，即公社、生产大队、生产小队（通常称生产队）。公社是人民公社的一级组织也是最高权力组织机构，它通常由 15000－50000 人组成。在公社的下级分为几个或者几十个数量不等的生产大队，生产大队通常包括 2000 人左右。在生产大队内部通常会分为 10 个左右的生产队，生产队是具体关系到生产活动的组织单位，也是人民公社时期最基层的组织，所有的生产、分配活动都会以此为基础进行（以生产队为核算单位）。生产队的生产所得通常会在"三级"间展开。路东公社"政社合一"时期的结构设置如图 2 - 3 - 4 所示。

人民公社"三级"间分配比例通常为 1∶1∶8，即公社一级占生产队总分配物的 10%，生产大队占 10%，生产队占 80%。不同的地区，其比例呈现较大差异，社队企业多的地区，公社一级的收入比例一般较高。如路东公社 1978 年公社一级的收入比例较高，达 40.4%，"三级"间的比例分别为 40.4%、13.6% 和 46.0%。路东公社一级分配比例较高的原

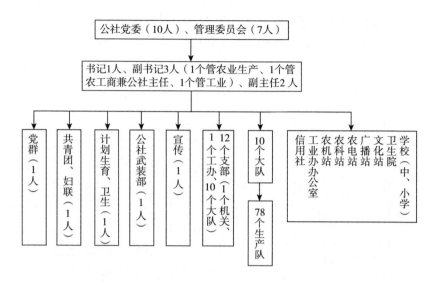

图 2 - 3 - 4　路东公社"政社合一"时期机构设置

注：路东公社属浙江省黄岩县。当时整个班子共有 14 人组成（3 人兼职）。

资料来源：中国社会科学院农业经济研究所合作经济研究室编《农村人民公社体制改革调查》，出版单位不详，1984，第 344 页。

因是，该公社社办企业较多，仅 1978 年其社办企业工业总产值即达到 13553 万元。[1]　就全国来看，1978 年"三级"间比例为 15.7%、16.4% 和 67.9%（见表 2 - 3 - 3）。社队企业多的地区其公社一级收入比例较高在省级层面上同样适用，如江苏省公社一级比例为 27.9%，远高于社队企业较少的河北省（比例为 9.6%）。

表 2 - 3 - 3　1978 年全国及河北、山西、江苏省"三级"收入比例

级别	全国	河北省	山西省	江苏省
公社一级	15.7	9.6	14.3	27.9
生产大队一级	16.4	15.8	41.4	17.0
生产队一级	67.9	74.6	44.3	55.1
合　计	100.0	100.0	100.0	100.0

资料来源：农业部人民公社管理局《全国农村人民公社收益分配统计资料（1956 - 1980）》，内部资料，1981，第 134 - 135 页。

---

[1]　中国社会科学院农业经济研究所合作经济研究室编《农村人民公社体制改革调查》，出版单位不详，1984，第 335 页、第 340 页。

　　生产大队一级在人民公社时期扮演着重要角色，要理解人民公社的结构收入差距必须对公社内部的各生产大队间收入差异有所了解。不同地区的同一个公社内，各大队之间的人均收入仍然存在较大差距。

　　表2-3-4展示了两个北方（河北省）的人民公社和一个南方（广东省）的人民公社各生产大队的收入情况。五公公社属于河北省饶阳县，汤唐公社属于广东省佛冈县，大河公社属于河北省石家庄市。在人民公社时期，两个北方的人民公社人均收入多数生产大队都高于南方的汤唐公社。说明不同地域间存在较大收入差距。1978年，河北五公公社人均收入最高的生产大队，其收入为188元，而广东省的汤唐公社人均收入最高的生产大队收入仅111元，二者相差77元。仅在河北省内部，不同公社间收入差异同样明显，大河公社的最高收入低于五公公社。

表2-3-4　1978年三个公社内不同生产大队间人均收入差异

生产大队编号	五公公社（河北省）	汤唐公社（广东省）	大河公社（河北省）
1	188.00	111.00	130.00
2	127.00	106.00	126.00
3	112.80	104.00	123.90
4	98.00	101.00	110.00
5	95.00	98.00	109.20
6	84.00	97.00	105.60
7	83.00	97.00	102.20
8	72.20	95.00	101.18
9	66.50	85.00	100.00
10	66.00	82.00	99.20
11		80.00	98.57
12		77.00	98.50
13		72.00	98.00
14		72.00	93.00
15		70.00	90.50
16		69.00	90.00
17		69.00	

续表

生产大队编号	五公公社（河北省）	汤唐公社（广东省）	大河公社（河北省）
生产大队平均收入差异	111.80	84.00	104.91
最高收入与最低收入比值	2.85	1.61	1.44
总人口	16565	32771	20499

注：①五公公社是当时的一个典型。

②为了与其他两个公社的编号保持一致（其他两个公社编号原则为按收入从高到低排列），大河公社也按收入从高到低排列，而并非原始数据库中的编号。大河公社各生产大队原始编号与现表中对照如下（前为表中编号，后为原始编号）：1－1/2－11/3－2/4－7/5－3/6－8/7－6/8－10/9－4/10－14/11－13/12－15/13－9/14－12/15－5/16－16。

资料来源：五公公社和汤唐公社数据来源于 Keith Griffin，Ashwani Saith，*Growth and Equality in Rural China*（Singapore：Maruzen Asia Pte. Ltd.，1981），p. 28；大河公社数据来源于"中国农村人民公社微观数据库（CRPCMD2015）"（黄英伟，2015）中"大河公社"数据（获自 Putterman，1989）。

　　在公社内部不同生产大队间收入差异更为明显，如河北五公公社，虽然该公社的最高收入较高，但同时其最低收入也是这三个公社中最低的，即平均收入差距最大，最高收入的生产大队比最低收入的生产大队高 111.8 元，该差值在广东省的汤唐公社中仅为 84 元。能够反映生产大队间收入差异的最高收入与最低收入比值，河北省五公公社为 2.85，而河北省大河公社仅为 1.44，可见不同公社中各生产大队具有不同的收入情况。

　　生产大队包含多个生产小队，少到 1 个，多到 20 个。生产小队通常是由邻近的几十个邻居组成，他们很可能是同一个自然村，或者是一个大自然村的一部分。因此生产大队可能是一个自然村，也可能是几个自然村的联合体。在生产大队层面计算的收入平等性在生产小队层面不一定适用，为此需要计算生产大队内部收入差异情况。以河北省大河公社为例，其生产小队的收入分布情况如表 2-3-5。

表 2-3-5　1978 年大河公社 90 个生产队收入分布情况

生产大队编号	生产队个数	人均收入数量（元）					
		低于 90	90-100	101-110	111-120	121-130	高于 130
1	3		1			1	1
2	10				5	4	1
3	15		2	8	4		1

生产大队编号	生产队个数	人均收入数量（元）					
		低于90	90 – 100	101 – 110	111 – 120	121 – 130	高于130
4	3		2		1		
5	2		2				
6	5	1	1	2	1		
7	3			2		1	
8	5		1	4			
9	6	1	2	3			
10	11		5	4	2		
11	1					1	
12	6	2	3	1			
13	7	1	4	2			
14	5	1	2	1	1		
15	4	1	2		1		
16	4		4				
合计	90	7	31	27	15	7	3

资料来源："中国农村人民公社微观数据库（CRPCMD2015）"（黄英伟，2015）中"大河公社"数据（获自 Putterman，1989）。

河北大河公社 1978 年共有 90 个生产队，各生产小队人均收入均值为 104.9 元，最高人均收入为 160 元，最低为 80 元，最高收入与最低收入相差一倍。从各生产小队的收入分布看，有 31 个小队人均收入分布在 90 – 100 元，占总小队数量的 34.4%，其次是 101 – 110 元组，有 27 个生产小队，占 30.0%。低于人均收入 90 元的有 7 个小队，高于 130 元的有 3 个小队，合计占 11.1%。由此说明，在公社内部各生产小队间仍然存在收入差异。

在同一个生产队中收入差异依然显著，有的户盈余，有的户超支。表 2 – 3 – 6 显示了东北里生产队不同分位的人均收入情况。发现 20 世纪 70 年代生产队内部依旧存在较大的收入差异，如 1970 年处在低收入的 20% 农户其人均收入仅 46.33 元，处在中间收入 20% 农户的人均收入为 88.98 元，而最高收入的 20% 农户其人均收入则高的 172.20，最高收入与最低收入比为 3.72，这是一个较大的收入差距。这也反映出"盈余户"与"超支户"之间较大的收入差异。

表 2 - 3 - 6　东北里 5 分位人均收入

单位：元

分位	1970 年	1971 年	1972 年	1973 年	1974 年	1975 年	1976 年	1977 年
1	46.33	57.73	66.22	68.80	65.06	73.65	60.12	48.97
2	67.97	85.28	102.73	112.39	101.64	111.40	85.18	82.88
3	88.98	103.30	128.02	146.19	132.94	141.87	109.47	103.29
4	111.43	125.00	159.21	178.87	167.82	176.37	135.76	126.07
5	172.20	198.99	239.90	280.70	271.23	281.20	210.24	201.28

资料来源：东北里生产队档案资料，历年收入分配账。

第三章　生命周期与农户收入

一　引言

对于人民公社时期的收入差距，一些学者从家庭的人口结构出发，认为家庭中消费者与劳动者人口比率关系是决定家庭收入的重要因素（Nolan and Gordon，1979，1981；Selden，1988；黄宗智，2000；Li，2005a）。一般而言，劳动力多、消费人口少的家庭，人均收入要高于劳动力少而消费人口多的家庭。而家庭劳动人口与消费人口的比率关系又与家庭生命周期有紧密联系。这一理论最早由苏联经济学家恰亚诺夫在20世纪20年代提出，他认为农村家庭的贫富分化是由"人口分化"造成的，家庭的收入由劳动者与消费者比例决定，二者的比例关系由家庭所处的生命周期决定，每个家庭总是在劳动的辛苦程度①与家庭需求之间进行权衡，之后做出劳动抉择，即满足"劳动－消费均衡说"。众多的研究表明，人口分化因素在收入不平等中占据重要位置。

在运用家庭生命周期理论探讨中国农村人民公社收入差异问题上，Li（2005a）做了可贵的尝试。他以家庭中妻子的年龄②为划分依据，利用江苏省中部地区秦村20世纪70年代的数据将家庭生命周期分为四个阶段，即起始阶段、成长阶段、成熟阶段和老化阶段。并对比1970年和1979年的数据发现，由于国家实行计划生育政策和平均主义政策使家庭生命周期的时间向后推迟并影响农户收入。Li（2005a）的研究较有说服力，他的研究对本章具有一定的启发性，本章将在其基础上做近一步的分析。

---

① 表示每个劳动者所付出的劳动量多少，恰亚诺夫（1996）的表达似乎并不十分准确，因为劳动辛苦程度是个人的主观感受，不同的人感受不一样，用劳动努力程度似乎要好一些。

② 1974年的妻龄分别为：22－31岁、32－37岁、38－53岁和54－75岁。

本章将家庭生命周期按两个标准进行划分：第一，以家庭中第一个孩子的年龄和家庭中孩子数量作为生命周期划分的标志（这一划分与 Li 的不同），该划分方法对生命周期的衡量更为准确；第二，根据人民公社的历史背景按男、女性年龄划分，并利用河北省中南部地区北街 2 队 1976 年的一手资料，从两个方面进行论述，即数据的描述性说明和计量分析。该研究在生命周期划分标准和实证方法两方面深化了 Li（2005a）的研究。结论验证了家庭生命周期对农户收入的直接影响，同时本土文化也不容忽视。接下的第二部分将介绍相关理论和中国乡村的家庭生命周期情况，第三部分重点讨论家庭生命周期与农户收入关系，第四部分利用计量模型证明家庭生命周期与家庭收入间的关系，并对相关问题展开讨论，最后是本章小结。

二　中国乡村的家庭生命周期

（一）已有理论

家庭生命周期（Family Life Cycle）是反映一个家庭从形成到解体呈循环运动过程的范畴或家庭成员从出生到死亡的过程。从微观角度讲，家庭生命周期即为家庭从产生、发展、衰败到解体的过程，这是每个家庭都必须要经历的。家庭生命周期这个概念综合了人口学中占中心地位的婚姻、生育、死亡等研究问题。对家庭生命周期的分析，可以更好地解释家庭产权，家庭与家庭成员的收入、就业，家庭成员间关系，消费品的需求等的变化。

关于家庭生命周期的阶段划分。第一个真正意义上的家庭生命周期模型是由 Sorokin、Zimmerman 和 Galpin 于 1931 年根据家庭内成员的组合改变建立的。他们将家庭生命周期分为四个阶段，即夫妻开始他们的经济独立生活、夫妻有一个或多个孩子、夫妻有一个或多个能独立自主的成年子女和夫妻逐渐年迈。根据划分标准和研究对象不同，目前学术界将家庭周期分为 4 - 12 个不等的阶段（刘艳彬，2010；Li，2005a；林善浪、王健，2010；高梦滔、姚洋，2004；Duvall and Miller，1985；吴卫星、易尽然、郑建明，2010；田丰，2011；郭于华、常爱书，2005）。目前人口学界影响较大、应用较广的家庭生命周期划分是 Glick 的家庭生命周期理论。如表 3-2-1 所示，Glick 将家庭生命周期具体划分为：家庭形成期，从妇女初次结婚到第一个孩子出生；家庭扩展期，从第一个孩子出生到最后一个孩子出生；家庭养育期，从最后一个孩子出生到第一个（不论男女）出生的孩子离家（可能是结婚等原因）为止；家庭收缩期，从第一个孩子离家到最后一个孩子离家所经历的时间；家庭空巢期，孩子都已经离开，家庭中只剩下夫妇二人共同生活；家庭解体期，从夫妻一方死亡至夫妻双方死亡。

表 3-2-1　Glick 的核心家庭生命周期模型

家庭生命周期阶段	标志性事件	结束
Ⅰ. 形成	结婚	第一个孩子出生
Ⅱ. 扩展	第一个孩子出生	最后一个孩子出生
Ⅲ. 扩展完成	最后一个孩子出生	第一个孩子离开父母
Ⅳ. 收缩	第一个孩子离开父母	最后一个孩子离开父母
Ⅴ. 收缩完成	最后一个孩子离开父母	配偶一方死亡
Ⅵ. 解体	配偶一方死亡	残存一方死亡（消亡）

资料来源：约翰·邦戈茨等主编《家庭人口学：模型及应用》，曾毅等译，北京大学出版社，1994，第 85 页。

关于家庭生命周期和农户行为关系的理论，20 世纪 20 年代苏联经济学家恰亚诺夫已有研究。恰亚诺夫认为，在小农经济和自给自足条件下，农户生产决策和消费决策是不分离的，农场经济的投入量是由生产者主观感受的"劳动辛苦程度"与满足家庭需要的"消费满足感"之间的均衡决定的。家庭人口中劳动者人数代表了劳动的供给，消费者人数代表了消费需求压力，因此，家庭人口中劳动者和消费者的构成即劳动与消费的比率就决定了家庭的经济活动量，也就决定了劳动家庭农场的规模，后人称之为"劳动-消费均衡论"。通过大量的调查和统计分析，恰亚诺夫发现家庭人口构成中的劳动-消费比率，随着家庭生命周期变化而呈周期性变化。因此，家庭生命周期变化也就决定了劳动家庭农场规模的变化（恰亚诺夫，1996），后人称之为"家庭生命周期决定论"。

关于家庭生命周期与经济收入。用家庭生命周期理论，解释处于生命周期不同阶段的家庭规模、家庭结构对社会经济各个方面所造成的影响始于 20 世纪 30 年代。不少学者还研究了家庭生命周期对农户家庭收入和贫困的影响。他们认为,在家庭生命周期的不同阶段,家庭劳动力供给、家庭负担和就业条件不同,家庭收入也不同,家庭生命周期也是农村贫困的重要影响因素 (Li, 2005a; Iceland, 2003)。

　　国内的研究。国内关于家庭生命周期对农户行为影响的研究时间还比较短,研究领域还很狭窄,家庭生命周期对农户收入的影响的文献还较少见到。目前有史清华等 (2001) 利用山西太谷县武家庄村的调查资料对家庭生命周期与农户家庭经济增长的关系进行过研究。杜鹏 (1990) 认为 1957 - 1981 年中国城市和农村家庭生命周期总长度分别稳定在 1951 年和 1952 年左右,农村比城市略长,动态上看,农村经历了一个逐渐缩短的过程。近些年应用家庭生命周期理论解释收入、消费、储蓄等的文献逐渐增多 (田丰, 2011; 刘艳彬, 2010; Li, 2005a; 林善浪、王健, 2010; 高梦滔、姚洋, 2004; 等等)。家庭生命周期与家庭经济状况的具体描述见图 3 - 2 - 1。

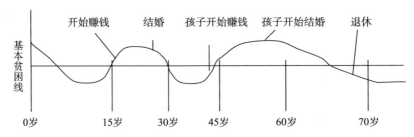

图 3 - 2 - 1　Rowntree 的家庭生命周期和家庭经济状况
资料来源:转引自刘艳彬 (2010)。

　　家庭生命周期与家庭经济状况之间有密切联系。这是根据家庭生命周期中的大事件而确定的,包括童年、成长、结婚、生子、退休等。从图 3 - 2 - 1 中可以清楚看出家庭贫困程度[①]和家庭生命周期中的大事件一一相关。图中横轴表示子女的年龄,纵轴为相对收入变化,图中曲线为

　　① 此处如果表达为相对收入会更好一些,因为"贫困"会有很多定义,且根据不同的研究需要其内涵和外延均不相同,实际上这里所要表达的是相比其他农户的收入差异,是相对的概念,这里只是沿用原文的表达。

家庭经济状况线，纵轴 0 点为基本贫困线①（或相对平均收入）。

①童年。横轴 0 点为家庭生命周期起始点，该时期子女还没有出生，家庭中仅有刚从大家庭中分家出来的年轻夫妇两人，其家庭经济状况尚可，家庭经济线处在平均线以上。随着第一个孩子的出生，家庭消费数量开始上升家庭经济状况开始下降（家庭经济线向下运动），随后孩子数量会不断增加，进而家庭经济状况会随之下降（家庭经济线继续下降），直到孩子 12－13 岁时其家庭经济达到最低谷（图中 0－15 岁前半段）。②成长。随着孩子逐渐成为"半劳动力"加入劳动力行列，其家庭经济状况有所好转，随着孩子劳动能力的不断提高，其家庭经济状况明显变好（家庭经济曲线向上运动，图中 0－15 岁的后半段和 15－30 岁的前半段）。③结婚。在孩子结婚前的某一时刻家庭经济状况达到最佳（家庭经济曲线达该阶段最高值）。随后随着子女结婚家庭经济状况又开始下降（家庭经济曲线向下运动，图中 15－30 岁后半段）。该阶段之后，家庭会出现两种分化，即分家与否，如果分家则年轻家庭返回到初始阶段（形成周期），老年家庭逐渐走向老化阶段，如果没分家则成为大家庭阶段。④生子。分家之后的年轻家庭状况已经描述过，现在讨论分家之后的年老家庭和没有分家的家庭，暂且将两种家庭合在一起考虑。该类家庭随着家中又有孙辈子女出生（或劳动者随年龄增加而劳动能力下降），消费量增加而出现家庭经济下降的现象（家庭经济曲线向下运动，图中 15－30 岁后半段和 30－45 岁前半段），并在 30－45 岁的某一时刻达到最低值。随后孩子又开始加入劳动力行列而家庭经济曲线向上运动。在孩子结婚前后再次达到最高值（又形成周期）。⑤退休。对老年家庭而言，随着劳动能力下降，则家庭经济出现下降，直至他们退休，家庭经济曲线一路向下走，家庭生命周期逐渐到了尽头。

家庭就这样从组建到解体，随着家庭中生命事件的变化而周而复始的变化，这就是家庭生命周期理论。近年来随着社会发展和经济的快速增长，生活中的婚姻形式和家庭模式都出现了许多新的情况，如未婚先育、单身家庭、丁克家庭、领养等。因此家庭周期理论越来越受到更多的批评和指责，虽然如此，但总体来看，研究与家庭相关的问题时该理

---

① 最早的模型将纵轴 0 点位置定义为"基本贫困线"，实则为一个相对收入"均值"点。

论依然具有一定的生命力 (Kapinus and Michael, 2003)。

(二) 人民公社时期的家庭生命周期

对于人民公社时期的中国农村来说,家庭周期理论具有极好的应用价值。因为这一时期家庭结构较为稳定和传统,家庭婚姻形式较为简单稳定,很少有未婚先育或离婚等现象,计划生育制度还没实施或刚刚实施,并没有影响人口的自然生长,户籍制度的限制使这一时期的人口具有很小的流动性。因此基于家庭人口变化来理解人民公社时期的收入差异较为有效。

基于家庭中子女在整个生命中的大事件和子女数量[①]将人民公社时期中国农村家庭生命周期分为四个阶段,即阶段 1 (起始家庭)、阶段 2 (成长家庭)、阶段 3 (成熟家庭) 和阶段 4 (老化家庭),同时在下一部分将根据男、女性的年龄进行分组,共分为 11 个生命周期阶段,然后进行回归分析。

1. 第一阶段: 起始家庭

家庭中最大子女一般为 0 - 7 岁。这时年轻夫妇刚从父母那里分家出来,一般没有孩子或有一两个,最多三个孩子,最大的孩子年龄不超过 7 岁。先按人口后按劳动工分分配是人民公社时期粮食分配政策,因年龄大小不同对粮食的需求有所差异,因此在按人口分配时有一套比较科学的划分方式,比如将小孩和老人要按年龄折合成标准成人数。小孩的折算方法各地虽略有不同,但总体来说一般以 7 岁为界,7 岁 (包括 7 岁) 以前要折合计算,如北街 2 队的划分方法: 0 - 3 岁 = 0.5 标准成人、4 - 7 岁 = 0.8 标准成人,8 岁以上即看作标准成人,因此本节将阶段 1 的上限按最大子女 7 岁作为划分界限。[②]

这一阶段的最大特点是夫妇年龄一般为 22 - 30 岁,[③] 此时夫妇年轻

---

① 具体划分过程中会根据实际情况做相应调整,下面将详述。

② 人民公社时期的粮食分配成人折合划分标准,是经过长期实践总结出来的,这一划分原则与 20 世纪 20 年代恰亚诺夫根据苏联的情况提出的划分指标相似。因标准人数反映的是个人对食物的需求量,因此以其作为家庭生命周期的标准有一定的可信性。

③ 对最年轻的 8 个妻子进行统计,发现平均结婚年龄为 22.3 岁。结婚年龄由 1976 年妻子年龄减去该年最大孩子年龄所得 (暗含的假设是结婚次年即生育子女)。

力强，都为可以挣满工分的全劳动力，同时需要供养的标准人数较少。妻子在怀孕和生育期间一般要休息 3 个月到半年的时间（有的地区几乎没有休息），这期间虽参加劳动时间减少，但同时生产队对孕妇有一定的补助，且妻子由于处于旺年身体恢复很快，不久即可参加劳动。因此这一阶段总体来说，夫妻劳动能力较强，需供养人数较少，属于经济条件较好的阶段。

2. 第二阶段：成长家庭

家中最大子女超过 7 岁，但还没有达到全劳力的 16 岁。[①] 此时夫妇年龄一般已经超过 30 岁，接近 40 岁，劳动能力较强。但与阶段 1 相比，劳动者数量没有变化，而因子女年龄达到完整标准人而消费量逐渐增加。同时妻子还可以继续生育，但身体恢复程度不如阶段 1 快。家庭子女在 12 岁左右开始帮助家里作为辅助劳力或半劳力参加劳动挣取工分（一般为 3 – 6 分不等），尽管这一现象在人民公社时期较为普遍，并被政府所提倡，但事实证明这一阶段子女所挣工分数远抵不上其消费量，从而加重了夫妇的负担，因此其家庭经济状况开始下降。

因此这一阶段的特点是劳动人口数量不变而消费人口数量在不断增加，其消费人口与劳动人口比达到最大值，结果致使该类家庭成为生产队中最为困难的农户，许多这个阶段的家庭沦为队中的“超支户”。

3. 第三阶段：成熟家庭

家中最大子女达到全劳力年龄（16 岁），[②] 最大上限为 29 岁。当子女逐步进入全劳动力行列时，家庭中劳动力数量逐渐增加，此时劳动工分的增加速度远大于消费增加的速度。上限定为 29 岁是因为，子女一般从 22 岁开始结婚生子，其后家庭可粗略分为两种模式，一种是子女的子女一两岁后分家独立门户，新的小家庭开始一轮新的家庭生命周期；而尚未分家的子女则和父母形成另一种模式，即在其子女小于 7 岁时家庭劳动和消费没有质的变化（参见阶段 1），因此以 29 岁为上限。[③] 此时父

---

① 北街 2 队 16 岁开始逐步成为全劳力。

② 男女有别，女性一般较男性晚（黄宗智，2000），但整体而言 16 岁已开始进入劳动力行列。

③ 29 = 22（结婚平均年龄）+7（标准成人最大折合年龄）。

母年龄为 39 - 52 岁，尚处劳动能力较强时期。

这一阶段特点是，家庭中劳动人口与劳动能力逐渐增强，而消费人口没有大的变化，因此劳动人口所供养的人数最少，在村中处于最有利的位置。同时这一阶段的家庭往往也是村中人口最多的。此阶段也是开始分化的阶段，没有分家的农户将是村里最大的家庭，分家出去的年轻夫妇（有孩子或没有孩子）成为阶段 1 家庭，剩下的老年夫妇（和未结婚的子女）则逐步走向阶段 4 家庭。

4. 第四阶段：老化家庭

家庭最大子女等于或超过 30 岁。[①] 此时子女逐渐从大家庭中分化出去单过，剩下老年夫妇和一两个或两三个尚未结婚的子女。夫妇年龄一般超过 50 岁，其劳动能力逐渐下降，逐渐退出全劳力行列，但仍能参加劳动（工分数从一天挣 10 分减少到 9 分、8 分、7 分甚至以下）。因其具有多年的劳动经验，所以工分数减少的速度较慢。尚未结婚的子女也是家里的劳动力。

因此这一阶段的家庭特点是劳动收入尚不算太少。但随着老年夫妇劳动能力下降，子女结婚或分家而减少劳动力，该类家庭的收入逐步趋于减少，家庭规模也由阶段 3 的最大突降到家庭生命周期的最小。人民公社的农村虽然子女分家独立生活，但其对父母的家庭还会有一定的照顾，比如直接给工分或在做计件制农活时与其一起劳动，其间有所照料，总之老化家庭的收入并不低。

总而言之，人民公社时期的中国农村，农户家庭收入与劳动人口和消费人口分化所造成的生命周期的阶段有密切相关性。在阶段 1 消费人口与劳动人口比较小，其经济条件较好；阶段 2 消费人口与劳动人口比在所有阶段中最大，其经济条件最为不利；阶段 3 消费人口与劳动人口比达到最小，其经济条件最为有利；阶段 4 中消费人口与劳动人口比变大，经济条件有所下降。

---

① 家庭最大子女超过或等于 30 岁，这一规定是理论上的，实际上从北街 2 队账本资料上看，很多属于这一阶段的家庭中已经没有子女（都已分家），这时我们根据老年夫妇的年龄来推算其子女的年龄而进行划分，比如 79 号家庭杜瑞家只有两人（户主和妻子），两人年龄都为 77 岁，由此大概推算其子女为 51 岁，则划为家庭阶段 4。实际上本节另一个简单做法是将年龄超过 52 岁只有夫妇二人的家庭直接划为阶段 4。

三　家庭生命周期与农户收入

（一）数据描述

北街 2 队，位于华北地区的"核心地带"，[1] 属平原农区，当年因距离城市较近，因此又属城市郊区。该地区年降水量 500 多毫米，以种植小麦、棉花为主，一年两季种植。1976 年北街 2 队有 93 户、384 人，户均 4.1 人，有全劳动力 198 个。

北街 2 队 1976 年全年总收入为 78175 元。作为一个平原农区其收入主要来源于农业（种植业），农业收入为 54591 元，占总收入的 69.8%；因又具有城市郊区的性质，所以副业收入占据相当比重，其比重为 27.9%（21819 元）；牧业（养猪）收入为 668 元，占 0.9%；其他收入为 1097 元，占 1.4%。显而易见，北街 2 队主要收入来源于种植业，其次是副业，二者合计占总收入的比重高达 97.7%。在种植业中以收入的高低排序分别为：小麦 34436 元（占种植业总收入 63%）、高粱 4933 元（9.0%）、玉米 4787 元（8.8%）、棉花 4577 元（8.4%）、谷子 1487 元（2.7%）等。副业收入主要包括铁路工作、供销社收入、电磨收入和其他收入，因京广铁路从村庄附近经过并在高迁公社（距北街 2 队 5 公里）设有车站，因此村民经常到车站去干活，进而获得收入，1976 年此项收入为 16616 元（占副业收入的 76.2%，占总收入的 21.3%）；供销社收入为 2455.6 元（占副业收入的 11.3%），其他收入 1939.8 元（占副业收入的 8.9%），电磨收入 807.6 元（占副业收入的 3.7%）。

全年总支出为 31296 元，其中农业支出为 25708 元，占 82.1%；牧业支出为 1492 元，占 4.8%；副业支出为 2626 元，占 8.4%；其他支出为 1400 元，占 4.5%；管理费为 70 元。农业支出（种植业）在所有支出中占主要地位，在农业支出中比重最高的是肥料费，为 12968 元，占农业支出的 50.4%；其次是役畜费，为 4281 元，占 16.7%；种子费排第三位，为 3271 元，占 12.7%；排灌费所占的比重为 10.3%，费用是

---

[1]　属于李怀印所论述的获鹿县（2008）。

2638 元；农药费用仅占 0.9%（233 元）。

全年总分配金额为 46879 元。北街 2 队该年的国家税金为 3082 元，占总分配的 6.6%。[①] 这一时期的农村公共事业多半由农村自己解决，比如水利工程维修、五保户照顾等，这些费用都包含在公共积累中，该年的公共积累费共 8001 元，占总分配金额的 17.1%，[②] 其中公积金 6501 元、公益金 500 元、生产费基金 1000 元。除去前两项以外则为社员可分配部分，社员将按工分数从中分取一定比例的现金和实物，该年总额为 35796 元，占总分配金额的 75.1%，[③] 其中现金占 37.8%（13531 元）。该队全年可参加分配劳动日 64497 个，平均每个劳动日值 0.555 元，平均每人可分配 93.2 元（其中可分现金为 35.2 元），人均收入水平高于全国（76.9 元）和河北省（76.7 元）水平。

如图 3 - 3 - 1 所示，横轴为家庭中第一个孩子的年龄，纵轴为家庭人口数（经标准化处理），可以清楚地看出家庭人口数量随着家庭中第一个孩子年龄的变化而呈规律性的变化趋势。起始时家庭人口较多，但在 5 岁左右发生变化，人口数量开始下降，大约 10 岁时下降到最低，此后又呈上升趋势，直到 19 - 20 岁上升到顶点，出现小幅波动之后又上升到一个高点，此时大约孩子年龄为 26 岁，之后则一直下降。

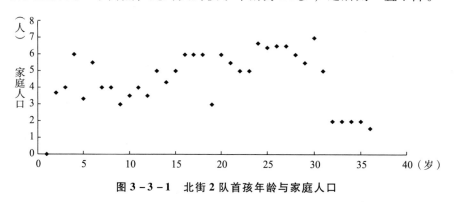

图 3 - 3 - 1   北街 2 队首孩年龄与家庭人口

如图 3 - 3 - 2 所示，北街 2 队家庭收入随家庭中第一个孩子的年龄呈周期性变化。图中横轴为第一个孩子的年龄，纵轴表示人均工分总收入。当孩

①   该比例全国为 6.1%，河北省为 4.5%。

②   该比例全国为 16.0%，河北省为 20.4%。

③   该比例全国为 78.1%，河北省为 75.7%。

子为 0 岁时其收入在图中表现为较好的位置，但随着孩子年龄增大而出现下降趋势，大约在 10 岁时达到最低，之后则缓慢上升，一直到 24 – 25 岁时上升到最大值，然后则一直下降。家庭收入呈现明显的周期性变化规律。

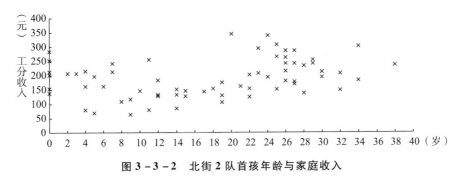

图 3 – 3 – 2　北街 2 队首孩年龄与家庭收入

（二）家庭收入与生命周期

为了清晰看出家庭收入随人口的变化趋势，并将家庭周期分为四个阶段，本部分将两个图（图 3 – 3 – 1、图 3 – 3 – 2）合并，并划分出家庭周期的不同阶段以及人口和收入的趋势线，最后得出如图 3 – 3 – 3 所示的结果。

北街 2 队家庭周期与人均工分收入[①]如图 3 – 3 – 3 所示。横轴为家庭中第一个孩子的年龄，表示家庭周期所处的阶段，并将横轴分为四个阶段；主纵轴为人均工分收入，表示家庭收入；副纵轴为标准人数，表示家庭规模。总体来看，人均工分收入与家庭标准人数随家庭生命周期呈一定规律的波动趋势。家庭标准人数：阶段 1 开始较小，随后逐渐上升；阶段 2 继续成长，缓慢上升；阶段 3 家庭规模继续扩大并达到最大值；阶段 4 家庭规模逐渐收缩，最后达到最低值。与此相对应的是家庭标准人均工分收入：阶段 1 开始较高，随着人口增加人均收入逐渐变低；阶段 2 收入继续变少，并在一定时期达到最低；阶段 3 继续阶段 2 后期的反弹上升，并达到最高点；阶段 4 逐步下降回落。

接下来按家庭生命阶段分析其与收入的数量关系，见表 3 – 3 – 1。

---

① 我们同样也做了家庭周期与人均现金收入关系，结果发现总体变化趋势基本一致，故此只讨论人均工分收入。这里的人均工分收入指的是经过标准化处理后的人均，实际则为标准人均工分收入，这一点与 Li（2005a）有所不同，他的计算并没有经过标准化处理。

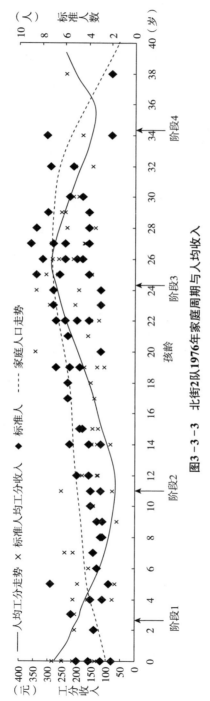

图3－3－3　北街2队1976年家庭周期与人均收入

注：图中的人口和人均工分数均经过标准化处理。其折算标准依人口年龄而定，即0~3岁为0.5标准人，4~7岁为0.8标准人，8岁以上为1标准人。

资料来源：北街2队生产队档案资料，1975年收入分配账。

表 3 – 3 – 1　1976 年北街 2 队农户的家庭周期与集体收入

指标	起始阶段	成长阶段	成熟阶段	老化阶段	总计
第一个孩子年龄（岁）	0 – 7	8 – 15	16 – 29	30 以上	–
户数（户）	10	23	29	22	84
母亲年龄均值（岁）	27.00	38.58	47.32	62.25	44.87
家庭规模（人）	3.70	4.91	6.17	1.86	4.40
标准人均劳动日（日）	183.18	136.27	213.54	218.68	190.11
标准人均现金（元）	19.42	6.09	25.96	30.24	20.86
劳均工分收入（日）	321.18	340.24	313.19	574.93	341.59
劳动供养比（人口/劳力）	1.85	2.57	1.56	2.56	1.90

注：北街 2 队共有 93 户，其中有 5 个家庭属于下乡青年户，另外有 4 个家庭情况有些特殊或缺少数据，因此这 9 户不在讨论范围之内，所以表中只有 84 户。表中阶段划分主要以第一个孩子年龄为标准，但根据实际情况也做了一些调整，比如 21 号家庭位 Q 合家（按原资料抄录，姓氏可能有误），全家共 8 口人：一对老夫妇（49 岁和 52 岁）、一对年轻夫妇（33 岁和 34 岁）和四个孩子（13 岁、10 岁、7 岁和 5 岁），因老夫妇是家里长辈，如果按他们的子女年龄算则为 33 岁，属阶段 4（老化家庭），实际上该家庭应该划为阶段 2（成长家庭，按孙子辈年龄划分）更为合适。

资料来源：北街 2 队生产队档案资料，1975 年收入分配账。

阶段 1（起始家庭）。属于这一阶段的农户有 10 户，其家庭规模较小，户均人口 3.70 人。这些家庭劳动力数量不多（最少 1 个，最多 3 个），但劳动能力较好（父母都较年轻），平均每个劳动力获得 321.18 个劳动日。因孩子年龄较小并且数量不多，所以每个劳动力需要供养的人数较少，其劳动供养比为 1.85。该阶段家庭收入在全队中处于较好的位置。其现金收入并不低，达到标准人均 19.42 元。

其中仅有两户出现亏空。一户是 41 号家庭梁 X 日家，其家庭组成为一位单身母亲带着两个孩子（一个 5 岁、一个 3 岁），只有 1 人劳动，全年仅获得 157.2 个劳动日，所以出现超支，全年亏 5.53 元。另一户是 87 号家庭朱 F 连家，全家三口人，户主（女 29 岁）、一个 4 岁的孩子和一个 50 岁的母亲。只有一人参加劳动全年劳动日 222.5 个，全年亏空为 10.82 元。以上两个超支户均为不完整家庭（没有男性户主）。

现在举一个较为普遍的例子，56 号家庭王 M 然家，全家 4 口人，34 岁的户主、30 岁的妻子和两个孩子（分别为 7 岁和 4 岁），这是比较标准的阶段 1 的农户。全年劳动日 767.3 个，年底现金收入 104.44 元，收入处于队中较好的位置。

阶段 2（成长家庭）。这类家庭有 23 户，家庭规模较阶段 1 为大。家庭处于成长阶段，孩子已经长大需要相对于成年人数的消费量而劳动能力尚未到最强（即使有的孩子劳动能力很强也很难能得到高工分），即劳动人口少而消费人口多，其劳动供养比为最高值 2.57，因此该类家庭的经济状况最为难过。尽管每个劳动力获得了 340.24 个劳动日，但因人口众多，其标准人均现金收入仅为 6.09 元，是全队农户中收入最低的。

在阶段 2 农户中，处于标准人均工分收入与标准人均现金收入两端的家庭，最高的为 10 号家庭梁 G 兵家，为 253.1 个和 35.24 元；最低的为 88 号家庭毛 R 凤家，为 63.7 个和 – 8.78 元。每个劳动力平均工分最高为 15 号家庭赵 Q 姐家，为 470.25 个劳动日，最低为 53 号家庭苗 P 家，255.10 个劳动日。

普通家庭具体情况，如 25 号家庭杜 M 仓家，全家共 5 口人。男户主 39 岁、妻子 34 岁，3 个孩子分别为 12 岁、9 岁和 7 岁。3 个孩子均不能参加劳动，只有夫妇二人全劳动力，其劳动供养比为 2.5，人均劳动日高达 349 个（劳动强度较大），但其全年现金收入是负数达 – 26.20 元，接近阶段 2 家庭中最低。

阶段 3（成熟家庭）。这类农户占全队家庭的多数（共 29 户），因家庭中子女逐个结婚并生育子女，因此这类家庭规模最大，达到户均 6.17 人，人数最多的为 9 人（共有 3 户）。人数最多的 3 个农户的家庭结构为，29 号家庭杜 Q 家，分别为一对老年夫妇（68 岁、56 岁），一对年轻夫妇带一个孩子（28 岁、26 岁、4 岁）和两个未婚儿子（25 岁、20 岁）以及两个未婚女儿（22 岁、16 岁）。33 号家庭杜 H 城家，分别为一个 84 岁的老父亲，54 岁的男性户主和 50 岁的妻子，27 岁和 28 岁尚未分家的年轻夫妇，以及其他 4 个孩子（24 岁、21 岁、19 岁、14 岁）。

家庭中因人口众多，劳动力丰富而需供养人数少，其劳动供养比为全队最低，仅 1.56，而其人均工分收入达到相当高水平，为 213.54 日，标准人均现金收入也达到较高的 25.96 元。这个阶段应该是所有阶段中生活最为有利的。标准人均工分收入最高为 307.2 日，最低为 150.0 日。

这个阶段中没有一户欠生产队钱，均为年底有余户，标准人均现金收入最高为51.54元，最低为2.34元。

60号家庭杜M贵家属于这类，其家庭共有人口8人，分别为夫妇二人（均为壮年，49岁），有6个孩子，分别为26岁、24岁、20岁、17岁、14岁和12岁。在8口人当中有6人（至少是5人）属于全劳动力，其余2人（最多3人）是半劳动力，也就是说全家人都有能力参加劳动，因此其全年工分收入高达1927.6日，几乎是全队最高的，人均工分达241.0日，标准人均现金收入为31.31元，远高于平均水平。

阶段4（老化家庭）。阶段3家庭持续一段时间以后（一般为1-5年），当家庭中第二个儿子结婚生子，第一个儿子的子女长大到5岁左右便开始分家，年轻夫妇进入阶段1而剩余的老年夫妇和几个未结婚的子女慢慢进入阶段4，这时家庭规模迅速萎缩。表3-3-1显示，家庭平均人口仅1.86人。老年夫妇随着年龄增加开始退出劳动力队伍，在工分上的表现是逐渐减少，一段时间内可以作为半劳力维持劳动至最终完全退出。因此其劳动供养比又开始增加，达到与阶段2相当的水平（2.56）。但因其自身的劳动和子女的照顾，其收入并没有滑向最难过的境地，而是保持着一定的优势，其标准人均工分收入为218.68日，现金收入几乎也是最高（达30.24元）。

如76号家庭杜W选家，仅有老夫妇两人（64岁和68岁），都已失去劳动能力。全年人均仅115.3个劳动日，此时现金收入也几乎滑到最低，为8.56元。

但这阶段仍有一些农户生活较好。如36号家庭杜N年家，共3口人，老年夫妇（分别为64岁和57岁）以及一个尚未出嫁的24岁的女儿，男性户主虽然已经64岁，但仍然可以作为全劳动力使用，妻子可以作为半劳动力，加上女儿的劳动则有两个半劳动力，另外儿子有一定的照顾，因此其收入并不低，达人均58.3元。

总之，家庭人口、劳动供养比例，随着家庭生命周期（第一个孩子年龄）的变化而变化，同时随之而发生变化的是劳动努力程度和家庭收入。

四　人口生命周期与农户收入

（一）阶段划分

上面的分析原则是依据家庭中第一个子女的年龄将家庭划为不同的周期，实际上是对家庭进行的生命周期划分。下面将对个人进行生命周期划分，同时拟建立相关计量模型，从数量上证明个人所处的生命周期对家庭经济的影响。具体的做法是依据家庭成员的年龄和性别划分为不同阶段，然后对家庭收入做回归计算，从而反映出每个不同生命周期阶段的个人对家庭经济的贡献，汇总之后则为该生命周期阶段对家庭经济的贡献，这种做法比上面的分析更为准确。同时在结果的解释上更加入了制度、文化等多种因素。

根据上面的分析，我们建立一个普通的线性回归模型：

$$y = \alpha + B_i X_i + \varepsilon \qquad\qquad (3-1)$$

（3-1）式中因变量 y 为家庭收入；B_i 为自变量 X_i 的回归系数；X_i 为家庭生命周期的不同阶段，用各个生命周期的人数表示，比如某家庭属于第一生命周期，有 1 个人，则该变量值为 1，如果属于另一生命周期有 2 个人，则变量值为 2，没有人属于这个周期则记为 0，依此类推，本节将家庭生命周期依据年龄和性别分为男性 5 个阶段、女性 6 个阶段；ε 为随机误差项。

我们将家庭人口生命周期划分如下。①0-7 岁阶段。这个阶段人口均为纯消费人口，对收入的影响一般为负，对总工分的影响可以忽略不计。②8-15 岁男阶段。8 岁是标准人计算的划分线，16 岁是开始进入劳动力行列的分界点。这个阶段的男性慢慢从纯消费人口转到半劳动力再过渡到全劳动力（少数变为全劳动力），但由于进入劳动力行列的速度有限，加之有的孩子是在校生，或到工厂等地学习手艺，总之这个阶段多数人还是以消费为主，对收入一般也是负向影响。③8-15 岁女阶段。同 8-15 岁男相近，处在从纯消费向半劳动力过渡阶段，但与前者不同的是，因"重男轻女"思想的存在，那些上学、学徒、进工厂等学习的机会很少能降临到女孩头上，因而女孩有一定的时间参加劳动，由于消费和劳动共存，但以消费为主，因此其对收入的影响偏向负向。④16－22岁男阶段。这阶段的男孩基本已经迈入劳动者的行列，但由于第 2 阶段的分析原因尚在，其对收入的影响应该不是很大。⑤16－22岁女阶段。这个阶段的女性面临的最大问题是出嫁。"嫁出去的女儿，泼出去的水"，"女儿一出嫁就是别人家的人了，就不会再为自己家干活了"，因此娘家会充分利用好出嫁前的这段时间。这时也是她们劳动最好的时段，尚无哺育幼儿之压力，因此对家庭收入的贡献应该是正向的。⑥23－60岁男阶段。这个阶段的男性是家庭中最主要的劳动力，一般无特殊情况均为整劳动力（挣满分的 10 个工分），男性到 60 岁尚有劳动能力（其底分刚开始下滑），因此对家庭收入的贡献应该是最为明显的正向。⑦23－30岁女阶段。这个阶段的女性正处在生育的高峰期（平均初婚年龄为 22 岁），生育会对劳动的出勤时间有较大影响，但由于女性处在年轻阶段身体恢复较快，在生育间隔期间是她们出工的好时机。⑧31－50岁女。处在生育后身体恢复较慢和需要照看子孙的时期，同时伴随劳动能力下降。⑨61 岁以上男和⑩51 岁以上女，都是劳动力开始下滑阶段，对收入的贡献均呈下降趋势。

（二）数据描述

各生命周期阶段的人数分布如表 3－4－1 所示，样本量共 88 户，377 人。

表 3－4－1　各生命周期人数分布

年龄阶段	人数（人）	百分比（%）
（1）0－7 岁	53	14.06
（2）8－15 岁男	27	7.16
（3）8－15 岁女	42	11.14
（4）16－22 岁男	20	5.31
（5）16－22 岁女	26	6.90
（6）23－60 岁男	85	22.55
（7）23－30 岁女	33	8.75

年龄阶段	人数（人）	百分比（%）
(8) 31 - 50 岁女	33	8.75
(9) 61 岁以上男	20	5.31
(10) 51 岁以上女	38	10.08
合　计	377	100.00

注：阶段划分中的男表示男性，女表示女性，没有标注的为男、女均包括。

资料来源：北街 2 队生产队档案资料，人口统计资料。

　　根据表 3 - 4 - 2 数据，人均工分收入的核密度曲线与正态曲线非常相近，符合回归分析的正态性假定，因此我们直接利用人均工分收入作为因变量。[①] 人民公社时期的主要收入实际上只有工分收入一种，将工分收入扣除支出部分的剩余可折合为现金，这部分即为现金收入，换句话说，现金收入只是工分收入中的一部分，而不是专门的一种收入，但现金收入的多少与人口、家庭生命周期之间有密切关系。一般来讲人口处在劳动力旺年之时则现金收入较高，处在以消费为主的生命周期阶段时则现金收入较低，与工分收入应该差不多同时波动。各收入的统计量如表 3 - 4 - 2 所示。

表 3 - 4 - 2　各种收入统计量

项目	样本量	平均值	标准差	最小值	最大值
人均工分收入（分）	88	185.41	75.70	0.00	343.40
人均现金收入（元）	88	19.77	18.99	-38.33	59.97
工分总收入（劳动日）	88	768.74	462.18	0.00	1927.60
现金总收入（元）	88	78.62	73.74	-76.65	262.80

注：工分收入单位为劳动日，现金收入单位为元。现金总收入已扣除支出部分。

资料来源：北街 2 队生产队档案资料，1975 年收入分配账。

　　人均工分收入为 185.4 分，折合计算人均可获得现金 19.8 元，每个家庭的总工分收入均值为 768.74 分，家庭总现金收入均值为 78.62 元，最低的为 -76.65 元，即一年的收入核算完之后尚欠生产队 70 多元，最

---

　　① 我们也检验了人均工分收入和其他收入的对数值情况，结果显示正态性不强，因此我们的分析没有选用取对数后的值。

高的收入为 262.8 元。

(三) 回归结果

家庭生命周期对收入的回归结果如表 3 - 4 - 3 所示。

对于人均工分收入（回归结果 1）和人均现金收入（回归结果 2）。估计结果显示具有相同的变化趋势，二者除了在系数上有差别外，在显著性上并无明显不同。

（1）0 - 7 岁阶段。处在生命周期这个阶段的人口属纯消费人口，且母亲需要照顾尚未离开哺乳期的婴儿，因此对人均工分收入和人均现金收入均为显著的负向作用，回归结果（1）和回归结果（2）显示，其人口每增加一个则人均工分收入减少 26.48 分，相应的人均现金收入减少 8.07 元。

（2）8 - 15 岁男性阶段。这个阶段和预期的一样，该阶段人口正处在从纯消费向半劳动力转化，本来劳动时间有所增加，但伴随而来的是上学、学工等学习投入，① 即不能参加劳动又会增加支出，结果该阶段对人均工分收入与人均现金收入都是负向作用，且显著性非常强。与 0 - 7 岁比较，该阶段的负向效应更强，每增加一个人口则人均工分将减少 31.89 分。

表 3 - 4 - 3　家庭生命周期对收入的回归结果

项目	(1) 人均工分收入	(2) 人均现金收入	(3) 工分总收入	(4) 现金总收入
(1) 0 - 7 岁	- 26.48** (- 2.513)	- 8.069*** (- 3.089)	44.37 (1.473)	- 15.64** (- 2.045)
(2) 8 - 15 岁男	- 31.89** (- 2.362)	- 8.949*** (- 2.674)	65.30* (1.692)	- 16.07 (- 1.639)
(3) 8 - 15 岁女	- 14.58 (- 1.061)	- 4.346 (- 1.276)	86.32** (2.198)	- 5.732 (- 0.575)
(4) 16 - 22 岁男	- 12.65 (- 0.791)	- 3.935 (- 0.993)	140.0*** (3.065)	3.503 (0.302)
(5) 16 - 22 岁女	7.684 (0.590)	1.542 (0.477)	224.3*** (6.020)	27.42*** (2.898)

---

① 实地调研得知，该地区的上学和进城学徒，或准备替代父亲进厂工作的事件时有发生。

项目	（1）人均工分收入	（2）人均现金收入	（3）工分总收入	（4）现金总收入
（6）23－60 岁男	28.94*** (3.202)	5.772** (2.577)	275.4*** (10.66)	38.99*** (5.943)
（7）23－30 岁女	17.98 (1.119)	4.784 (1.201)	267.1*** (5.814)	43.65*** (3.740)
（8）31－50 岁女	－15.37 (－0.651)	－3.933 (－0.672)	159.0** (2.355)	10.30 (0.601)
（9）61 岁以上男	3.848 (0.201)	0.291 (0.0615)	113.7** (2.082)	－3.862 (－0.278)
（10）51 岁以上女	－11.49 (－0.653)	－2.536 (－0.581)	174.1*** (3.462)	18.45 (1.444)
常数项	193.9*** (10.14)	25.02*** (5.279)	55.79 (1.021)	21.82 (1.572)
样本量	88	88	88	88
R^2	0.327	0.343	0.852	0.626

注：括号内为 t 统计量，＊表示 $p < 0.05$，＊＊表示 $p < 0.01$，＊＊＊表示 $p < 0.001$。受数据量所限，在自变量中只加入了年龄因素，而没有对其他家庭因素进行控制。

（3）8－15 岁女阶段。和同年龄段的男性一样，均为从纯消费向半劳力过渡，因此对工分收入和现金收入均有负向影响，但与男性不同的是，该阶段的女性既很少上学又没有太多学徒的机会，进厂工作一般都是男性的事，所以她们有一定的时间参加劳动。[①] 因此两个原因叠加在一起，造成了女性对人均工分和人均现金收入虽为负向影响，但统计上并不显著。

（4）16－22 岁男阶段。这时男性已经基本从半劳动力转向整劳动力，但（2）8－15 岁男阶段的现状还在这个阶段延续，即他们当中还有一部分人在上学或学徒尚未结束，或确实有的已经在工厂工作了，但其收入没有在这里统计，因此我们看到的结果依旧是负向影响。但明显的是，统计上并无显著性。

（5）16－22 岁女阶段。该阶段是（3）8－15 岁女阶段的延续，与

---

① 在新家庭经济学里，男女之间的劳动分工用男女在实现家庭福利最大化的静态比较优势解释（Gronau，1973），认为如果家庭预期女孩的未来工资低于男孩，家庭为达到考虑未来贴现后的福利最大化，就可能剥夺女孩现在的资源，将其用于男孩身上。

上个阶段明显的差别是，此时对收入的影响已经完全由负向相关变为正向，但显著性依然不强，也就是说我们不能完全肯定这种影响关系。

（6）23－60岁男阶段。这个阶段对家庭来说是最为重要的阶段，此阶段的男性基本都为整劳动力，可以获得最高底分的工分，绝对是家庭的主要挣工分者，该阶段的人数对家庭收入有举足轻重的作用。回归结果显示，其对人均工分收入和对人均现金收入，均具有强烈的正向相关性。每增加一个劳动力则可以增加人均工分28.94分，可以增加人均现金5.77元。

（7）23－30岁女阶段。该阶段的女性也应该为整劳动力，可以评到最高的底分，对家庭经济有正向的影响，但这个阶段的女性面临的问题是需要生育子女，这个阶段是他们的生育高峰期，所幸由于身体素质较好，生育之后身体恢复较快，尽管生育和抚育子女的过程中影响了劳动时间，但由于自身的优势，回归结果显示出了正向关系，但二者共同作用，在统计上并不显著。

（8）31－50岁女阶段。靠近30岁，部分妇女还有生育能力，但此时身体恢复不如前一阶段，靠近50岁时一则个人本身劳动能力逐渐下降，从整劳动力逐渐下降到半劳动力，二则该家庭的第三代人刚刚出生不久，照顾孙子辈的责任往往落在她们身上。因此该阶段的女性要么自身生育而身体恢复慢，要么需要照顾子孙，并且都伴随着身体劳动能力的下降，此时她们对收入的影响从上一个阶段的正向变为负向了，但同样统计上不显著。

（9）61岁以上男阶段。他们多数已经不是整劳动力，慢慢地退出劳动力行列，但迫于工分的压力他们还需要出工（这主要视当事人的具体身体状况而定），因此对家庭经济来说还有积极意义，但并不显著。

（10）51岁以上女阶段。此时的女性不同男性会为了工分去参加劳动，她们主要以照顾家庭为主，很少或不再参加集体的劳动了，因此在家庭收入上显示出负向关系，但同样没有明显作用。

对于工分总收入（回归结果3）。所有阶段的估计结果都是正的，说明只要有人口增加就必然要促进工分数量的增加，不然不足以抵消基本生活所需的粮食。这里并不是说所有人口对工分收入都是正向的影响，而是说由于家庭人口的增加必须要多挣工分，因劳动时间或劳动强度增加而使工分数量上升。在人民公社时虽然也有其他的收入，如工厂工作等，但毕竟那只有少数人才能得到的机会。

继续按家庭生命周期考察，发现只有 0 - 7 岁的儿童对工分总收入的影响不显著，其余都是显著的，且越是劳动能力强的阶段显著性越强。从数量上看，影响最强的是（6）23 - 60 岁男性，该阶段也是所有生命周期中劳动能力最强的时期，一个劳动力可以带来 275.4 个工分，相当于一年 3/4 以上的劳动时间（一天按 10 个工分算，这里的计算折合成一天 1 个工分，则要大概 275 天）。其次是（7）23 - 30 岁女性，一个劳动力可以带来 267 个工分。一件很有意思的事情是，16 - 22 岁的女性所得工分要远高于同时期的男性，这再次证明了我们上面提到的问题（社会文化）。此时一个女性可以贡献 224 个工分，而一个男性只能贡献 140 个工分，女性高于男性 84 分，这在当时并非小数目，相当于一个正常男性劳动力两个多月的劳动量。

这里充分反映了工分制的制度安排下，家庭对不同性别劳动力的使用差异。"女孩早晚要嫁出去的，不让她们干就没机会了，养这么大给别人了，当然要让她们多干一些。当然另外说来，这样对她们也是有好处的，她们干的多，挣的工分多，说明她们能干，她们有劳动能力，她们勤快，这样她们也能找个好的婆家，到婆家也不受欺负。再者，她们干得多，等出嫁的时候家里也能陪嫁些东西不是！"（生产队会计杜某访谈记录，2009 年）。

就性别而言，对家庭经济来说，均从生命周期的起点慢慢上升，在20 岁以上逐渐达到顶点，然后在 50 岁以前出现下降，随着生命周期周而复始的变化。

对于现金总收入（回归结果 4），总体上也与前三个回归方程相似。（1）0 - 7 岁，纯消费阶段，显著的负相关。（5）（6）（7）16 - 30 岁女和 23 - 60 岁男，最有力的劳动力阶段，显著的正相关。此时的现金收入已经和上年的现金收入进行了合计，也就是说回归结果（4）的收入不是当年的收入，而是和上年的收入进行加总之后的收入值。即使是考虑到家庭的历史性因素之后，依旧显示出与家庭生命周期较强的相关性，完全符合生命周期的规律。

综上，四个回归结果均在一定程度上从不同的侧面反映了家庭生命周期对家庭经济的影响，处于生命周期的消费阶段时对家庭经济有负向影响，处于生命周期的劳动旺盛时对家庭经济有正向影响。同时家庭生命周期又与当时的制度（工分制）、工厂用工制度（顶替、学徒等），和中国的传统文化（女孩出嫁）等交相呼应，共同影响了家庭经济。我们的结果再次提醒家庭生命周期对于我们理解中国农村的重要性。

五　小结

通过以上分析发现，中国 20 世纪 70 年代农户收入与家庭生命周期有密切关系，家庭收入水平在一定程度上由人口分化原因所决定。

利用 1976 年北街 2 队的第一手资料分析，按家庭中第一个子女年龄和数量将 88 个农户分为四个不同阶段，分别为子女 0 - 7 岁阶段 1（初始家庭）、8 - 15 岁阶段 2（成长家庭）、16 - 29 岁阶段 3（成熟家庭）和 30 岁以上阶段 4（老化家庭）。

具体研究表明，阶段 1 因家庭中劳动人口较多，消费人口较少其收入水平较好；阶段 2 因家庭中劳动人口较少而消费人口数量增加较快，同时家庭中妻子生育子女后身体恢复较慢（该阶段身体素质下降），致使家庭中劳动人口需供养的比例较高，结果家庭人均收入最少，是人民公社时期生活最困难的家庭；阶段 3 因子女逐渐成为全劳动力而使劳动人数大为增加，结果劳动人口的供养比例快速降低，因此该阶段的农户生活上最为悠闲富裕，是人民公社时期生活最好的农户；阶段 4 的农户子女逐渐结婚生子而分家单过，则老年夫妇和尚未结婚的孩子一起，家庭劳动能力逐渐下降，工分收入渐渐减少，但因有一定的劳动基础加之子女的照顾，其收入水平维持在较高水平。

计量结果发现处于生命周期的消费阶段时对家庭经济有负向影响，处于生命周期的劳动旺盛时期对家庭经济有正向影响。同时家庭生命周期又与当时的制度（工分制）、工厂用工制度（顶替、学徒等），和中国的传统文化（女孩出嫁）等交相呼应，共同影响了家庭经济。

此外，需要说明的是，按家庭人口数作为主要的分配制度对家庭生育制度具有一定的影响，这将直接影响家庭生命周期分布，具体而言，小孩儿出生即可分到一定的粮食，此制度设计有可能在一定程度上鼓励了家庭人口生育，进而影响家庭生命周期，① 可以说家庭生命周期与收入分配制度之间具有比我们想象的更为复杂的内部关系，这种关系究竟如何影响中国 20 世纪 70 年代农村的发展和社会变迁？这一问题将是今后可以继续研究的方向。

---

① 1976 年北街 2 队可分配总收入为 35796 元（除去国家税收和集体提留后），其中 37.8% 为现金，其余为实物，即实物折合现金为 22265 元，当年共有标准人口 364.2 人（不含知青），因此每一个标准人可以得到的实物收入为 61.13 元，换句话说，每一个刚出生的小孩，只要一来到这个世界上就可以得到 30.57 元的收入（相当于 0.5 标准人），而这个收入相当于一个全劳动力努力工作 55 天的劳动报酬（工作日值 0.555 元），而孩子的消费量远较此为小，况且在婴儿哺乳期还会有不同程度的营养补助（当然照顾孩子会减少出工时间），因此可以推理出分配制度一定程度上鼓励了家庭生育。

第四章 性别与农户收入：基于 固定效应模型分析

一 引言

家庭收入差异与家庭劳动力性别结构有何关系，中国农村人民公社为女性地位提高做出了哪些突出贡献；妇女地位提高是如何实现的，通过怎样的途径；马克思指出政治地位的取得是由经济基础决定的，那么人民公社时期妇女的经济活动如何，在家庭经济贡献上与男性有何区别，对待不同的劳动收入表现出怎样的行为逻辑，其中具有怎样的"中国特色"，以及分工的效率、文化的传承和制度的影响如何等，这些将是本章的研究重点。

女性与男性之间的劳动分工是社会地而非生物学地决定的。社会制度、传统文化、社区习俗等，构成了"社会"的因素。中国农村人民公社时期具有特殊的劳动组织制度——工分制，在此种制度中农村社会的劳动组织形式具有特殊性，此外，中国的传统文化与工分制相互交缠共同构成了农户特殊的劳动配置方式。

人民公社时期农户的劳动配置显性地表现在农户家庭的各种收入中。因此对农家收入的考察可以洞见性别的分工差异，特别是女性的劳动配置与对家庭经济的贡献，这将是本章研究的重点。长期以来，女性对家庭收入的贡献在学术研究中一直保持着较高的热度，该研究热情遍及经济学、社会学、人类学、政治学、家庭学等众多领域。一般来说，妇女无论在任何社会中，其人数总会占总人口的1/2左右，其影响之大毋庸置疑。然而就中国而言，由于缺乏足够的实证数据，诸如女性经济贡献率、对家庭经济贡献方式、与经济贡献相关的社会地位等问题尚未得到实证验证（Hershatter，2004，2007）。

人民公社在中国是一个特殊的社会组织形式，此时自由市场几乎被完全关闭，代之以中国政府的"统购统销"制度，农户被组织在公社里实行统一管理、统一分配的"一大二公"式的半军事化管理模式。在这里，人人平等、人人参加劳动、人人有饭吃是人民公社的目标。公社的下级机构（生产队）掌管着几乎所有的生产资源，农户在这里可以配置的生产要素差不多只有劳动力。[①] 为了政治和经济的需要，妇女被大量发动起来参加生产劳动。"妇女能顶半边天"正是在这样的背景下提出来的。然而这句口号更多的是政治上的意义，还是有经济上的实质？本章将利用微观数据进行检验。

已有的研究发现中国女性对家庭经济的贡献份额逐步增加。Kung 和 Lee（2010）利用"无、保"调研数据，[②] 得出 1949 年前的中国农村并非完全属于"男耕女织"的社会，女性在"耕"方面亦有很大贡献，男性也积极参与到"织"的方面。更多的文献表明 1949 年之后男女的性别分工变得更小，女性将更多的劳动投入原本少有参与的农业种植上来（Hershatter，2007；高小贤，2005）。Li（2005a）通过江苏中部里下河地区的考察，运用家庭生命周期理论发现，农村人民公社时期女性的劳动参与率与生命周期有较大相关性，女性参加劳动的时间往往比男性早，在 22 岁之前女性劳动所得工分一般超过男性，但这之后由于养育子女、照顾家庭成员等，其所得工分数量远低于男性。黄宗智（2000）则认为人民公社时期将妇女大量发动起来是该时期农业取得进步的主要原因之一，但在增加粮食产量的同时也造成更严重的农业内卷化。尽管如此，女性真的如政治宣传那样做到"半边天"了吗？无论政治宣传还是经济需要，其对家庭经济的贡献份额究竟几何，需要以实证资料量化分析。

本书将使用基于面板数据的固定效应模型，以此对比分析女性与男

---

① 需要强调的是，农户对自家的劳动配置极其有限。通常，每个农户在一年当中首先必须完成最低限额的劳动，才能保证分发应有的粮食等实物，否则就可能沦为"超支户"，这个称呼在当时是不光彩的，是所有农户都极力避免的；而达到最高限额劳动有两个条件：生产队允许的劳动数量，此为其一，其二是家庭成员的生理条件。因此农户可以自由配置的空间将相当有限，但就是这个狭小的空间充分显示了农户的行动逻辑。

② 该数据由中国社会科学院经济所在几个不同时期所作的调查得到，地点为无锡和保定两个地区，每个地区各选 11 个自然村，每个地区共有农户 2000 个左右，调查内容集中在家庭经济收入和支出上，调研时间最早为 1929/1930 年、此后 1958 年、1987 年和 1998 年分别进行多次，是中国 20 世纪最为完整的长时段农户调查数据。详细情况参见史志宏（2007）。

性对家庭经济贡献的差异。研究所用的基础数据来自笔者实地收集的一手生产队账本资料，时间为 1970 - 1977 年，含 300 多户，有效配对数据共 1000 多个，是现今发现相对完整、连续性相对较好的资料之一。通过固定效应模型，对比女性与男性对家庭经济的贡献程度，以此检验妇女是否在经济上起到了"半边天"的作用，并对差异原因作出合理解释。

为了深入考察不同收入层面的贡献，本章将家庭收入分为农业劳动收入、自留地收入、粮食收入、现金收入、投肥收入等。每种收入背后蕴含着制度与文化的差异。女性在不同收入上的贡献则反映出获得收入背后的因素，即女性的劳动配置，进而引出劳动配置的影响因素。

研究的主要发现是，总收入中女性贡献略低于男性，二者的显著性没有差别。口粮收入相差不大、工分粮收入男性高于女性、自留地粮收入女性高于男性。义务工中劳动力较弱的女性参加较多，男性较少。在收益较低的农活中男性倾向于选择休闲。现金收入上女性远不如男性。投肥收入中女性更倾向于积极争取，而男性则较为排斥。女性对家庭消费贡献高于男性。人民公社的工分制、中国农村传统文化、家庭结构等因素对此可以做出解释。

接下来的几节安排如下：第二节介绍研究背景；第三节将重点讨论本章的研究方法、数据获得和数据处理等；随后将是本章的估计结果，女性对家庭经济的几方面贡献将在这里展开论述，此为本章的重点内容；然后论述女性贡献的影响因素，包括社会制度、女性特点、社会文化等；最后则为本章的小结。

二 相关说明

（一）女性劳动变迁

对女性经济的研究大体可以分为两个部分，一个是女性对家庭经济的贡献，另一个是女性家庭政治地位的提升，后者是人民公社时期尤为重视的。

吴承明（1981）先生曾论述道："男耕女织是一种自然分工，即在生理基础上的分工。附属于采集经济的原始农业本来是妇女的事，男子只是森林的主人，从事狩猎和打仗。到野蛮时代中期阶段，随着社会第一次大分工，原始的锄耕农业发展为传统的犁耕农业，同时也有了纺织。从此，农业转入男子之手，开始了男耕女织。这种转变，也引起了原始社会由母权制向父权制过渡。"男耕女织长期成为农业与家庭手工业结合的基础，成为自然经济的标志。"

在很长时期内，"男耕女织"似乎已经成为全社会公认的传统经济特征。然而李伯重（1996、1997）对此提出质疑，他认为将"男耕女织"作为农业与家庭手工业结合的同义语，并看成封建经济的基础是有疑问的。他提出：

> 既然农业在社会生产中占有最重要的地位，那么怎么能够设想占总人口从而也占总劳动力一半的妇女，会完全脱离于农业生产之外呢？纺织业在社会生产中的地位尽管次于农业，但毕竟也是社会生产中第二个最重要的产业，因此男子怎么可能与纺织生产完全绝缘呢？因此，"男耕女织"所体现的劳动分工，果真是天经地义的"天然分工"吗？

他认为"男耕女织"只是近代以前中国农家经济的一种安排模型，并不是全部，并且在各地区各时期均不是固定的模型，进而他用"江南"地区[①]的资料证明明代后期之前男性也从事织，女性也从事耕，明代后期以后男女分工逐渐明显。Kung and Lee（2010）用数量化进行了证明，他们认为在 20 世纪 20 - 30 年代无锡地区男性对织的贡献大约为46.8%，女性对耕的贡献大约为 33.5%。[②] 魏明孔（2004）则认为在我国传统社会，除了"男耕女织"的性别自然分工外，还有"晴耕雨织"的季节性分工，这是比较优化的生产方式，是传统社会经济高度发展的原因之一。

---

① 李伯重（1990）文中的江南有特指。
② 李伯重提出中国江南地区明代后期以前是"夫妇并作"，到了清代中期以后"男耕女织"模型占据主要地位。从"夫妇并作"到"男耕女织"的条件是：耕作制度从一年一作变为一年两作，"人耕十亩"以下，换句话说是男劳动力既没有农闲的空闲（去帮助女性纺织）又可以一人力田（不用女性帮助耕田）之时。男性专力耕田和农家棉纺织业生产的高度商品化促成女性专属纺织。这一转变是在明代后期开始的。

在重要政治任务指引下，农村妇女被大量发动起来参加农业劳动，此举是农业取得发展的主要动因，[①] 同时也促进了中国工业化的发展，并在"以重工业优先发展"为战略的国家发展中起到了不可忽视的重要作用。动员效果从在农村的招工人数上可见一斑，如城市招工或三线工矿就业的农村人口大约有1400万人（"文革"期间），其中女性约占25%（潘鸣啸，2005；黄西谊，1990）。

伴随着政治动员和从传统社会向现代社会转变的20世纪的社会大背景，女性的劳动参与率不断提高，对家庭经济的贡献逐步增加。高小贤（2005）调查的关中地区表明，1955年妇女参加的田间劳动时间只有30-50个劳动日，而1956年，计划目标提高到140个。这和重要的政策相符合，《一九五六年到一九六七年全国农业发展纲要（修正草案）》中写道："从一九五六年开始，在七年内，要求做到农村中的每一个男子全劳动力每年至少做二百五十天左右的工作；……妇女除了从事家务劳动的时间以外，在七年内，根据不同地区的不同情况，要求做到每一个农村女子全劳动力每年参加农业和副业（包括家庭副业）生产劳动的时间不少于八十天到一百八十天。"事实上人民公社之前很多地区女性很少参加农业劳动。通过国际比较，黄英伟等（2010）发现中国女性农作物劳动时间远较其他国家为多。

提高妇女地位是20世纪中国各界人士努力的方向，更是共产党人孜孜以求的目标。中国共产党的早期文件就明确提出这个问题，1922年中国共产党第二次代表大会制定的第一个《关于妇女运动的决议》中规定："妇女解放是要伴随着劳动解放进行的，只有无产阶级获得了政权，妇女们才能得到真正的解放。"毛泽东在1927年《湖南农民运动考察报告》中提出实现阶级解放和社会发展是妇女解放的根本途径（毛泽东，1968）。这些说明提高妇女地位是共产党人追求的目标。

---

① 如柯鲁克："发展合作社的热潮更重要的作用就在于提高棉纱和布匹产量。农民妇女纺纱织布，所得报酬比以往任何时候都高。""由于合作社的帮助，十里店妇女仅在一年之内就为他们自己挣到了12000斤的小米。""合作社与发展妇女生产的这种密切联系与共产党关于妇女工作新方向的指示是一致的。""其他目标（权利平等、婚姻自由、废除小脚等）只有紧密地与生产联系起来，才能够引起人们的重视。"（《十里店（一）》，第85页）"由于竞赛的长期影响，以及妇女开展的活动日益扩大的作用，村里的生产有了很大的提高。"（《十里店（一）》，第87页）

　　通过参加劳动，中国女性的社会地位得到明显提高。Laurel Bossen，Wang Xurui，Melissa J. Brown 和 Hill Gates（2011）通过陕西省两个县的访谈得出 20 世纪早期由于纺织业发展的需要，大量妇女参加劳动，其结果直接加速了中国妇女缠足陋习的摈弃。对外贸易和工业化的增长，对不同层次家庭女性在不同工作种类上具有不同影响，因商业和工业化的需要女性更多地走出家门参加工作，进而提高自己的社会地位。人民公社对女性而言，最大的转变是她们从户内走向户外、从家庭私领域进入村社集体的过程，"以前这婆姨一般都不到地里去，家里就是转这个锅台，照看娃娃，做饭"（郭于华，2003）。"近 30 年的计划就业制度对保障妇女就业权利，促进全社会认同男女平等，提高妇女经济社会地位具有十分重大意义。"（蒋永萍，2001）但也有不同意见，新中国成立后中国妇女地位在政治、经济、文化等方面确有提高，但在农村妇女经济地位提升有限（黄嫣梨，1999）。

　　由上可知，人民公社时期女性的研究更多的是女性社会地位的提升，多从社会学的角度出发，利用社会学方法，如口述史、扎根理论、质性研究等方法进行，而利用微观数据的经济学研究则少有发现，除 Li（2005a）以外少有利用翔实数据进行量化的研究。更罕有深入分析女性在具体收入种类上的贡献，如农业收入、投肥收入、现金收入等。[①] 因此本章将在这方面做些尝试。

（二）男人的面子与女人的顾家

　　中国传统文化中"面子"问题是一个颇复杂又含义丰富的问题。面子是个人从他人获得的社会尊严，或经他人允许和认可的公众形象。"面子"是每一个社会成员意欲为自己争得的在公众中的"个人形象"。Christopher（1997）把面子（face）定义为：在特定的社会结构中的综合评价，这种评价建立在对个人的内外部评价，以及个人对社会道德准则的坚持的基础上。研究发现，男性在社会中处于支配地位，常强调个人的权利和自我行动的权利，偏重消极面子。而女性在社会中处于从属地

---

　　① Li（2005a）的研究很有意义，其生命周期的解释具有说服力，但本章将从另一个侧面，即女性在不同农活上的劳动配置，以此说明其对家庭经济的贡献。

位，为了维护对方的面子，女性经常同意或赞同对方的观点和意见与对方建立"平等性"关系，常采用积极面子。

人民公社时期，在农业生产劳动中男人更注重自己的面子。他们常常会因为被分配的工作不是"男人的活"而不去干，或者工分给得太少而选择放弃或要求加工分，被生产队队长称为有时候的表现有些"不太听话"。比如投肥工这种被认为是女人干的活，男人则较少参加，但在现金收入上要大显身手。

女人比男人更加顾家，更愿意挣尽可能多的工分。"女人为了养家糊口，不会放弃任何一个挣工分的机会。哪怕是一件只有半分工的农活，她们都愿意去干。只要能挣到工分，她们不会轻易歇在家中。"（李怀印，2010）综合表现在妇女不太挑剔农活的种类、不管是不是有"面子"的农活、不管工分数高低等方面上。[1]

女人更容易成为政治动员的对象。妇女解放运动曾经是人民公社的重要任务之一，甚至得到了中央最高领导的支持，"妇女能顶半边天"就曾多次被中国共产党的最高领导者所倡导。在生产中妇女参加劳动的权利，并在劳动中展示女性不比男性差的事实，[2]都用来证明女性的重要性和妇女地位的提升。因此各种农业竞赛活动往往围绕女性进行，如"铁娘子运动"（金一虹，2006）、"银花赛"（高小贤，2005）等。妇女被大量动员起来参加劳动是中国人民公社农业产量提高的原因之一，对于家庭来说，表现为家庭工分收入的上升，即使这种上升较为有限。

三　数据与方法

（一）数据

本章应用东北里生产队的数据进行分析。该资料时间跨度为1971 -

---

[1]　当然并不是说妇女在干农活时一点都不挑剔，这里只是相对于男性而言。

[2]　如柯鲁克在《十里店（一）》（第87页）的描述："刚开始，男子们都怀疑妇女在同一块田地里的工效，与男子一天10分相比较，不同意她们干一天得7分多。……然而，当除草和收割时，干这些活路，她们立刻显示出其能力和男子汉是相等的。……男子最终才勉强同意提高她们的劳动交换价值，即每个劳动日为8分。"

1977 年，属人民公社后期，含 300 多户，经配对处理，即每年人口、收入、男女劳动力数量等都完整的农户共 158 户，合计得到面板数据共 1106 个。[①] 对数据做简单的描述性统计如表 4 - 3 - 1 所示。样本所处地区属山西省中部，汾水南畔，年均降水量 477 毫米左右，以种植小麦、玉米为主。

数据主要分为三个部分。

第一部分为表示人口的各种变量水平。包括家庭人口数量、劳动力数量、男女劳动力数量、消费与劳动人口比、8 岁以下人口数等，其中男女劳动力人数是本章研究的重要变量。

第二部分为表示劳动能力的各种变量水平。包括劳动底分、劳均劳动底分和经过性别标准化之后的劳均底分（女调）。

第三部分为表示收入的各种变量水平。包括总收入、投肥工收入、粮食收入等，并给出了总劳动工分收入的人均收入和劳均收入等。[②]（具体含义将在下面描述）

表 4 - 3 - 1　各变量统计性描述

指标	1971 年	1972 年	1973 年	1974 年	1975 年	1976 年	1977 年	平均
人口								
家庭人口（人）	4.28	4.39	4.49	4.41	4.62	4.52	4.47	4.45
家庭劳动力（个）	1.87	1.89	1.9	1.91	1.93	1.61	1.91	1.86
男劳动力（个）	0.9	0.91	0.9	0.89	0.89	0.74	0.86	0.87
男劳动力（%）	47.97	47.87	47.14	46.41	45.84	45.71	44.99	46.56
女劳动力（个）	0.97	0.99	1.01	1.03	1.05	0.88	1.05	1.00
女劳动力（%）	52.03	52.37	53.1	53.59	54.16	54.29	55.01	53.51
消费与劳动人口比	2.29	2.32	2.36	2.3	2.39	2.81	2.33	2.40
8 岁以下人口（个）	0.81	0.96	1.01	0.86	0.92	0.76	0.70	0.86
劳动能力								
劳动底分（工分）	14.44	14.7	12.18	12.23	12.47	12.3	11.72	12.86

---

① 处理中因 1970 年没有劳动力数量，因此将其删除，其他年份如任何一项缺少数据则将其数据全部删除，如此处理并不会给样本数据带来偏差。

② 这里的总收入与今天的含义有所不同，今天的总收入为各项收入之和，而人民公社时期的各项收入是由总收入决定的，即前提顺序不同。

续表

指标	1971 年	1972 年	1973 年	1974 年	1975 年	1976 年	1977 年	平均
劳均	7.72	7.77	6.41	6.39	6.44	7.63	6.12	6.93
劳均（女调）[*]	8.61	8.66	7.15	7.16	7.23	8.56	6.88	7.75
收入								
总劳动工分（工分）	531.86	485.4	564.35	511	568.16	550.92	540.47	536.02
人均	124.36	110.68	125.73	115.93	122.93	121.82	120.93	120.34
劳均	284.34	256.5	296.96	266.96	293.66	341.85	282.33	288.94
劳均（女调）	317.36	285.75	331.35	299	329.33	383.49	317.24	323.36
投肥工（工分）	59.34	65.08	0	0	0	0	0	17.77
应扣工分（工分）	40.38	22.16	30.47	29.99	30.83	30.16	29.49	30.50
工分值（元/工分）	0.75	1.03	1.03	1.07	1.02	0.81	0.8	0.93
总工分收入（元）	368.19	470.25	552.42	515.17	548.3	424.32	408.45	469.59
总粮食收入（斤）	1729.8	1885.8	1948.5	1992.0	2085.7	2011.5	1885.7	1934.14
口粮收入（斤）	1369.1	1407.9	1441.6	1447.1	1716.0	1692.7	1501.5	1510.90
工分粮收入（斤）	344.12	463.38	493.79	541.01	361.39	321.93	387.89	416.21
本年总现金收入（元）	10.82	64.8	123.05	-13.22	57.38	-60.96	-64.8	16.72
上年总现金收入（元）	-13.1	-1.59	78.53	185.76	170.51	230.12	153.54	114.83
总消费金额（元）	377.96	423.37	444.74	542.93	529.17	507.58	486.57	473.19
样本量	224	223	221	233	230	224	245	228

注：[*]女调表示为将女性劳动力按 0.8 个男性劳动力折合计算。

资料来源：东北里生产队档案资料，历年收入分配账。

（二）研究方法

为了检验女性对家庭经济贡献，我们选用面板数据的固定效应模型（4-1）。

$$y_{it} = \Lambda D_{it} + \beta c_{it} + \Gamma H_{it} + \varepsilon_{it} \qquad (4-1)$$

在模型（4-1）中，y_{it} 为因变量，代表家庭 i 在 t 时期内各种形式的收入，包括总工分收入、投肥工收入、现金收入和粮食收入等，为了全面考察女性的劳动行为对家庭收入的影响，本章在收入中还同时考察负向收入，即应扣工分收入和家庭消费等内容。其中 t 代表时间，$t = 1971, 1972, \cdots, 1977$；$i$ 代表农户家庭编号，$i = 1$，

2，…，158。

总劳动工分收入即家庭全部劳动所得，户均工分收入约 536.02 分，劳均为 288.94 分，如果将女性按 0.8 个劳动力折算则折算后的劳均工分为 323.36 分。口粮收入户均 1510.85 斤粮食，工分粮收入约 416.21 斤，二者之比为 3.63，由此可见，人民公社时期粮食收入主要以口粮收入为主。其他收入见表 4 - 3 - 1。

D_{it} 表示家庭人口的自变量阵，包括家庭 i 在 t 时期内的家庭男劳动力数量、女劳动力数量、消费与劳动人口比重和 8 岁以下人口数量，其中男劳动力数量和女劳动力数量将作为最重要的两个自变量进行考察，其对家庭收入的影响是主要的。通常认为人民公社时期家庭收入主要由劳动力数量决定，[①] 劳动力多则收入相应多，我们将直接用劳动力数量对收入进行回归以得出单位劳动力所带来的边际收入量。[②]

女劳动力户均是 1.00 人（见表 4 - 3 - 1），家庭中女性劳动力最多为 5 个（只有 1 户，仅占 0.09%），拥有 3 个和 4 个女性劳动力的户数分别为 40 和 6，女劳动力数为 1 个或 2 个的农户占主要部分，分别为 612 个（占 55.33%）和 206 个（占 18.63%）；男劳动力平均每户 0.87 人，女性劳动与男性劳动力所占比例分别为 53.5% 和 46.5%。

人口因素中不可忽略的两个因素是消费人口与劳动人口的比重和 8 岁以下人口数量。一般来讲在主要靠体力劳动为生的社会中消费人口与劳动人口比重对家庭收入的影响较大。[③] 当家庭消费人口与劳动人口比

---

① 人民公社时期几乎只有劳动收入，劳动多少由劳动者的体力能力决定。

② 更确切地说应该用劳动时间对劳动收入进行回归，即劳动时间决定劳动收入，但因劳动时间数据无法得到，退一步只能用劳动人数进行替代。这样做的解释是，人民公社时期社员参加劳动与人数有较强相关性，在公社里几乎每个劳动力都要参加劳动，每个劳动力劳动一天所得到的工分相差不多（相同劳动底分），因此可以近似认为劳动人数正向相关于劳动时间，或者说劳动人数决定了劳动收入。当然这只是统计意义上的，确实在当时农户的劳动投入有一定的差异。如此近似处理对本章的结论没有大的影响。

③ 这一理论早在 20 世纪 20 年代就由苏联经济学家恰亚诺夫（1996）所证明，他认为当一个家庭中消费与劳动人口比系数大时，家庭的劳动辛苦程度就大（劳动辛苦程度是每个劳动力承担的劳动量，是一种个人主观感受，并不好制定普遍标准，为了和恰氏理论保持一致性，本章仍采用这一称呼），当家庭只有两个年轻夫妇时是该家庭经济上最好的时期，而随着孩子数量增加则经济负担逐渐加重。

大时则家庭劳动力要付出更多的努力去挣工分，因此消费人口与劳动人口比与家庭收入有正相关关系。此时并非说比数高家庭收入就高，而是比数高，劳动辛苦程度大，表现在收入上则为劳均收入高。如表 4 - 3 - 1 所示，消费与劳动人口比平均每户为 2.40，即每个劳动力要负责养活 2.4 个人。

8 岁以下人口属纯消费人口，且尚不能参加劳动，因此纯消费人口数量应该与家庭收入成反方向变化。由表 4 - 3 - 1 知平均每户有 8 岁以下孩子 0.86 个。有将近一半的家庭没有 8 岁以下的孩子，1 个或 2 个孩子的家庭占 44% 左右，见附表 4 - 1。

全村户均人口约为 4.45 个。

c_{it} 代表 i 家庭在 t 时期内的家庭劳动能力，劳动能力用劳均劳动底分[1]表示。平均每户每个劳动力的劳动底分为 6.93（劳均），户均劳动底分为 12.86（户均）。某种意义上劳动能力与劳动收入正相关，但在工分制体系下劳动者间无论劳动能力差异有多大，其表现在底分上的差异并不十分巨大。[2]

H_{it} 代表其他影响家庭收入的变量，包括每年的工分值、各年按工分分粮数量、按人口（人口分）分粮数量、8 岁以下人口分粮比例[3]和上年现金收入比例。工分值是生产队每个工分的价值，其计算方法为生产队全年净收入除以工分总数。该队工分值一直为 0.9 元左右，最高时为 1974 年的 1.07 元，最低为 1971 年仅 0.75 元（见表 4 - 3 - 1）。工分值

---

① 底分评定问题是工分制中最为重要的问题，也是社员最为关注的问题。底分是考核社员劳动的主要指标，是社员在集体劳动中获得工分的基本依据。底分的确定主要是根据劳动者的劳动能力、劳动态度和劳动表现。通常是一年或者半年评一次，也有每季或每月一评的。评的方式是在社员大会上，以"自报公议"的方式产生。也就是在会上，社员先自己报一个底分，然后大家讨论，根据实际情况适当加减分数，最后由队委员会确定并公开宣布。

② 以全劳力 10 分为标准，稍差些的劳动力为 9 分、8 分、7 分，一般给到 7 分为极少数，多数在 9 分左右徘徊。

③ 按人口分粮时根据人口的年龄结构折合成成年人数量（简称人口分儿）进行分配，有一定合理性，东北里以 8（含 8）岁以上作为成年人，因此我们将 8 岁以下分粮数作为自变量之一。对农户劳动来讲，如果 8 岁以下分粮数多，则其劳动积极性较差。下表为人口按年龄折合划分情况。如 1971 年，8 岁以上每人按 10 分计，4 - 7 岁每人按 8 分计，1 - 3 岁每人按 6 分记。

将直接影响农户的现金收入，而对其他收入影响不大。粮食分配分为按人口分（也称口粮或人头粮）和按工分分，按人口分是首要，如果工分数还有剩余则按工分分，按人口分是要保证的，按工分分并非每个家庭都有。口粮分配平均每户 1510.9 斤，工分粮分配平均每户 416.21 斤，工分粮仅占总分配粮食数的 21.5%。

ε_{it} 是随机误差项。

对于面板数据可以选择的模型有随机效应模型、固定效应模型和混合模型。[1] 经过多重比较，并经 Hausman 检验得出固定效应模型较为显著，因此我们选用面板数据的固定效应模型。固定效应模型的本质是通过个体间截距项的差异来捕捉不可观测的个体效应。我们同时也对固定效应模型做了异方差和序列相关检验，其结果达到要求标准。

四　估计结果

利用面板数据的固定效应模型，分别将包括男、女性劳动力数量在内的自变量对家庭收入进行回归。在收入中包括家庭总收入、粮食收入、现金收入、投肥收入、应扣收入和家庭消费，在每项收入中女性均起到相应的作用，女性起作用的程度差异反映了其背后的劳动配置原则，以及劳动配置行为的社会、政治、文化和心理等因素，回归结果和详细解释将展示在以下部分。

（一）女性对家庭总收入的贡献

人民公社时期女性被大量发动起来参加农业生产，此举对农业生产具有促进作用，同时也增加了女性对家庭收入的贡献，并且这种贡

---

[1]　Mundlak（1978）指出，一般情况下，我们都应当把个体效应视为随机的。如果从单纯的实际操作角度来考虑，固定效应模型往往会耗费很大的自由度，尤其是对于截面数目很大的面板数据，随机效应模型似乎更合适。但是，固定效应模型有一个独特的优势，我们无须做个体效应与其他解释变量不相关的假设，而在随机效应模型中，这个假设是必需的，否则就会导致内生性问题，并进而导致参数估计的非一致性。

献以工分的形式清楚地记在个人的账下，因此妇女家庭地位的提升很大关系源于此。① 图 4 - 4 - 1 展示了男、女性劳动力总数与总工分收入的关系。

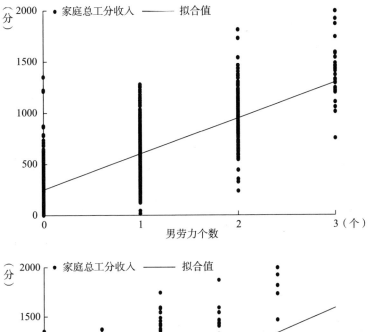

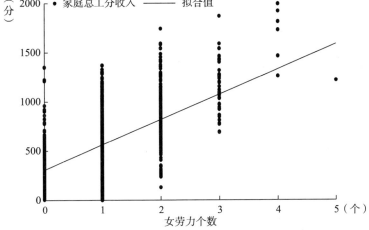

图 4 - 4 - 1　男、女性劳动力数量与总工分收入关系

资料来源：东北里生产队档案资料，历年收入分配账。

---

① 以往对农村妇女家庭经济贡献的研究难度在于，相比挣工资的女性，农村妇女在家庭劳动中的贡献率很少能够直接表现出来。传统中国农村家庭收入大多记在男性家长的名下，从而掩盖了家庭妇女的真实劳动。而本章可以将妇女的收入剥离开来。

由图 4 - 4 - 1 中看男、女性劳动力与总工分收入呈明显的正比关系，且变化方向较为一致，当劳动力数量增加时其工分收入也随之增加。

人民公社时期农户家庭经济收入来源极为有限，甚至一些地方差不多只有工分收入，[①] 本案例即属这种情况，因此本章的家庭总收入即为家庭总工分收入[②]（账本中的原始记载）。我们将以家庭总工分收入作为因变量，得出估计结果如表 4 - 4 - 1 所示。

人民公社时期女性对家庭总收入的贡献程度较高。从相对数上看女性对家庭总工分收入的贡献高达 45.7%，已经接近 1/2；从绝对数量上看，增加一个女性劳动力所增加的劳动工分数为 178.81，增加一个男性劳动力所增加的工分数为 212.23，男性高于女性 33.42 分。也就是说普通农户增加一个男性劳动力比增加一个女性劳动力多 33.42 分，这个分数相当于一个男性劳动力 1 个月的劳动量。从相对数和绝对数上都说明女性对家庭经济的贡献程度较高。但不可否认的是女性的贡献确实小于男性。

女性劳动收入的增加是政治动员的结果。政治动员的目的是增加国家建设所需资金，同时提高妇女地位，二者相辅相成，共同促进。中国共产党的主要领导人毛泽东在《给中央妇委的指示信》（1940 年 2 月 8 日）中指出：妇女的伟大作用第一在经济方面，没有她们，生产就不能进行。毛泽东更认识到妇女只有通过对社会首要的经济参与，才能向社会展示自己的价值。也就是说，妇女要求得解放，就必须参与社会生产劳动，通过对社会经济做出的贡献，印证自己的价值及地位，并取得社会普遍的承认。

---

① 有些地方还有自留地收入，甚至有较少部分的副业收入，但以上两个部分所占比例较少，通常最多只有 20% 左右（辛逸，2005）。而本章所用的资料，其自留地收入涵盖在工分收入之中。关于副业收入，全生产队仅有一辆胶轮大车可做副业之用，能得此收入的农户户数极少，我们认为该生产队中的农户总收入只有工分收入一项。

② 在同一个生产队中劳动工分相当于货币使用，其分数高表示收入高，每一个工分代表相同的含义，但离开生产队的环境则不具比较意义，也就是说 A 生产队的工分与 B 生产队的工分不具有可比性。举例来说，A 生产队的 1000 个工分与 B 生产队的 800 个工分之间没有任何关系，不能说 A 的收入高于 B。不可否认，当时中国农村具有相似性，因此各生产队之间可进行大略比较，但不具严谨性。

　　"妇女能顶半边天"正是在这个背景下提出来的。人民公社时期有很多宣传妇女解放的话语，其中影响最大、传播最广的莫过于"妇女能顶半边天"和"时代不同了，男女都一样"。新中国成立初期女性一般不参加田间劳动，她们只在家里从事纺线、织布等家庭副业。但新中国成立后，在"妇女解放""劳动光荣"等意识形态的宣传动员下，特别是互助合作、农业社建立以后，劳动分工逐渐成为内部分配的一个重要因素，妇女参加田间劳动的人数多起来，并且参加劳动的时间增加明显。动员妇女参加社会主义劳动是社会主义中国的任务和目标之一。妇女拥有劳动的机会在当时被认为是妇女进步的重要标志，因此广大乡村女性便成为这一巨大社会变革中的重要动员对象，也是重要的主体参与其中。在中国革命中，妇女问题总是和阶级问题相提并论的，妇女解放被认为是阶级压迫终结进而是全人类解放的重要组成部分。同时劳动权利的获得被认为是妇女权益保障的重要标志。女性对家庭总收入的贡献如表 4 - 4 - 1 所示。

表 4 - 4 - 1　女性对家庭总收入的贡献

因　变　量	家庭总工分收入			
	(1)	(2)	(3)	(4)
男劳力数量	129.8*** (11.60)	222.7*** (16.86)	223.2*** (16.46)	212.2*** (16.11)
女劳力数量	109.7*** (11.21)	172.8*** (15.46)	170.1*** (14.00)	178.8*** (15.17)
消费与劳动比		40.87*** (5.119)	39.59*** (4.842)	38.26*** (4.804)
8 岁以下人口		-28.85*** (-4.475)	-25.41*** (-3.785)	-24.75*** (-3.758)
劳均底分			-0.917 (-0.258)	12.18*** (3.084)
工分值			-62.61** (-2.195)	-13.71 (-0.248)
每工分粮				-41.63 (-0.865)
每人分粮				6.110** (2.057)

因　变　量	家庭总工分收入			
	（1）	（2）	（3）	（4）
8 岁以下人分粮				− 13.59***
				（− 5.972）
上年现金收入比例				5.991*
				（1.687）
常数项	339.8***	101.4***	168.4***	45.50
	（25.80）	（2.965）	（3.086）	（0.354）
N	1106	998	998	993
R^2	0.271	0.405	0.409	0.459
F	176.2	143.4	96.73	70.55
显著水平	0.000	0.000	0.000	0.000

注：括号内为 t 统计量的绝对值，*** 为 $p < 0.01$，** 为 $p < 0.05$，* 为 $p < 0.1$。

　　妇女动员的方式。中国共产党采用三种方式将广大妇女动员起来：将妇女参与社会活动赋予"男女平等""妇女解放"等重大意义；把苏联妇女当作中国妇女的榜样；实行按劳取酬的分配方式（李巧宁，2004）。土地改革中，农村不论男女，一律按"人口分配土地"。全国民主妇联发动妇女参加土地改革，《新中国妇女》杂志 1950 年第 14 期特发表《坚持贯彻男女农民一齐发动的方针》的社论，提出了"男女一齐发动"的方针，阐明了农村妇女参加土改的重要性和必要性，这一方针成为以后动员妇女参加工作的指导思想。土地改革废除了几千年来妇女受压迫的经济根源，极大地改变了男女经济不平等的状态。据统计1956 – 1957 年合作化运动开展后，妇女参加农业生产的人数是 1955 年的 6 倍，妇女的劳动工分占工分总数的 25%。此后的"大跃进"、20世纪 70 年代"农业学大寨"时期，由于"大炼钢铁"、兴修水利、工业建设的需要，大量男性劳动力被抽调出去，农村出现劳动力不足的状况，此时 90% 以上的农村妇女被动员起来参加生产，结果妇女的平均劳动日为 250 个左右，相当于男劳动力的 3/4（高小贤，1993；陶春芳，1993）。

　　妇女动员的明显体现。在中国共产主义运动的历史进程中，妇女，不仅是这一宏大社会革命中的生力军，而且是这一革命的特性、意义和成功程度的重要表征。有全国性重要影响的《人民日报》自 1955 年以后形成一个惯例，即每年的"三八"妇女节都要发表有关妇女的社论，我们可以把这一社论视为官方对妇女运动自上而下的一个指示，一个重要的政治导向。不同年份《人民日报》有关"三八"的社论如表 4 – 4 – 2 所示。

表 4 – 4 – 2　历年《人民日报》"三八"社论

1955 年：《全国妇女动员起来，参加建设社会主义祖国、解放台湾、保卫和平的伟大斗争》	1964 年：《妇女们，发扬革命精神争取新的胜利》
1956 年：《充分发挥妇女在社会主义建设中的伟大作用》	1965 年：《大树革命雄心，苦练过硬本领——纪念"三八"国际妇女劳动节》
1957 年：《更充分地发挥妇女群众的社会主义积极性》	1966 年：《突出政治，进一步发挥妇女的伟大作用》
1958 年：《行行都出女状元》	1967 – 1973 年空缺
1959 年：《妇女们，鼓起冲天的干劲，做出更大的贡献！》	1974 年：《妇女都动员起来》
1960 年：《我国妇女解放运动的新阶段》	1975 – 1979 年空缺
1961 年：《妇女们，为今年农业丰收贡献更大力量》	1980 年：《全世界妇女光辉战斗的节日》（主题动员妇女为实现四化而奋斗）
1962 年：《把妇女工作做得更切实更深入细致》	1981 年：《全社会都要重视和关心妇女儿童》
1963 年：《妇女们，为争取新的胜利而斗争》	1982 年：《发挥妇女在建设两个文明中的作用》

　　资料来源：金一虹《"铁姑娘"再思考——中国文化大革命期间的社会性别与劳动》，《社会学研究》2006 年第 1 期，第 171 – 198 页。

　　可以看到，除了 1981 年谈的是维护妇女儿童自身权益问题——这是一个例外，其他年份的主题都是如何动员妇女，将妇女整合到当前的政治运动之中——不同时期变换的只是不同的政治话语，因而，妇女解放被等同于妇女运动，而全部妇女运动目的也不外是一个动员妇女的过程（金一虹，2006）。

　　女性劳动的参与离不开法律的保护，中国共产党在新中国成立以后制定了多部相关的法律法规，如表 4 – 4 – 3 所示。

表 4 - 4 - 3　新中国成立初期有关保护妇女的法律文件

时间	文件名称	内容简介
1949 年	《共同纲领》	妇女在四个方面同男子享有平等权利
1953 年 5 月	《中共中央转发华北局〈关于农业合作社若干问题的解决办法〉》	男女社员同工同酬
1953 年 12 月	《中国共产党中央委员会关于发展农业生产合作社的决议》	男女劳动力应该按照工作的数量和质量,实行同样的报酬
1954 年	《宪法》	第一次以国家根本大法的形式规定妇女享有政治、经济、文化、社会、家庭在内的五项平等权利
1956 年 10 月	《中共中央、国务院关于加强农业生产合作社的生产领导和组织建设的指示》	在分配中,必须坚持按劳取酬、多劳多得和男女同工同酬的原则

资料来源:均采自《建国以来重要文献选编》(各册),中央文献出版社,1992。

既有经济的目的又有政治的需要使妇女大量被发动起来参加农业劳动,其结果是农业产量随之上升,女性对家庭收入的贡献明显占较大的比重。其他影响总工分收入的因素,消费与劳动人口比与总收入呈正相关关系,与 8 岁以下人口负向相关,与劳均底分正向相关,与上年现金收入比例正向相关,这些影响方向都与预想的基本相同。

(二) 女性对粮食收入的贡献

粮食收入分为集体粮食收入和自留地粮食收入,其中以集体粮食收入为主。从表 4 - 4 - 4 中看,自留地粮食收入只占集体粮食收入的 15%左右。[①] 在集体粮食收入中又分为口粮、工分粮和照顾粮三种形式。通常只有军烈属、五保户、残疾人、老干部等有特殊情况的家庭才拥有照顾粮,而普通家庭没有此项收入,且拥有照顾粮的家庭不占主要部分,因此照顾粮不是我们研究的重点。相比工分粮,口粮在总粮食分配中占有重要地位,从表 4 - 4 - 4 中看,口粮大约占总集体粮食分配的 78%,而工分粮仅占 22%,近似于 8:2 分成,与我们理解的实际情况较为相符,其他学者也证实了此说法 (张乐天,2005;辛逸,2005)。

---

① 各地对自留地的处理不尽相同,一般自留地上只种些蔬菜,本案例则种植了部分粮食作物,自留地是家庭食物来源的有效补充。

无论是口粮分配还是工分粮分配，都事先将人口和工分折合成一定的分数，再对人口与工分赋予一定的权重，然后按此权重和总折合的分数分配粮食，因此权重的大小将决定家庭总粮食收入，此外，二者的权重比例大小也将直接影响农户的劳动行为，如果按工分粮的比重大（按劳分配部分大）则农户的劳动积极性会高，否则则低。我们从表4-4-4中看，这一时期按人口分配的比重远远高于按工分配比例，如1971年按人分每人分粮34斤，而每工分分粮仅0.7斤，相差几十倍。再举例计算说明，1个标准人通常按10分计，刚出生的小孩一般按6分计，按1971年的标准则该小孩可以得粮食204斤（34×6＝204），而该年每工分分粮0.7斤，要达到204斤粮食则需要挣291.4个工分，也就是说家庭中只要有一个无论劳动与否的人存在，可以分到的粮食相当于一个全劳动力一年的劳动所得，当然即使是按人头所得的粮食也是要以工分去抵的，但这样的分配方式势必会影响部分农户的劳动积极性，特别是每年都有亏空的"超支"户。

表4-4-4　各种粮食分配统计

指标		1971年	1972年	1973年	1974年	1975年	1976年	1977年	平均
集体粮食收入	总分粮	1869.42	2039.06	2052.37	2155.27	2209.22	2158.88	2056.63	2077.26
	口粮	1474.91	1516.24	1514.09	1570.85	1812.33	1815.59	1637.89	1620.27
	口粮比重	0.79	0.74	0.74	0.73	0.82	0.84	0.80	0.78
	工分粮	375.59	506.62	524.92	580.32	387.34	346.50	424.55	449.40
	工分粮比重	0.20	0.25	0.26	0.27	0.18	0.16	0.21	0.22
	照顾粮	18.92	16.49	12.85	4.10	6.08	0.00	0.00	8.35
自留地粮		231.65	330.95	0.00	378.80	438.08	272.59	273.46	275.08
自留地粮与集体粮比		0.12	0.16	0.00	0.18	0.20	0.13	0.13	0.13
每人分粮		34.00	33.30	35.70	35.00	39.60	39.40	35.40	36.06
每工分分粮		0.70	1.00	0.93	1.13	0.67	0.61	0.76	0.83
8岁以下人口分粮		14	17	11	14	14	14	14	14

资料来源：东北里生产队档案资料，历年收入分配账。

由于口粮是按人头分配的，因此女性在口粮方面的收入应该与男性没有差别，但在工分粮上由于女性一般都比男性收入低则工分粮收入也会相应低些；出于顾家的考虑女性会将更多的时间投入到自留地上，因此我们估计女性在自留地粮上的收入会高于男性。估计结果见图 4-4-2 和表 4-4-5。

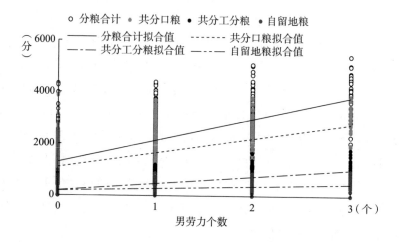

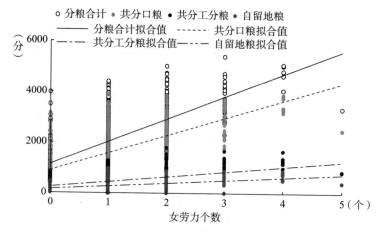

图 4-4-2　男、女性劳动力与粮食收入的关系

由估计结果可知，女性与男性在口粮收入上相差不大，其边际影响分别为 491.58 和 497.26，且均在 1% 的显著性水平上有效；与此相对在工分粮收入上则有较大差别，女性的边际影响为 129.74，男性则为 163.88，男性高于女性 34.14，高出 26.3%，事实证明女性在劳动收入上确实低于男性。女性劳动收入低于男性的主要原因包括：一是女性本身劳动能力较男性为差，二是工分制本身的设计。一般而言，男全劳动力干一天活可得 10 分，而女全劳动力干一天活一般只能得 8 分，这种工分设计在多数情况下较符合实际情况，但势必会有一些特殊情况，从而影响女性的劳动热情。

一个很有意思的结论是女性将更多的劳动投入自留地，因此自留地粮食收入中女性与男性比分别为 76.94 和 70.94，女性高于男性 6，且二者均在 1% 显著水平上有效。自留地是利用零散时间管理的，女性减少了集体劳动时间，但将更多时间投入自家的自留地上。

进一步考察其他影响因素会得出更多更有趣的发现。

表 4 - 4 - 5　女性对粮食收入的贡献

因变量	集体粮食收入			自留地粮收入
	总粮食收入	口粮收入	工分粮收入	
男劳力数量	663.22*** (26.52)	497.26*** (24.87)	163.88*** (12.83)	70.94*** (5.24)
女劳力数量	620.8*** (27.75)	491.58*** (27.46)	129.74*** (11.36)	76.94*** (6.36)
消费与劳动比	402.65*** (26.64)	366.17*** (30.27)	35.98*** (4.66)	57.92*** (7.08)
8 岁以下人口	- 77.37*** (6.19)	- 63.06*** (6.30)	- 23.69*** (3.71)	- 22.6*** (3.34)
劳均底分	21.6*** (2.88)	6.78 (1.13)	10*** (2.61)	- 4.02 (0.99)
工分值	- 58.9 (0.56)	- 107.49 (1.28)	- 8.01 (0.15)	- 40.8 (0.72)
每工分粮	595.41*** (6.52)	92.04 (1.26)	543.93*** (11.67)	212.71*** (4.31)
每人分粮	59.57*** (10.57)	57.53*** (12.75)	4.87* (1.69)	35.67*** (11.70)
8 岁以下人分粮	6.43 (1.49)	19.04*** (5.51)	- 11.44*** (5.19)	70.86*** (30.32)
上年现金收入比例	0.19 (0.03)	- 0.69 (0.13)	1.85 (0.54)	- 5.53 (1.52)
常数项	- 2960.73*** (12.15)	- 2583.81*** (13.25)	- 440.13*** (3.54)	- 2382.22*** (18.07)
N	993	993	993	993

因变量	集体粮食收入			自留地粮收入
	总粮食收入	口粮收入	工分粮收入	
R²	0.90	0.89	0.81	0.77
F	14.67	15.26	6.96	1.54
显著水平	0.000	0.000	0.000	0.000

注：括号内为 t 统计量的绝对值。*** 为 $p < 0.01$，** 为 $p < 0.05$，* 为 $p < 0.1$。

　　消费与劳动人口比，其比值对收入的影响主要体现在人口数量对口粮的影响上，其次才是工分粮的影响，从估计结果看，其对口粮的边际影响为 366.17，而对工分粮的影响仅为 35.98，这证明了"重人口轻工分"的事实。从二者的方向上看，都是正向的，即人口多则粮食多这是事实，人口供养比例高，则工分粮也高，说明农户在人口压力的前提下投入了更多的努力，这也是家庭结构影响的结果。因人口压力的存在，这些农户会考虑在自留地上投入更多的劳动，从结果上看其对自留地粮收入的影响为 57.92，大于工分粮收入的影响。这再次说明人民公社时期农户在集体劳动所得的边际收入远低于自留地收入，家庭供养比例大、人口压力高的农户会选择在自留地上获得更多的收入。

　　8 岁以下人口数量，这些人口几乎完全是消费人口，因此他们对粮食收入的影响都是负向的。

　　劳均底分，代表家庭的劳动能力，其只对工分粮收入有影响且是正向的，对不以劳动能力划分的口粮没有显著影响，且对自留地粮也没有显著影响。

　　每工分分粮和每人分粮，分别对工分粮和口粮有显著影响，当每工分分粮高时则对工分粮的影响大，对口粮影响较小；相反每人分粮则会对口粮影响大而对工分粮影响小。估计结果也证实了这一点，每工分粮对口粮和工分粮的影响分别为 92.04 和 543.93，且对工分粮影响显著；每人分粮对口粮和工分粮的影响分别为 57.53 和 4.87，且对口粮的影响在 1% 水平上显著，对工分粮的影响仅在 10% 水平上显著。

　　8 岁以下人口分粮，对口粮收入有显著的正向影响，但对工分粮的影响是负向的。上年现金比例对各种粮食收入均没有显著影响，由此可以看出现金比重点的位置不足以影响农户对粮食收入的劳动配置。

（三）女性对现金收入的贡献

现金是当时农户最喜欢得到的稀有资源，通常在年终决算时根据家庭一年的收入减去一年中全部花费后的所得为现金收入。在现金收入中最高值为898.56元，最低值为 -707.43元，均值为16.72元，标准差为148.83。可见最高与最低收入之间存在巨大差异，有的农户连年"超支"因此日积月累，越亏越多，相反家庭条件好的农户收入越来越高，最终形成巨大的反差。一年到头都看不到现金，在当时是失败的表现，因此劳动能力强的家庭将努力为现金而战，无论男性和女性劳动力在该项上均有较强动力。

图4-4-3显示男性与女性劳动力数量与现金收入之间有正向相关关系。

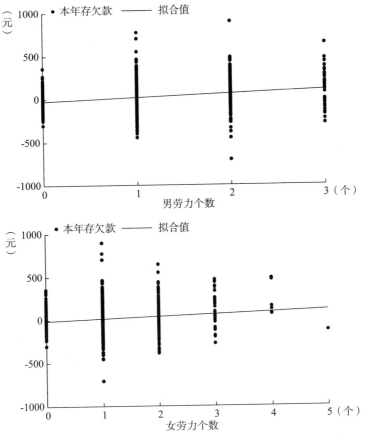

图4-4-3　男、女性劳动力与现金收入的关系

女性在现金收入上虽然也有较强的动力，但其收入比例不如男性高，这也在另一个层面说明女性不太容易挣到现金工分①（黄英伟，2010）。

在现金收入上男性劳动力比女性劳动力多 9.87（元），多出 34.6%，相对在粮食收入上，男性劳动力比女性劳动力多 42.42（斤），多出 6.8%，很明显在现金收入上女性要比男性少很多，如果两性在劳动上没有选择的话，其结果应该相差不大，如此大的差异说明背后的劳动配置是有选择的。

再从劳动能力上看，现金收入的多少与家庭劳动能力有极强的正相关性，劳均底分对现金收入的边际贡献为 19.52，与男、女劳动力的贡献相差不大，相反在总粮食收入上，两项的差异巨大（劳均底分为 21.6，男劳力为 663.22，女劳力为 620.8，见表 4-4-6），说明现金收入确实在很大程度上依靠于劳动能力，只有农户的劳动数量超过其粮食和其他实物分配量时才有现金收入，否则就为"超支户"。

表 4-4-6　女性对现金收入的贡献

因 变 量	现金收入	总粮食收入
男劳力数量	38.4** (2.49)	663.22*** (26.52)
女劳力数量	28.53** (2.07)	620.8*** (27.75)
消费与劳动比	-17.38* (1.86)	402.65*** (26.64)
8 岁以下人口	12.77* (1.66)	-77.37*** (6.19)
劳均底分	19.52*** (4.22)	21.6*** (2.88)
工分值	833.24*** (12.88)	-58.9 (0.56)
每工分粮	-480.91*** (8.54)	595.41*** (6.52)
每人分粮	-24.39*** (7.02)	59.57*** (10.57)

---

①　实际上并没有专门的"现金工分"，这里的意思是挣到可以得现金的工分数（或高工分）。

因变量	现金收入	总粮食收入
8 岁以下人分粮	−18.33*** (6.88)	6.43 (1.49)
上年现金收入比例	−5.13 (1.23)	0.19 (0.03)
常数项	603.39*** (4.02)	−2960.73*** (12.15)
N	993	993
R^2	0.04	0.90
F	1.96	14.67
显著水平	0.000	0.000

注：为了对比现金收入和粮食收入，本表将粮食收入一并放入，以方便对比。现金收入的单位为元，粮食收入的单位为斤。括号内为 t 统计量的绝对值。*** 为 $p < 0.01$，** 为 $p < 0.05$，* 为 $p < 0.1$。

对比工分值、每工分粮数和每人分粮数同样会得出相当有意思的结论：工分值对现金收入有超强的正相关性，其值每增加 1 元则其现金会增加 833.24 元，[1] 但其对粮食收入没有相关性。无论是工分粮还是人分粮对现金收入都是负相关的，但对粮食收入都呈正相关，即现金可得数与粮食可得数是完整互斥的。[2]

（四）女性对投肥工收入的贡献

投肥制度是社员向集体完成交肥任务与取得合理报酬的制度。投肥工，[3] 是社员靠提供粪肥而取得的报酬，投肥工在全国较为普遍，因为

---

[1] 总工分收入折合成现金时的计算方法即为工分数乘以工分值，因此现金收入与工分值有强相关性，但因所使用的数据是 7 年的面板数据，所以不存在共线性的问题。

[2] 在生产队的年终分配中主要有粮食和现金两种形式，除此之外还会有少量的棉、油、煤、布、糖等生活日用品，但其数量较少，前两种是主要的，因此在总数一定的情况下二者必然是互斥的。

[3] 投肥工的计算各地有所差异，但基本原则是根据上交生产队的粪肥的数量和质量而计算的。如河北省胡家佐的计算方法为：生产队派人到各家负责起粪，然后有会计等人组成的三人评分小组对所起出的粪进行评分，具体做法为根据所起粪的深度和猪圈的面积来计算，如深度为 20 厘米，面积为 10 平方米，则体积为 2 立方米，再参考粪肥的质量，"一般颜色黑的则为质量好，颜色青黄的则质量不高（指猪粪）"，这样的粪一般可以得到 1 个工或 1.5 个工，最多 2 个工。一般一年可以起 2 - 3 次，如果每个按 1.5 个工（15 分）算，起 3 次则可以得到 45 个工分，这并非一个小的数字。

当时的化肥产量较低，国家比较重视农业积肥，国家鼓励社员多交粪肥，从账本资料来看有的农户的投肥工可占到总工分的 1/5 甚至更多（黄英伟，2011；张乐天，2005）。本章所研究的生产队，其投肥工平均每户 1971 年为 59.34，1972 年为 65.08，分别占当年总工分收入的 11.1% 和 13.4%。投肥工在总工分中占有一定的比重，所以社员在配置自家劳动和考虑自家经济时会对投肥工做出一定的选择。女性对投肥工的贡献结果如表 4 - 4 - 7 所示。

表 4 - 4 - 7　女性对投肥工收入的贡献

因变量	投肥工收入
男劳力数量	-22.56^* (1.95)
女劳力数量	-2.97 (0.36)
消费与劳动比	-21.7^{**} (2.37)
8 岁以下人口	13.13 (1.64)
劳均底分	1.14 (0.32)
8 岁以下人分粮	2.07^{**} (2.32)
上年现金收入比例	-0.85 (0.49)
常数项	92.99^{**} (2.04)
N	293
R^2	0.23
F	5.10
显著水平	0.0000

注：括号内为 t 统计量的绝对值。*** 为 $p < 0.01$，** 为 $p < 0.05$，* 为 $p < 0.1$。

　　女性和男性对投肥工的回归系数均为负数，说明无论男性还是女性每多增加 1 人则投肥工收入便会减少，换句话说劳动力越多的家庭其投肥工越少，可能的原因是投肥工并不容易得到。从统计上看，男性劳动力每增加 1 人则总工分收入会减少 22.56 分，女性劳动力每增加 1 人总工分会减少 2.97 分，女性劳动力增加所减少的工分远较男性为少，由此说明女性更愿意在投肥工上多挣工分，而男性则动力不足。但从统计结果看，女性的回归系数不显著，男性回归系数只在 10% 水平上有效。男性劳动力多的家庭中确实投肥工收入少，而女性劳动力多少则对投肥工收入的影响不明显，这也许是女性更顾家更愿意挣各种可能挣到工分的表现。

实地调研发现，在东北里地区（属山西省晋中地区）不太适合饲养家畜家禽，本地属北方丘陵地区，四季分明，虽农业产量尚可但剩余不多。据当地上年纪的老人说："谁养牲口呀，养牛、马没得吃呀，这又没草原，没处打草呀。养猪，粮食不够呀，最多养一两头不错了，虽然可以积点粪但分并不高，还不够受累的，所以实际上不值的，并不是说养猪积肥得到工分就容易了，不然的话大家都去养了。最主要的是没东西喂。"

投肥工获得的积极性与投肥报酬标准的制定有很大关系。投肥报酬的制定是关系到集体与个人，关系到社会养畜和劳动积极性的问题。投肥标准制定的基本原则是，有利于发展集体生产和调动社员养畜积肥的积极性，有利于巩固集体经济。粪肥的报酬定得合理，社员就愿多养畜多积肥，生产队收集的粪肥多，可以有利于集体生产，巩固集体经济。如果投肥报酬标准定得太低，社员交粪肥所得工分少，就会影响养畜积极性，使生产队收集的粪肥减少。

据已有的调查显示，"高潮公社三大队第十生产队，1963 年该队社员养猪 40 头，规定 60 斤猪粪记一个工（10 分），当时每天可收到 200 多斤猪粪；后来改为 80 斤猪粪记一个工，社员拣粪就少了，猪也养得少了；1965 年 4 月间改为 60 斤猪粪记一个工后，不但交粪数量增加，而且社员养猪头数也从 8 头增加到 30 多头"（陈鸿根，1966）。粪肥工标准一定要制定得合理，否则，制定高了影响劳动积极性，制定低了影响养猪积极性，只有二者相互平衡才是最合理的。

养猪是很划算的事情，[1] 农户养猪向生产队提供粪肥，养一头猪一

---

[1] 引一段干部为啥愿意喂牲畜的例子："工分有挣头，饲料有赚头，自己使用在前头，自留地肥料有靠头。"这是阳城县寺头公社朱村大队队下中农给干部为啥愿意喂牲畜总结的四句话。这几句话虽然不能很恰当的反映农户养畜的好处，但至少在一定程度上说明了养畜的优点（行龙、马维强、常利兵，2011）。

年积攒的粪肥投资可以达到 72 元，相当于 150 个工日挣的钱，足够顶半个男劳动力，而且猪养大了还可以卖肉（钟霞，2007）。但当时农户没有大量养殖畜牧业的原因可能是剩余粮食太少。另外，当时若将所养的猪卖给国家（而这有一定的标准），也会得到一定的奖励。这一方面的情况，一般不反映在账面上，故不在我们的研究视野之内。本章的研究结果可能是由于投肥工收益较低，男性劳动力多的家庭将更多的劳动力投入到其他领域而非养畜上。

消费与劳动人口比与投肥工收入在 5% 显著性水平上成反方向的关系，再次说明投肥工收入并不比普通工高，农户在投肥工上的劳动积极性不高，在家庭供养比高的家庭上体现的更为明显。8 岁以下人口分粮数与投肥工收入在 5% 显著性水平上成正向相关关系。也许是因为按人口所得的粮食越多时越可能有剩余粮食，[①] 而将剩余粮食投入畜牧饲养中，进而收获更多的投肥工。

（五）女性对应扣工收入（负收入）的贡献

应扣工分包括义务工、代耕工和自留地工，因在本案例中代耕工和自留地工在 1971 年之后没有记载，因此只考察应扣工分和义务工。义务工是指用于农村基本建设所出的工，比如农田水利修建、道路建设、校舍修建、娱乐活动等。通常农户劳动都有一定的报酬，义务工没有报酬，但在参加义务劳动时要先以工分形式记载，然后到年底时再从总工分中扣除。应扣工分是在总工分中扣除应该扣除的部分。一般而言，男、女劳动力在义务工和应扣工分的数量比例上应该相差不多，前提是如果男、女劳动力在二者之间劳动投入差异不大的情况下。

代耕工的核算方式是自己没有出工而由别人代替出工，但在记分时还记你的工分，在最终核算时要把这部分减去。新中国成立初期的代耕工，确实是因为家庭劳动力不足没法自己完成种植活动，而由别人代替耕种的，而人民公社后期的代耕工并不完全是家庭劳动力不足，也可能有的家庭成员从事其他非农劳动，如煤矿工作、木匠等，还有另外一种

---

① 儿童所消耗的粮食数量各年相差不多，可以近似认为相等，分配制定标准高时则可能剩余就多。

可能是农户选择了一定程度的闲暇。经过一段时间的演变，代耕工实际已经失去原来的含义，变成了优待工，即土地都已经入社（初级社、高级社），后来入人民公社，农户已经没有自己的土地（除少量自留地以外），这时的代耕工完全变为优待工，① 特别对军烈属的照顾等。

女性对应扣工分数量和义务工数量贡献程度的回归结果如表4-4-8所示。

表4-4-8　女性对应扣工分收入的贡献

因　变　量	应扣工分	义务工
男劳力数量	20.23*** (24.79)	10.96*** (6.23)
女劳力数量	11.91*** (16.32)	7.89*** (5.02)
消费与劳动比	0.98** (1.98)	7.09*** (6.68)
8岁以下人口	1.43*** (3.52)	-8.51*** (9.68)
劳均底分	3.22*** (13.14)	-4.34*** (8.23)
工分值	-30.80*** (8.99)	-82.38*** (11.17)
每工分粮	4.47 (1.50)	-7.47*** (1.16)
每人分粮	0.45** (2.42)	-3.95 (9.96)
8岁以下人分粮	-2.22*** (15.78)	-0.55* (1.82)
上年现金收入比例	0.19 (0.85)	-0.31 (0.66)
常数项	14.57* (1.83)	242.27*** (14.15)
N	993	993
R^2	0.89	0.15

① 关于代耕工，据推测应该是账本上一直没有改变这种说法，因此沿用了，但收集到的数据只有1970年和1971年，此后该项记载再无出现。

因　变　量	应扣工分数量	义务工
F	211. 65	1. 17
显著水平	0.000	0.095

注：括号内为 t 统计量的绝对值。*** 为 $p < 0.01$，** 为 $p < 0.05$，* 为 $p < 0.1$。

　　估计结果显示，男、女劳动力在应扣工分和义务工上的收入有所差异（此处收入指负收入），虽然变化方向是相同的。家庭中男、女劳动力对应扣工分的边际增加量分别为 20. 23 和 11. 91，二者之比为 1. 699；男、女劳动力对义务工的边际增加量分别为 10. 96 和 7. 89，二者之比为 1. 389；义务工的边际增加量远小于应扣工分，表明男、女劳动力在义务工上的差异较小。从绝对量上看，男、女劳动力对收入的增加量在应扣工分上差为 8. 32，而在义务工上为 3. 07。

　　收入所表现出的背后的劳动投入说明，女性在义务工上投入更多劳动，义务工是没有劳动报酬的，因此家庭在配置自己的劳动力时，时常将家庭中劳动能力相对较弱者安排进去，以换取更多可挣工分的劳动时间。多数义务工工活并不要紧，只要有人头参与即可，对劳动能力要求较低，如果是对劳动能力要求较高的活一般不会作为义务工工活处理的。

　　在团体利益同分，责任与成本却由团体的每个成员承担。由于产权界定或产权配置的无效率，一些人在一个共同的利益体中，总会自觉或不自觉地实施"滥竽充数"的行为与动机，这时"搭便车"的心理与行为便会产生。义务工所做的农活可以看成集体的团体利益或公共产品，这时集体的利益全体社员共享，但如果出现问题责任也由所有成员共同承担，结果对每一个人来说出工不代表获得利益，反而少出工或出工质量较低对他来说却是获得收益了，所以搭便车现象随即出现。因为此时要求的仅是出工的数量而不太在乎质量，因此这种制度设计就会导致这样的结果。即使是在农村改革之后的义务工中也会出现同样的现象。①

　　在应扣工分中除了女性劳动力参加较多的义务工以外，还有代耕工

———————————

① 当然在共同利益前，乡村的基本底线是不能逾越的，比如修水坝这种事关粮食产量的决定性问题时，村民的基本劳动还是可以保证的。另外出工的多少和质量也与生产队队长的威望有直接关系。

和自留地工。最初代耕工主要是为解决革命残废军人因为缺乏劳动力而造成生产生活方面的困难，并同时解决军烈属的困难而设立的，这一政策在新中国成立初期较为普遍。如河北省人民政府 1950 年 3 月 21 日颁布的《河北省代耕暂行办法》规定：代耕工作可以分为固定专责为主的代耕和互助合作社的代耕。固定代耕主要分为大包耕和小包耕，大包耕是将退伍革命残废军人或者军烈属的土地固定归某人代耕，然后由退伍革命残废军人或者烈军属和代耕人通过协商的方式来决定代耕人应向退伍革命残废军人或者烈军属缴纳的产量；小包耕则不约定应缴纳的产量数，由双方约定，但两种方式生产队相关领导都参与（马东明，2010）。

在第二次国内革命战争时期代耕土地制度已经在革命根据地推行，以解决军人参军或牺牲后家属的生活困难。据统计全国代耕土地的总数，1950 年为 1000 万亩左右，1951 年近 2000 万亩，1953 年又增加到 5000 万亩。代耕一般以村为单位，由从事农业生产的劳力、畜力负担，其内容除了做到及时耕种、精耕细作以外，许多地方还帮助军烈属积肥、贷款购买化肥等（宋士云，2005）。代耕工作的开展，密切了军政军民关系，保证了生产的顺利进行，改善了代耕对象的生活，对当时农村经济的发展和社会稳定有着积极的意义（范连生，2010）。

可以看出女性劳动力在这两项当中投入的劳动时间均低于男性。家庭中劳动能力较强者将更多的劳动投入自家的生产当中。[①] 在必须要参加的且对劳动计量不严格的义务工中女性的参加率较高。在允许的范围内可以选择是否劳动时，女性倾向于参加劳动，尽管报酬很低，而男性则选择休闲或投到他处。

从自变量劳均底分项也证明这一点。劳均底分对义务工收入的影响是负向的，表明劳动能力强的家庭则其义务工数量就少，相反，劳动能力强的家庭其应扣工分数量较多，其边际数量分别为 4.34 和 3.22，以绝对数量来推测也可得出，女性劳动力参与的义务工要比男性劳动力保留的应扣工分数略多一点，背后的原因是人民公社制度的限制。

考虑到家庭压力的因素，其家庭供养压力虽与应扣工分同方向变化，

---

① 实际上由于当时工分收入的边际效益极低，农户，尤其是男性劳动力在可能的范围内，更愿意有更多闲暇时间，而不是去参加收益极低的劳动。

但其幅度远小于义务工数量（二者应同比变化），数量分别为 0.98 和 7.09，此项也说明家庭供养比例是农户劳动配置的主要考虑因素之一。

（六）女性对家庭消费的贡献

与收入相对应则为家庭消费，消费和收入共同构成家庭经济状况，为了全面考察家庭经济，本部分将考察女性对家庭消费的影响。

家庭消费项目在生产队账本中是以"当年分配占用"为条目记录的，即家庭在一年当中所有分配的东西，我们将此作为家庭一年的消费量，包括最主要的粮食、棉布、燃料、油、盐、肉等，最终将所有这些换算成金额，账本中记载的即为换算后的金额数。某农户全年劳动所得再减去当年分配占用（消费量）则为该户的现金收入，如果结果是正的则说明有现金收入，如果是负的则成为"超支户"，亏的钱来年再还。

我们考察不同性别对家庭消费的影响能从另一个侧面反映 20 世纪 70 年代农户家庭经济活动和农民的心理构成等问题，其回归结果如表 4 - 4 - 9。

表 4 - 4 - 9　女性对家庭消费的影响

因变量	家庭总分配			
	（1）	（2）	（3）	（4）
男劳力数量	30.81*** (2.857)	125.6*** (9.670)	144.2*** (11.43)	127.3*** (10.80)
女劳力数量	79.33*** (8.421)	152.5*** (13.88)	131.2*** (11.60)	129.8*** (12.30)
消费与劳动比		76.90*** (9.797)	69.94*** (9.194)	59.40*** (8.332)
8 岁以下人口		-43.99*** (-6.941)	-47.87*** (-7.662)	-34.62*** (-5.871)
劳均底分			-19.56*** (-5.918)	-5.504 (-1.557)
工分值			195.7*** (7.377)	-187.7*** (-3.791)
每工分粮				385.8*** (8.958)
每人分粮				31.94*** (12.01)

续表

因变量	家庭总分配			
	（1）	（2）	（3）	（4）
8 岁以下人分粮				6.496*** （3.188）
上年现金收入比例				3.043 （0.957）
常数项	395.6*** （31.18）	76.40** （2.271）	52.20 （1.028）	−1213*** （−10.55）
N	1106	998	998	993
R^2	0.094	0.243	0.326	0.430
F	49.2	67.6	67.74	62.63
显著水平	0.000	0.000	0.000	0.000

注：括号内为 t 统计量的绝对值。*** 为 $p < 0.01$，** 为 $p < 0.05$，* 为 $p < 0.1$。

出乎意料的是女性对家庭的消费量与男性基本相平，其数量分别是127.34 和 129.75，女性对家庭消费的影响微微高于男性。在不控制其他影响因素的情况下，只有男、女性劳动力数量时，女性的系数明显高于男性。通常的理解可能是男性越多的家庭则其消费量会越高，计算结果则出现相反的情况。在 20 世纪 70 年代很难解释这个问题，唯一可以解释的就是女性多的家庭相应的可能会有更多的孩子需要抚育，孩子多了可能家里的花费会多一些，为此我们做了男、女性劳动力与 8 岁以下人口的相关系数，见表 4 − 4 − 10。

表 4 − 4 − 10　男、女劳动力数量与 8 岁以下人口相关系数

相关系数	男性劳动力	女性劳动力
8 岁以下人口	0.070	0.218
女性劳动力	0.356	1.00

资料来源：东北里生产队档案资料，历年收入分配账。

发现 8 岁以下人口数与女性劳动力的相关系数为 0.218，远高于与男性劳动力的相关系数 0.070，由此说明，女性劳动力多的家庭往往拥有更多的孩子，孩子数量较多，一则需要更多的营养品去喂养，二来母亲也需要从生育婴儿中恢复体力，在哺育期间会减少劳动参与时间，

儿童的照顾等同样需要占用一定的时间，因此儿童多的家庭其消费量会上升。

但另外再单独考察 8 岁以下人口对家庭消费量影响时发现二者之间的相关性为负，该结论并不与上面的分析相矛盾，因为 8 岁以下人口在分配物资时比成年人要少，因此与全年分配占用负相关是可以理解的。但相反其对家庭成员尤其是女性劳动力的负面影响，即减少的工分数大于其对分配数量上的影响，结果出现我们考察的情况。

五　女性贡献的影响因素

简单总结一下女性对家庭经济的贡献：在家庭总收入中女性略低于男性，但二者差别不大；在粮食收入中，口粮收入没有差别，女性在工分粮收入中低于男性，相反在自留地粮收入中高于男性；在现金收入中，女性远低于男性；投肥收入中女性积极性更高；义务工中女性参与率远高于男性，在收益低的农活中男性倾向于选择休闲；在家庭消费中女性贡献高于男性。在家庭的各项收入中男性与女性的贡献出现如此大的差异，其背后有较多的原因，其中人民公社时期特有的工分制、农户家庭内部的人口和年龄结构以及中国农村社会的传统文化等起到了至关重要的作用。

（一）工分制促使女性参加劳动却限制工分收入

在工分制下的女性劳动报酬存在很多不合理的现象，虽然工分制和政府的动员对提高女性劳动参与率起到一定的促进作用，但工分制自身设计上的特点却限制了女性工分收入的提高，这在一定程度上打击了女性的劳动积极性。对东北里生产队的访谈证实了该种假设，但缺少该生产队的实证档案材料，因此笔者利用另外一个生产队来做一些说明。

首先，女性很少有机会能得到挣高工分的农业劳动。黄英伟等（2010）的研究发现，在河北省北部地区，女性几乎没有机会参加日工分数较高的大队工劳动，这使得同样的劳动付出却只能收获较低的工分数。表 4 - 5 - 1 展示了部分社员参与的大队工的农活种类和每种农活相对应的工分数，可以发现，大队工中工值最低的为 12 分，最高可达 25

分，而与此相对的普通农活每天最高才 10 分，对女性则更低至 8 分。男女同工不同酬，是当时人民公社制度下的一个普遍现象。即使在如除草、收割庄稼这种妇女劳动的效率并不低于男劳动力的工种中也是如此。

表 4 - 5 - 1　大队工农活和报酬

社员姓名	农活描述	天数	每日工分	工分总计
聂文×	红果树管理剪枝	8	25	200
聂文×	公社训练	7	12	84
聂玉×	大队专业队木工	5.5	15	82.5
董春×	大队专业队芽接	10	15	150
董春×	社办林场	139	13	1807

资料来源：黄英伟、李军、王秀清《人民公社末期农户劳动投入的性别差异——一个村庄（北台子）的研究》，《中国经济史研究》2010 年第 2 期。

如红果树管理剪枝每天 25 个工分，大队专业队木工每天 15 个工分等，这些工分数均高于普通农活分数。从该生产队的账本记录来看，从事这些农活的社员无一例外都是男性劳动力。对女性来说并非没有能力承担，只是她们没有这样的机会。"这些活都是男人的，我们（妇女）不给的，有男人在嘛。"①

这种偏见在妇女运动的典型代表"铁姑娘运动"中也存在。"铁姑娘运动"使大量妇女发动起来参加劳动，铁姑娘们即使做了"男人的活"，也不能拿到同男人一样的报酬，她们甚至根本没有意识到这是个问题。被访者们说："女的收入不能超过男的。我干得多，拿得少，群众才能服我。"至于为什么女的收入一定不能超过男的？因为"窗户再大大不过门，女人再能能不过男。"（1997 年访谈）（金一虹，2006）

其次，在计件制劳动中女性常常得不到高工分的农活。如 Li（2005a）所利用的江苏秦村的例子（见表 4 - 5 - 2），说明即使在计件制劳动下依然具有性别分化。在计件制下生产队管理者（队长）根据农活

---

①　当被问及为什么女人不去争取时，妇女们的回答是："有男人在呀，哪能让我们去。"这里存在的事实是农村劳动力的过量供应，即男性劳动力尚未充分利用，更不会将这些农活交给妇女（资料来自笔者 2009 年 11 月的实际访谈）。现今的农村年轻男性劳动力大多外出打工，农活都留给妇女去从事，基本没见到哪些农活是妇女不能承担的（当然不能否认技术进步的作用）。

的需要将农活制定成一定的标准，给出每种农活的分数，然后以农户为单位下达任务，之后根据农户完成的数量和质量计算工分，虽然此时跟劳动者的性别关系不大，但一个明显的事实是，生产队队长会根据性别设置不同的农活，从而将性别做了区分。

表 4 - 5 - 2　1979 年秦村男、女性劳动任务和日工分

男性农活	每日工分	女性农活	每日工分
挑干水泥	21 - 27	剪棉团	9
挖水渠	17 - 28	准备脱粒	9
脱粒	10 - 12	种种子	8 - 11
晒大米	11 - 12	给大米脱粒	8
拣和运牛粪	10	种豌豆	8
卖大豆	10	晒稻草	8
卖猪	10	收绿肥草	7 - 8
装瓷砖	10.5 - 15	撒粪	7 - 8
准备饲料	9		
挖储藏窖	8.5		
割稻草	8		
买化肥	8		
割柳树	8		

注：表中数据为 1979 年 9 月的农活。

资料来源：Li Huaiyin, "Life Cycle, Labour Remuneration, and Gender Inequality in a Chinese Agrarian Collective," *The Journal of Peasant Studies*, 2005a, 32（2）。

表 4 - 5 - 2 显示，男性干的农活几乎都是高工分的，所有农活报酬都在 8 分以上，最高可达到 28 分，如挖水渠、挑干水泥等。女性的农活最高只有 11 分，一般则为 7 - 8 分。

两个实际的例子说明这种由社会而非生理结构决定的劳动性别分工，使女性在劳动收入中处于不利地位，从而也使女性的劳动收入低于男性。

（二）家庭和年龄结构的影响

家庭人口结构对劳动力配置起到决定性作用（恰亚诺夫，1996），人民公社的一些例子也提供了部分证明（张江华，2004，2007；黄英伟，2011）。家庭中每个劳动力需要供养的人数多则劳动努力程度大，反之则否。在本章中消费与劳动人口比是家庭结构的代理变量，以此代表家庭

结构对收入的影响关系。从第四节的估计结果可以看出，消费与劳动人口比与各项收入均为正向关系，这说明劳动供养比越大则劳动的付出越多，每个劳动者必须付出更多的努力才能养活更多的消费者。

在家庭总收入中，消费与劳动比的影响系数为 38.26；在粮食消费中几乎与男、女劳动力一样，达到 402.65，但工分粮中则相对较少；在现金收入中出现了负数，与女性影响相反，消费人数越多则现金收入越少；在应扣工分收入中影响系数为 7.09，与女性影响几乎相当。我们同时也做了女性与劳动供养比的交叉项，结果显示女性劳动供养比越大则女性的劳动努力程度越大。①

（三）传统文化影响

中国传统文化在 20 世纪 70 年代依旧起着重要的作用，重男轻女、男人要面子、女人顾家等的思想都体现在挣工分的策略上。

"男主外、女主内"的思想影响，"男人应该干一些抛头露面的事，女人就应该多数时间在家里劳动"。表 4-5-2 中的劳动任务分工，被安排为男性专属的并非女性都不能做，如割稻草、买化肥、卖猪等，这些都是社会中认为的男人的活，他们自然觉得买化肥、卖猪等要和外面的人打交道，"男主外、女主内"的思想让他们觉得这事就只能男人干。

"重男轻女"的思想，体现在男性有相对多的上学机会，而女性则少。在父系社会中家庭的安排以家庭的男性为主，因为男性将来是家庭的主要维系力量。众多的访谈发现，男性将近 2/3 的人都有上学的机会，而女性最多不过 1/3。只要家中有男性孩子存在，父母一般会优先选择让男性成员接受教育。结果导致女性加入劳动的时间较早（家庭生命周期部分已经给出了证明），同时在女性结婚之前的劳动参与率大大超过男性。这种现象不仅是因为男性参加教育的多，没时间参加劳动，还有另一个原因是"女孩早晚要出嫁的"。

男人的面子。在队长派活时很少会受到女性的反对，但受到男性的反对是很正常的。男性往往会因为自己被派的活比别人的活累、脏、不好等和队长争执，有时也会因为所挣的工分较少而不愿意去干。往往在

---

① 限于篇幅，这里没有报告估计结果，有兴趣的读者可以和笔者联系索取。

遇到这种事情的时候,生产队长一般会照顾他们的面子多给加一点分,或者改派其他的活。

女性的传统角色主要是照顾家人,因此影响她们参加劳动的时间。20 世纪 70 年代使女性从以户内活动为主的家庭劳动转变为户外集体劳动,对她们而言,并非仅仅是劳动方式的转换,事实上也是劳动量的增加。此时,妇女除与男子一样必须按时出工劳动外,传统性别分工的角色并未改变或由他人分担:洗衣、做饭、照顾孩子、缝制衣服等工作依然全部由女性承担(郭于华,2003)。至少主要由妇女承担,男性充其量只是做点辅助性工作。

这一点从不同年龄的女性参与劳动时间的较大差异可以看出。在19 - 24 岁低年龄组女性劳动缺席数比男性少,但其余两组女性劳动缺席数远高于男性(见表 4 - 5 - 3)。男性不参加劳动一般都是由于有特殊情况,而女性不参加劳动是很正常的,因为女性的特殊身份,诸如生育小孩、照顾老人、照顾生病者、走亲戚等。从生命周期上看,女性在25 - 35 岁时缺席率是最高的,将近一半的时间不能参加劳动,因这段时间是其养育后代的重要时期,过了 35 岁以后情况稍微好转,但缺席率仍高于男性。这是导致女性挣工分少的另外一个主要原因。

表 4 - 5 - 3　1977 年 9 月秦村男、女性劳动参与率

性别	年龄组	劳动力数量(人)	缺席天数(天)	缺席率(%)
男性	19 - 24 岁	12	54	16.07
	25 - 35 岁	13	41	11.26
	36 - 45 岁	13	48	13.19
女性	19 - 24 岁	19	50	9.40
	25 - 35 岁	15	185	44.05
	36 - 45 岁	18	133	25.39

资料来源:Li Huaiyin, "Life Cycle, Labour Remuneration, and Gender Inequality in a Chinese A-grarian Collective," *The Journal of Peasant Studies*, 2005, 32 (2)。女性在 22 岁之前属于青少年时期,其工分收入超过男性,在结婚之后特别是生育小孩之后其收入大为减少,远远落后于男性,在 35 岁当孩子长大以后其工分数虽有所上升,但不久就又下降了,从此慢慢退出劳动行列。

女性顾家的表现。除了因各种原因不能参加劳动以外,女性会尽量参加可以获得工分的农活。如不用占用大块时间的投肥工,女性往往选择多投入劳动时间,以赚取尽可能多的工分。女性的顾家动机较为强烈,

总是在寻找尽可能多的机会，但传统文化对她们加以很多限制。当然女性也并非不顾一切的只为挣工分，也会考虑劳动辛苦程度。例如，胡佳佐（河北中部地区）大队在20世纪70年代曾开展了草垫编织业（均为女性的活），这是一个初加工的工作，即将当地的蒲条①编成小块草垫，再将小块草垫连接在一起形成大的垫子。每一个织好的草垫称为一挂，一挂大约需蒲草20条，一天完成3挂则为完成任务，可得8个工分（女性），超额完成任务者每多一挂可得现金奖金1毛5分钱（在当时也算大数目了）。在实地采访中发现，全队有200多名妇女（全队共600多人）参与了这项工作，但很少有得到现金奖金的。当被问到为什么几乎没人得1毛5分钱的奖金时，回答是"谁稀罕挣呀，太累了，手到最后都翻不过来了"，当又被问为什么要干这个活时，回答则为"要挣工分呀，不挣没粮食分呀"。由此可以看出，她们的劳动也是有策略的，即挣到一定的水平即可，会充分考虑劳动辛苦程度与在全队中的水平。

　　男、女性别分工更多的是社会性分工而不是生理性的。弗兰克·艾利思在《农民经济学》②中认为"女性与男性之间的劳动分工是社会的而非生物学的决定的"，因为人的再生产是社会发展中的重要环节，女性在生产和再生产中的作用是与劳动的社会性性别分工密切相关的问题。他进而将人的再生产分为三个部分，即怀孕与早期婴儿哺育（生物学再生产）；孩子的照顾、抚养、教育（与前一阶段合并为世代再生产）；为了维持日常物质生活，需要反复出现的工作，如烧饭、担水、洗衣、清扫房间等（日常再生产）。③这三个部分只有第一个阶段，即生物学再生

---

① 即蒲草的枝条，一般生长在水淀周围，是多年水生草本植物，高1米多，最多可达2米，但直径仅3厘米左右。

② 艾利思：《农民经济学：农民家庭农业和农业发展》，胡景北译，上海人民出版社，2006，第192－194页。

③ 目前大量研究证明这一点。美国家庭和家事的国家调查（NSFH）表明，1992－1993年已婚女性每周做日常家务的平均时间是男子的3倍多（男、女分别为10小时和32小时），而已婚男性每周做偶然性家务的平均时间不到女性的2倍（男、女分别为10小时和6小时）。一些研究表明，有工作的已婚女性所做的家务依然是其丈夫的2－3倍（Demo and Acock，1993；Hersch and Stratton，1997；Presser，1994）。Lennon and Rosenfield（1994）报告，职业男性做34.5%的家务，而职业女性做68.2%的家务。有学者提出，正是这种承担家务劳动种类的不同，导致男、女从事有偿劳动时间不同。

产是由生物学决定的必须由女性来完成，其余两个部分均由社会性分工决定的。Boserup（1970）认为"女性与男性劳动分工的变化，常常加重了女性的辛劳，并导致女性丧失经济独立性与社会地位。耕作制度和农业技术的变化，常常在提高男性生产率和收入的同时，却把生产率低的劳动推给了女性。"

六　小结

中国农村人民公社为女性地位提高做出了突出贡献。在特殊的制度中，男、女的性别分工体现出了丰富的内涵，具体表现在各项收入当中。女性对收入的行为逻辑体现出经济理性、传统文化以及制度的多重影响。这一研究对当今的妇女地位，妇女经济与社会发展，特别是农村发展具有积极意义。[①]

利用详细的账本资料，经由面板数据的固定效应模型发现，20 世纪 70 年代女性对家庭经济的贡献如下：总收入中女性贡献略低于男性，二者的显著性没有差别。口粮收入相差不大、工分粮收入男性高于女性、自留地粮收入女性高于男性。现金收入上女性远不如男性。投肥收入中女性更倾向于积极争取，而男性则较为排斥。义务工中劳动力较弱的女性参加较多，男性较少。在收益较低的农活中男性倾向于选择休闲。女性对家庭消费高于男性。总之，"妇女能顶半边天"更多的是政治上的宣传而非经济上的贡献。

性别分工，一种朴素意识中的经济理性。工分制体系，工分制下劳动边际效益较低，家庭内部分工体现了"经济理性"。除了传统的"男耕女织"的分工模型以外，人民公社时期还会针对劳动的需要而进行配置，比如只出人头的义务工则女性参与较多，"捡鸡毛攒掸子"式的投肥工女性投入较多，而男性将更多的精力放在"主流"的劳动工分和现金收入上。这种分工符合传统和生理的双重标准，从经济上讲是具有理性的。

传统文化，具有超强的延续性。即使是对传统批判较为严重的 20 世

---

① 近期的研究也证明，两性间工资差异是造成家庭收入不平等的重要原因（Susan Harkness，2010）。也有些学者认为妇女地位是斗争来的（崔应令，2011）。

纪 70 年代，其传统作用依然显著，如女孩早晚要嫁人，既很少安排她们读书又要趁早让她们参加劳动，结果结婚前的女性所挣的工分往往较同龄的男性为高。传统的尊老爱幼、乡村社会的互帮互助也体现在其中。

男女有别，不可忽视的生理因素。性别分工是一种基于性别之间的差异而自然形成的分工。这种分工的前提和基础首先既是生理性别的差异。女性在出工劳动的同时还要照顾家庭成员的饮食起居，还要负责抚养生育下一代，家庭的更多责任则落在女性头上。这时生产队队长往往对这些人也会有些照顾，如安排较近的农业劳动，以便能够让她们顺便照顾到自家的孩子。生理的因素使女性很少能一个月工作 30 天，总要有几天休息时间，① 这也是她们收入赶不上男性的原因。生理的限制使女性过早地离开劳动力行列（人民公社时一般 45 岁以上就很少参加劳动）。这些都是不可忽略的生理因素。

制度要素，社会结构变迁的影响。随着社会主义改造的完成，劳动妇女的地位大大地提高了。新中国成立后的一系列性别平等政策给中国妇女的生活带来了极为深刻的变化，社会制度的变化动摇了两千多年来中国社会"男尊女卑"的思想根基。从这时起，中国妇女大量参加集体劳动。性别分工变得模糊，并在理论上享受"同工同酬"的劳动待遇。在"一大二公"的政策导向下，村里人对于社会主义新社会充满了许多美好的憧憬。妇女们仿佛一夜之间就获得了"解放"，过上了和男人们一样平等的新生活。

总之，女性对家庭经济的贡献反映了一种文化和制度的双重影响。女性的行为逻辑是使其家庭劳动效益达到最大化，是在劳动与辛苦程度之间做出了一个合理的权衡。

本章附表

附表 4-1　东北里 8 岁以下人口

序号	频次	百分比（%）	累积百分比（%）
0	537	48.55	48.55
1	255	23.06	71.61

---

① 有些地区曾经搞过让女性工作 28 天的运动。

续表

序号	频次	百分比（%）	累积百分比（%）
2	230	20.8	92.41
3	75	6.78	99.19
4	9	0.81	100
总计	1106	100	

注：本表为处理过的面板数据的统计结果，而非全部记载人口信息。

资料来源：东北里生产队档案资料，历年收入分配账。

附表 4 - 2   东北里女劳动力数量

序号	频次	百分比（%）	累积百分比（%）
0	241	21.79	21.79
1	612	55.33	77.12
2	206	18.63	95.75
3	40	3.62	99.37
4	6	0.54	99.91
5	1	0.09	100
总计	1106	100	

附表 4 - 3   东北里男劳动力数量

序号	频次	百分比（%）	累积百分比（%）
0	295	26.67	26.67
1	620	56.06	82.73
2	157	14.2	96.93
3	34	3.07	100
总计	1106	100	

附表 4 - 4   东北里 1 - 3 岁人口数量

序号	频次	百分比（%）	累积百分比（%）
0	697	63.02	63.02
1	357	32.28	95.3
2	51	4.61	99.91
4	1	0.09	100
总计	1106	100	

附表 4 - 5   东北里 4 - 7 岁人口数量

序号	频次	百分比（%）	累积百分比（%）
0	674	60.94	60.94
1	353	31.92	92.86
2	77	6.96	99.82
3	2	0.18	100
总计	1106	100	

附表 4 - 6   东北里 8 岁以上人口数量

序号	频次	百分比（%）	累积百分比（%）
0	1	0.09	0.09
1	132	11.93	12.03
2	199	17.99	30.02
3	198	17.9	47.92
4	178	16.09	64.01
5	155	14.01	78.03
6	106	9.58	87.61
7	86	7.78	95.39
8	27	2.44	97.83
9	19	1.72	99.55
10	5	0.45	100
总计	1106	100	

附表 4 - 7   东北里家庭人口数

序号	频次	百分比（%）	累积百分比（%）
1	117	10.58	10.58
2	136	12.3	22.88
3	114	10.31	33.18
4	135	12.21	45.39
5	150	13.56	58.95
6	180	16.27	75.23
7	127	11.48	86.71
8	80	7.23	93.94

续表

序号	频次	百分比（%）	累积百分比（%）
9	39	3.53	97.47
10	27	2.44	99.91
11	1	0.09	100
总计	1106	100	

第五章 生产队与农户收入：基于分层线性模型分析

一 引言

人民公社建立的指导思想是"人人平等、户户均贫富"，从农户的切身利益来说就是人与人之间的收入差异最小化甚或没有差异。然而，在经历了 1958 年前后的"大跃进"和稍后的人人吃饭不要钱的"大锅饭"之后，在 1959 - 1961 年中国遭受了新中国成立以来最为严重的"三年自然灾害"，造成非正常死亡人数高达千万的惨剧（中央党史研究室，2011）。人民公社也在短暂繁华过后，于 20 世纪 70 年代末 80 年代初解体。

中国国土面积辽阔，各地发展水平、发展条件和发展情况各不相同、差异巨大。试想，最理想的人人均等、按需分配也只能在同一个公社中施行，离开这个公社则情况大不相同，合作化最狂热时公社再大也不过是一县一社，即便如此县与县之间尚有较大差别，何况更多的公社只是一个乡或镇的规模。因此乡镇之间的差别便成了公社分配不均等的一个主要原因，而如果要将全国变为一个统一的公社式的组织进行统一分配更是不可想象的事。

本章将集中探讨公社社员处在不同的生产队中，因生产队所拥有的资源差异而导致的收入差异，换言之，农户收入差异在多大程度上受所在生产队的影响，以及影响如何。这也是人民公社时期农户无法控制的因素之一。而这种因素在人民公社社员的心理上产生了一定的影响，为什么他们的收入高？这样的心理状态势必会影响到他们的劳动和对自己以及公社前途的担忧。

这一研究具有一定的现实意义，因为如果将生产队放大了看则可以理解成区域间的差异，而当今中国区域间的差异如何影响居民收入、如何影响经济发展等问题是较热门和重点的问题（当然经济体制和社会制度在两个时期有较大差别）。谢宇和韩怡梅（2001）的研究发现，区域间的收入差距明显，并指出区域异质性是分析中国居民收入不平等中必须考虑的重要因素之一。

由于社员所在生产队不同，就会出现这样的问题，同样能力的两个人在不同的生产队中干同样多的农活，但其收入并不相同，更进一步可以说，同样的人干同样的活在不同的生产队中则其收入会有差异。因此农户收入这样的社会分化并不仅仅是由个人层次的因素造成的，一系列的制度性因素、结构性因素等都是其中不可忽略甚至是更为重要的因素。在人民公社时期的一个极为明显的结构性因素就是生产队，已经有些著名的研究发现了生产队差异对个人收入存在很大影响 Chinn（1978）。

由此我们发现农户家庭收入与两个层次的因素有关，一个是较为熟知的家庭成员层次，包括家庭成员的年龄、劳动力数量、人口数量、男女性别结构等；另一个则为生产队层次，[①] 包括生产队所拥有的机械、化肥、种植结构、分配比例等。基于此本章将使用笔者收集的生产队账本资料数据，并使用多层线性回归模型（HLM）来分析，进一步探讨生产队特征对个人收入的影响，以期理解制度性与结构性因素对于个体家庭收入分配的影响过程与机制，以及 20 世纪 70 年代中国社会结构的分化过程。另外，影响生产队收入的因素还应包括生产队干部的文化程度、能力、人品等，限于篇幅尤其资料，这一方面的讨论只能等待以后。

接下来将对所采用的数据做简要介绍，然后对生产队和农户层次的收入差距进行描述，第四节利用模型对收入进行分解和解释，最后为小结。

二　数据来源及简介

本章同样选取一个案例进行研究，下面将对案例进行简要介绍，以

_____

① 当然更高层次如公社级、县级甚至省级也有一定的影响，因本章考察的是同一个公社的不同生产队，因此只考察生产队层次的影响。

对整体情况有所了解。我们所选用的资料为江苏省东善公社中的祖堂大队，内容涵盖 13 个生产小队的所有年终统计报表，年份为 1974 年，因此我们将东善地区该年的情况做简要介绍。

土地及种植业情况。以东善人民公社祖堂大队善田生产队（编号为10）的农业生产情况为例。该队有人口 271 人，劳动力 128 个，土地 260亩，人均土地 0.96 亩，劳均土地 2.03 亩。1974 年种植作物分别为：夏粮作物小麦，总产量为 8447 斤；秋粮作物早稻（产量为 9694 斤）、中稻（产量为 11051 斤）、粳稻（产量为 34382 斤）、晚稻（产量为 1675 斤）、黄豆（产量为 573 斤）、山芋（产量为 5154 斤）、红豆（产量为 100斤）；全年粮食总产量为 71076 斤。此外还种植了油料作物芝麻，产量为100 斤。因灾害影响，产量比上年减产 9195 斤。

祖堂大队各生产小队人口、劳动力情况如表 5 - 2 - 1 所示。

家庭人口和劳动力因素是农业发展的主要能动性因素。祖堂大队平均各生产队拥有 30 个左右的农户，规模最小的是 4 号生产队为 16 户，最大的为 10 号生产队 63 户，其人口和劳动力数量的极大值与极小值也出现在这两个生产队中（分别为人口 68 人和 264 人、劳动力 31 个和 133个），平均人口 129 人、平均劳动力 66 个。户均人口和户均劳动力数量以及家庭中人口与劳动力数量比例关系，能很好地反映家庭人口和劳动力结构，此一结构对家庭经济具有较大的影响。① 平均来看，祖堂大队户均人口 4.3 人、户均劳动力 2.2 个、人口与劳动力比例平均为 2.0（即一个劳动力需供养两个人）。户均人口各队差异较大，最大的为 5.03 人，最小的为 3.34 人；户均劳动力差异较人口差异为小，其最大值为 2.13，最小值为 1.86；劳动供养比也有较大差异，其最大值为 2.36，最小值为 1.80。

表 5 - 2 - 1 祖堂大队基本情况

生产队编号	名称	户数	劳动力	人口	户均劳动力	户均人口	人口与劳动力比
1	宋 庄	31	64	140	2.06	4.52	2.19
2	善 南	26	52	108	2	4.15	2.08

---

① 特别是在主要靠体力劳动为生的时期（恰亚诺夫，1996）。

续表

生产队编号	名称	户数	劳动力	人口	户均劳动力	户均人口	人口与劳动力比
3	竹圹	22	55	99	2.5	4.5	1.8
4	山凹	16	31	68	1.94	4.25	2.19
5	李脚	41	114	182	2.78	4.44	1.6
6	南山	26	55	100	2.12	3.85	1.82
7	铁路	26	57	120	2.19	4.62	2.11
8	碾坊	34	62	133	1.82	3.91	2.15
9	小北山	29	54	97	1.86	3.34	1.8
10	善田	63	133	264	2.11	4.19	1.98
11	王家坟	24	58	108	2.42	4.5	1.86
12	金尹	31	66	156	2.13	5.03	2.36
13	大北山	23	55	107	2.39	4.65	1.95
总计		392	856	1682	2.18	4.29	1.96

注：表中的数据已经剔除了工分收入为 0 的农户，总工分收入为 0 的户为 8 户。

资料来源：江苏省祖堂大队 1974 年档案资料。该档案资料共 13 册，每个生产小队 1 册，保存较为完整。

三　生产队与农户层次的收入差距

为了更进一步地研究农户收入差异的影响因素，本章将从生产队和农户自身两个层面展开，在剥离各自影响的同时，进一步计算各种水平的影响比例。在进行具体的模型拟合之前，有必要对祖堂大队的总体收入差异做大概了解。

生产队的平均收入差异较大。表 5-3-1 给出了祖堂大队 13 个生产小队，392 户（已删除总工分收入为 0 的农户 8 户）的平均收入水平和两个主要分位的收入。其平均收入为 121.08 元，平均收入最高的队为 209.39 元，平均收入最低的队为 65.96 元，平均标准差为 67.97，1/4 分位的平均收入为 74.25 元，3/4 分位的平均收入为 155.68 元，最低与最高之间差距较大。

表 5 - 3 - 1　各生产队农户基本收入情况

生产队	户数	均值	标准差	1/4 分位	3/4 分位
1	31	71. 32	40. 72	41. 99	84. 91
2	26	133. 6	84. 47	64. 29	205. 19
3	22	120. 63	59. 68	79. 37	152. 47
4	16	209. 39	90. 31	154. 62	290. 32
5	41	92. 43	43. 92	67. 76	109. 19
6	26	172. 26	66. 34	125. 4	237. 08
7	26	106. 54	45. 54	76. 42	144. 59
8	34	128. 93	65. 36	81. 2	162. 13
9	29	113. 12	53. 38	97. 43	143. 75
10	63	146. 35	71. 55	88. 36	193. 95
11	24	65. 96	18. 85	54. 74	74. 01
12	31	105. 63	51. 78	77. 11	127. 33
13	23	130. 12	58. 79	80. 89	174. 3
总计	392	121. 08	67. 97	74. 25	155. 68

注：收入是指人均总工分收入（本章不加特殊说明的收入均指人均总工分收入，已经折合成货币单位元）。

资料来源：江苏省祖堂大队 1974 年档案资料。

（一）生产队层次的收入差距

我们以祖堂大队为单位，计算出全大队农户收入差异的各种不平等指数如下：包括各分位收入比值、阿克金森指数（Atkinson indices）、基尼系数（Gini index）、泰尔指数等。

表 5 - 3 - 2 表示的是祖堂大队各分位收入差距比较。图 5 - 3 - 1 表示的是祖堂大队全体社员的收入差异的 Lorenz 曲线。

表 5 - 3 - 2　祖堂大队各分位收入差距比较

p90/p10	p90/p50	p10/p50	p75/p25	p75/p50	p25/p50
3. 580	1. 883	0. 526	1. 914	1. 372	0. 717

分位收入是指将全体研究对象按收入高低进行排序，然后比较各分位点的收入水平，以了解各个收入层次之间的收入差异。一般将总体收

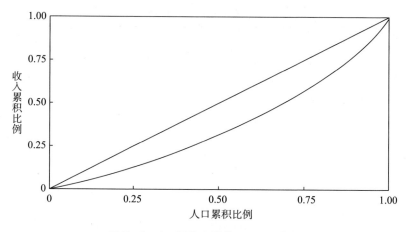

图 5 - 3 - 1　祖堂大队的 Lorenz 曲线

入分为 5 个分位或 10 个分位，经常以 10 分位为最低，以 90 分位为最高（当然根据研究需要，也有学者将 5 分位设为最低、95 分位为最高）。比较 90 分位与 10 分位的收入，发现其比值高达 3.58，也就是处在 90 分位的收入者，其收入水平是底层 10 分位收入者的 3.58 倍。90 分位与 50 分位的比值也达到 1.88，3/4 分位与 1/4 分位的比达 1.91，即上中等的收入是下中等收入的 2 倍左右。

祖堂大队农户收入不平等指数见表 5 - 3 - 3。

表 5 - 3 - 3　祖堂大队农户收入不平等指数

GE（-1） 0.618	GE（0） 0.134	GE（1） 0.115	GE（2） 0.120	Gini 0.266
A（0.5） 0.05875		A（1） 0.12548		A（2） 0.55289

基尼系数[①]在国内学者中是应用最为广泛的一种衡量不平等的指数，基尼系数有多种计算方法，本章所用基尼系数均基于 STATA.13 软件计算而得。GE（-1）为泰尔熵指数、GE（0）是均值对数离差、GE（1）

[①]　基尼系数被广泛使用是因为它有四个特点：第一，它最为古老也最为流行；第二，它介于 0 和 1 之间，其他指数则取决于样本的数据，会处于不同的区间；第三，它满足相对指标的五个性质；第四，它本身是有含义的，而其他常用的相对指标只是一个刻度，具体的数值没有实质含义。见万广华《经济发展与收入不均等：方法和证据》，上海三联书店、上海人民出版社，2006，第 18 页。

泰尔指数、GE（2）泰尔二次测度。经计算得知祖堂大队人均工分收入的基尼系数达 0.266，属收入比较平均水平。① 各种泰尔指数和阿克金森指数也反映了同样的特征（如表 5 - 3 - 2、表 5 - 3 - 3）。

总之，生产队层次的数据计算结果显示，各种不平等指数均表明祖堂大队范围内的农户间收入较为平均，但也存在一定差异。

（二）农户层次的收入差距

上述研究是在忽略生产小队的情况下进行的，我们将研究单位缩小，希望在生产队内部考察农户间的收入情况。表 5 - 3 - 4 显示了各生产小队的不平等指数。

表 5 - 3 - 4　各生产队的不平等指数

生产队	GE（-1）	GE（0）	GE（1）	GE（2）	Gini
1	0.09815	0.08653	0.08661	0.09668	0.22535
2	0.32690	0.15534	0.10941	0.09672	0.24285
3	6.20628	0.18006	0.08874	0.08112	0.22197
4	0.05668	0.05445	0.05537	0.05966	0.17447
5	0.34027	0.10157	0.07131	0.06726	0.19485
6	0.06520	0.06001	0.05774	0.05788	0.19066
7	0.07818	0.07062	0.06775	0.06869	0.20529
8	0.10581	0.08004	0.07456	0.07945	0.20395
9	0.84183	0.11936	0.07753	0.06938	0.19998
10	0.16311	0.11039	0.09982	0.10232	0.24906
11	0.03227	0.03063	0.03018	0.03070	0.13650
12	0.54348	0.09481	0.07041	0.06973	0.19790
13	0.10710	0.09733	0.09545	0.10012	0.24483

注：数据已经加权处理。

---

① 当然由于有些农户，特别是一些有特殊收入的农户，诸如其家庭有工资性收入、有劳动技能收入等其他收入无法计算在内，因而将基尼系数计算的偏高，实际上的数值应该稍低一些，但不管怎样我们发现有一定的不平等程度。有关国际组织规定基尼系数与财富分配的关系：基尼系数低于 0.2，是收入绝对平均、0.2 - 0.3 是收入比较平均、0.3 - 0.4 是收入相对合理、0.4 - 0.5 是收入差距较大、0.5 以上是收入悬殊。

　　各小队收入不平等程度差异明显。13 个生产小队中收入最平等的是 11 号生产队，其基尼系数仅为 0.14，是祖堂大队 13 个小队中最小的；最不平等的为 2 号生产队，其基尼系数为 0.24。图 5-3-2 很直观地反映了各生产队农户间的收入差异。

　　13 个生产队的基尼系数均值为 0.207，此值比按大队计算的 Gini 系数 （0.266）要小一些，这也说明各生产队间存在一定的收入差异，换句话说，所在生产队的不同是农户收入不平等的一个因素。举例来说，假如某个生产队 A 各农户收入水平都在高位上，但户间差异不大，则不平等指数较小。同理某个生产队 B 农户收入均较低，但同样户间差异不大，则不平等指数依然较小。但如果将二者 A 和 B 合在一起计算则差异会变得明显（系数变大），这就是生产队所带来的影响。其他的泰尔指数也显示了同样的结果。

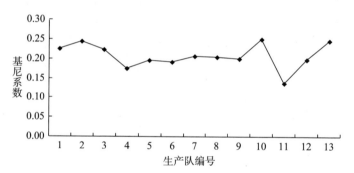

图 5-3-2　祖堂大队各生产队的基尼系数

资料来源：江苏省祖堂大队 1974 年档案资料。

　　农户收入差异是由什么因素引起的，与农户特征有什么关系，与生产队特征有什么关系？下面将利用分层模型对农户收入差异进行分解，从中理解农户个体特征和生产队特征两者的影响程度和机制。

四　模型与分析结果

　　生产队的物质资源对个人收入差异的影响应该有两个过程与机制：其一是，不同生产队因其自身所拥有的各种资源的不同而直接导致生产队之间整体收入水平的差异；其二是，不同的生产队特征，导致不同的个人特征对收入的回报率在不同的生产队之间的差异。这两种机制的影响逻辑与影响路径并不相同，前者直接造成了不同生产队间平均的收入差异，而后者则造成了不同生产队间同样的个人特征对收入的影响受制于其所在的生产队特征，并形成了这些个人特征收入回报率在生产队之间的差异。

（一）分析工具

基于上面的分析，我们发现农户收入与两个层次（农户和生产队）的特征有关，因此我们选用适合两层数据的分层线性模型（Hierarchical Linear Models，简称 HLM）。[①] 分层数据结构实际上就是在一些从微观到宏观的数据当中，存在多层的分析单位。如个人、家庭、社区、国家等，它们之间有归属关系，在统计上称为嵌套（Nested），如个人嵌套于家庭、家庭嵌套于社区等，每一个分析单位都有自己的特征。

选用 HLM 模型的原因：常规的统计分析仅能对单一的分析单位进行分析，研究的是变量之间的关系。常规分析的前提存在一个潜在的假定，即各案例之间都是完全独立的。传统的线性回归分析（Classic Linear Regression）的基本先决条件是线性、正态、方差齐性以及独立分布。但是以学生嵌套在学校中的例子来说，这样的分层数据在不同族群之内的案例会相互影响并不独立，存在很强的同质性（组内相关），因此常规分析要求的案例之间的独立性假定并不符合，这样统计出来的结果就会出现偏差，且统计检验也失去了有效性。

但对于分层数据而言，并不要求方差齐性和独立分布，同时还可以使研究者估计各层面上的变化，以及各层面之间的关系。分层模型是在一个普通模型中通过嵌套子模型来对不同层次的变量进行分析。因此该模型比常规回归方法的优势是：它能更好地对个体效应进行估计；可以对各层次之间的效应建立模型，并能对其进行假设检验；可以分解各层次间的方差和协方差成分。我们分析的农户家庭收入和生产队特征就是这样的数据结构，因此应用分层模型来分析是较为合

---

① 有关分层数据结构和分层模型的简介，参见郭志刚（2004、2007）、郭志刚和李剑钊（2004）、杨菊华（2006）。该方法的原著参见 H. Goldstein（1995），以及 Raudenbush and Bryk（2002）。

适的。

如果不用分层模型，则通常的做法基本可以概括为三种：将上层的变量向下汇总，或将下层的变量向上汇总，或只考虑下层变量，然后做回归分析。大家经常举的例子是学生嵌套于学校，学生的学习成绩与学校的社会经济状况之间的关系。

第一种做法，是先将学生层次的变量全都汇总到学校层次，这时将学生层次的变量取平均值和学校层次变量一起作为变量之一，和学校层次的其他变量做回归分析。这样做就损失了大量信息，如学生成绩汇总为学校的平均成绩则抹杀了同校之内学生之间的差异，这实际上占了原来成绩总方差的很大一部分。

第二种做法，在学生层次进行回归，不考虑学校层次。这种随意忽略学校层次的做法显然犯了简化论的毛病，事实上学生成绩不可能与学校环境无关，如在北京人大附中的学生和在北京打工子弟学校的学生的学习成绩通常一定会有区别（前提是要控制个人因素，当然也会有极少数特例），因此这种做法离实际情况有些远。

第三种做法是将学校层次向下汇总到学生层次。即将学校的特征赋予嵌套于其内的学生，比如学校的社会经济状况赋予每一个在其内的学生，也就是说在同一个学校内的所有学生都具有相同的某一特征（学校的）。这样做会使本来属于学校的特征现在反而进入了学生层次，成了学生层次的误差项，这意味着同一个学校的学生的误差项之间产生了相关。而这种情况则违反了常规最小二乘法的假定条件。

由此可见，以上三种常规方法在处理分层数据时都存在一定的缺陷，并不能很好地解决分层数据问题，或不能充分利用数据中的信息，抑或产生一定的错误。因此为了克服以上三种问题，选择分层模型是明智的，换句话说分层模型就是特别针对上述三种缺陷而设计的，因此可以有效克服这些问题。

（二）各生产队的平均收入及收入差距分解

社会分层是由一系列社会集团和社会组织所构成的多水平或垂直的体系，生产队也是农村社会分层体系中的一个因素。生产队规模大概就是现在的自然村，这也可能是生产队长期稳定的原因（张乐天，

2005）。① 生产队的结构性差异可能是农户分化的一个原因，这也是被称为"新结构主义"学派所强调的，他们从制度与结构出发，强调在社会分层过程中制度与结构比个人特征更重要。

根据表 5 - 3 - 1 做出各生产队的平均收入如图 5 - 4 - 1 所示，从图上看，各生产队间的平均收入差异较大。平均收入最高的为 4 号生产队，其平均收入为 209.4 元，平均收入最低的为 11 号生产队，其平均收入为 66.0 元，二者相差 3.17 倍。可见各生产队间的平均收入差异较大。

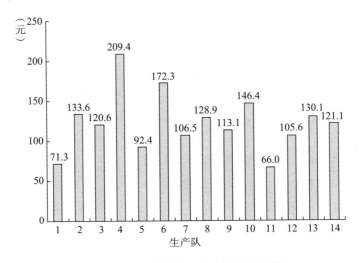

图 5 - 4 - 1　祖堂大队各生产队的平均收入

资料来源：江苏省祖堂大队 1974 年档案资料。

现在摆在我们面前的问题是，这样的平均收入差异究竟有多大比例是生产队特征造成的，或者有多大比例是农户特征影响的，为此我们利用分层模型中的空模型来对收入差异进行分解。

空模型（Null Model，也称零模型）分析通常是应用分层模型分析的首要步骤。空模型指各层方程中都不设自变量的模型，它又可称为随机效应的单因素方差分析（One-way ANOVA with random effect）。通过空模型的分析，可以将农户收入的总方差分解到不同层次，观察两层随机方

---

① 张乐天（2005，第 193 页）提出：生产队（村民组）可能长期稳定的原因之一在于，它们的组建充分顾及农村中自然形成的聚居模式和交往模式。在浙北农村，大部分生产队（村民组）实际上就是一个自然村。生产队即便不是严格意义上的自然村，也可被看成一个人工塑造的准自然村。

差各占总方差的比例分布，便可以确定各层次的影响，也能判断进行分层分析是否必要。

本书采用 HLM 6.02 软件（Raudenbush et al.，2004）来进行农户收入的分层分析。根据该软件在分析两层线性空模型时提供的第一层方差分量和第二层方差分量，便可以计算出生产队级（第二层）方差在总方差中的比例来。这一比例在分层线性模型中又称为组内相关系数（Intra - Class Correlation）。如果组内相关系数值越大，说明农户收入的总方差中层级二生产队级方差所占比例越大，因此用生产队级变量来加以解释的可能性就越大。并且这种情况还意味着，仅对农户收入进行个体层次变量的常规回归分析结果将会产生较大偏差，所以这时正是分层模型发挥作用的时候。如果这一方差比例极小，便表明生产队级之间差异极小，那么意味着生产队级模型其实没有什么可以解释的余地，即这一层次的设立没有必要，便否定了生产队特殊影响的存在，因而也就没必要采用分层模型，可以用常规回归模型直接分析个体案例数据。

可以将总收入的整体差异分解到不同层级里，是使用 HLM 模型的一个最为明显的优势。此分析可以使人们看清不同层级的影响，并且能够清晰地给出一个定量的指标来表示不同层级所导致的收入差异占总差异的份额，这样就能够较清晰地看清不同层级在总差异中所占的比重。

我们使用 HLM 的空模型来分解收入差异，其具体模型如下：

第一层：

$$INCOME\_T = \beta_0 + \gamma \qquad\qquad (5-1)$$

第二层：

$$\beta_0 = \gamma_{00} + \mu_0 \qquad\qquad (5-2)$$

总模型为：

$$INCOME\_T = \gamma_{00} + \mu_0 + \gamma \qquad\qquad (5-3)$$

其中，$INCOME\_T$ 作为因变量表示总工分收入，是将要被分解的变量，β_0 为第一层截距，表示生产队的收入均值，γ 为随机效应，γ_{00} 为第一层截距在第二层的固定效应，μ_0 为第二层的随机效应。在空模型中不加入任何变量，利用此模型检验总方差的分布，分解结果如表 5 - 4 - 1

所示。

表 5 - 4 - 1　分层级对农户收入差距的分解（总劳动收入）

固定效应	系数	标准误			
平均收入	122. 264	10. 564			
随机效应	方差成分	占总方差的份额	自由度	Chi-square	P 值
层级 - 2 效应（生产队间）	36. 329	37. 73%	12	122. 820	0. 000
层级 - 1 效应（生产队内）	59. 965	62. 27%			

注：因考虑到样本量较少，为了保证估计的有效性，这里并没有对收入取对数处理，因此我们得到的估计系数较大，但并不影响本主题的讨论。第一层样本量为 392 个，第二层样本量为 13 个。

由表 5 - 4 - 1 可以看出，截距收入的平均数为 122. 26，即固定效应为 122. 26，也就是说所有农户的平均收入为 122. 26 元，标准误为 10. 56。其平均值的计算结果与表 5 - 3 - 1 的计算结果极为接近，说明我们的估计是可靠的。在方差成分中我们看到，组内方差（生产队内）为 59. 97，组间方差（生产队间）为 36. 33，进一步的解释为，由于生产队这级组织（层级二）的存在导致农户收入的差异（方差差异）为 59. 97，而由于农户本身特征（层级一）所导致的收入差异为 36. 33。χ^2（Chi-square）值为 122. 820，在 12 个自由度情况下 P 值远远接近 0，证明生产队间收入差异十分显著。

根据分层模型 HLM 的优势，我们可以进一步得出方差成分在两个层级的分布，即生产队和农户层次各对总方差的解释度。计算得出，生产队间效应比例为 37. 73%，生产队内的效应比例为 62. 27%。换句话说，因为农户所在的生产队不同造成了农户收入的差异，而这部分差异占到了农户家庭收入整体差异的 37. 73%，这一比例超过了 1/3 强，可见不同生产队对农户之间的收入差异有较大影响，并且这种影响是不能忽视的。这一结果也说明我们接下来的研究是有意义的。

HLM6. 02 软件还可以直接输出另一个重要指标：可靠性（Reliability 也称信度系数）。① 可靠性越高，说明误差的方差越小，表明模型拟合的

---

① 随机系数的信度计算公式为：$\tau_{kk} / \left(\tau_{kk} + \frac{1}{n_j} \right)^{njlN}$ 的加权平均数。一般该数值大于 0. 5 即可。

估计值与农户收入的真实值越接近。一般来讲，只有当可靠性小于 0.10 时，我们才将模型中的随机误差项设置成为固定值。我们的计算表明该随机系数的信度系数为 0.910，说明此估计的可信度非常高。

生产队导致农户收入差距的问题其实也是不难理解之事，正如我们今天的个人收入差距与所在地区的关系，一般来讲身处中国东部沿海地区的居民，其个人收入较中、西部地区的居民为高。再如已经得到证明的行业对收入的影响，人处在不同的行业中其个人收入具有一定差异，在运输业、房地产业、金融业等行业中则收入较高，具体而言，行业间的差异在个人收入差异中占到了 13.4% 的水平（王天夫、崔晓雄，2010）。

笔者近期在甘肃某灌区所做的调研发现一个很有意思的案例，也可以说明这种情况。所做调研的地区是甘肃省中部的一个小型灌区，该灌区在人民公社时期负责附近三个生产大队的灌溉任务，灌区的上级领导是公社，因此该灌区又属于公社内部的组织。其运营程序是灌区每年根据各生产小队的灌溉面积分配给每个生产队劳动任务，生产队接到劳动任务后再组织劳动力到灌区上干相应的活。在灌区上做工的社员会得到相应的劳动工分，灌区将这些劳动工分发回各自的生产队，然后在生产队内参加年终的收益分配。但有意思的事情在于，在灌区上干同样的活，灌区会给社员同样的工分，比如干一天都是 10 个工分，但社员所得到的这 10 个工分拿回到相应的生产队参加分配时不一定都是 10 分（这里先不提各生产队的劳动工值问题），就单纯这 10 分在不同的生产队中的记法都不一样，如有的生产队会将 10 分折成 8 分记，如果再考虑各生产队的工分值的话则差异会更大。

（三）生产队对农户收入差异的影响

生产队层次对农户收入具有重要影响，因此接下来的问题是生产队如何以及怎样影响农户收入的。为此我们进一步探讨生产队自有特征对于农户收入的影响机制和路径，即对平均收入额直接影响作用和对农户特征影响收入的结构性调整作用。根据这个思想，我们建立起一个在两个层次都加入了自变量的多层线性回归模型（将截距和斜率作为估计结果的回归模型 regression model with intercepts and slope-as-outcomes）。

其模型如下。

第一层模型：

$$INCOME\_T = \beta_0 + \beta_1(RP) + \gamma \qquad (5-4)$$

方程（5-4）中 $INCOME\_T$ 为总工分收入，β_0 为截距项，RP 为劳动力数量与人口数量的比重，即家庭劳动供养比重，当劳力与人口比重小时则说明每个劳动力需要供养的家庭人口较多，则其家庭收入应该较少，也就是说 RP 前的回归系数 β_1 应该为正，γ 为随机项。

方程（5-4）是在方程（5-1）的基础上加入了劳动与人口比例 RP，目的是想考察在农户层次加入家庭人口结构因素后，该变量对家庭收入的影响。众所周知，人民公社时期的自由市场几乎被关闭（实行统购统销），人员流动被户籍制度（限制流动）和票证制度（限制吃饭等）所限制，农户家庭收入几乎只有一个来源，即来自生产队集体劳动，而已有的研究发现在生产队的劳动多少与其家庭人口结构有极大的相关性（张江华，2004、2007；黄英伟，2011）。家庭人口包括总人口数量、劳动力数量、性别关系、年龄结构等，其中最主要的则为劳动力数量与总人口数量，因此本章将劳动力与人口比作为家庭结构的重要代表变量放入模型中。

我们同时还对家庭阶级成分（表示政治身份）、家庭上年的存款数（表示上年现金收入）等进行了检验，但结果并不显著，因此在第一层模型中没有放入其他自变量。

第二层模型：

$$\beta_0 = \gamma_{00} + \gamma_{01}(R\_FERTAG) + \gamma_{02}(VAL\_LABO) + \mu_0 \qquad (5-5)$$

$$\beta_1 = \gamma_{10} + \gamma_{11}(R\_FERTAG) + \gamma_{12}(VAL\_LABO) + \mu_1 \qquad (5-6)$$

其中，R_FERTAG 为肥料花费在农业总支出中的比重，此变量可作为生产队对先进农业生产要素的采用情况，如其比重较高则说明该生产队对先进生产资料的采用率较高，根据先进生产资料将带来较高的农业生产率原则，同时较高的农业生产率将带来较好的农业收入，从而导致农户收入的增加，因此我们估计肥料支出比率将与农户收入呈正相关关系。

VAL_LABO 为劳动单价，即各生产队每个劳动工分的价值。在生产队中, 农户收入等于该农户的劳动工分与生产队的工分值之间的乘积, 每个农户的工分数多少只有在本生产队内才有与其他农户比较的意义, 与其他生产队的农户没有可比性。严格地说, 工分值在各生产队间也没有可比性, 但我们可以做较粗略地近似比较。工分值是生产队全年收入的总数除以全队的工分总数后所得到的比值, 我们假设在工分制相同的同一地区其劳动底分、农活分值基本相同, 因此其计算工分值的分母则可近似认为相等, 那么其工分值大的生产队则可以认为其总收入较高。[①]与上面同理可知劳动单价高的生产队, 其队中的农户可能会有较高的收入。劳动单价能够很好地代表生产队的生产能力。

通过第一层模型和第二层模型, 可以计算出第一层中劳动与人口比经由生产队的先进资料采用情况和生产队的生产能力所表现出的回报率多少。也就是前面所说的农户特征如何通过生产队特征而影响了家庭收入。生产队的各种变量如表 5 - 4 - 2 所示, 计算结果如表 5 - 4 - 3 所示。

表 5 - 4 - 2　生产队层次的各种变量

变量	平均值	标准差	最小值	最大值
粮食收入在农业收入中比例（%）	76.05	14.60	30.78	88.57
副业在总收入中比例（%）	14.51	7.02	8.18	30.51
肥料在农业支出中比例（%）	32.27	6.80	20.80	41.70
机械等费占农业支出（%）	20.01	5.80	7.27	29.24
管理费在总支出中比例（%）	2.97	0.71	1.68	4.20
社员分配比例（%）	80.31	3.60	76.65	89.12
劳力与人口数量比（%）	44.38	6.38	32.00	56.00
劳动单价（元）	0.62	0.18	0.34	0.93
社员分配每劳力（元）	246.09	68.83	123.00	376.00
8 岁以下人口比例（%）	21.58	4.93	14.49	29.91
8 岁以下口粮比例（%）	56.52	0.01	56.51	56.55

注: 收入和支出单位均为元。生产队为 13 个。

资料来源: 江苏省祖堂大队 1974 年档案资料。

---

① 这里的总收入较高有多种原因, 可能包括种植结构的优化、副业收入较高、产量较高等多种原因。

各种变量的含义如下：粮食收入比重和副业收入中比例表示种植结构和产业结构，肥料支出和机械支出表示生产资料的现代化程度，管理费说明行政运行的成本，社员分配比例表示分配结构，劳动与人口数量比表示家庭结构，劳动单价表示生产能力，8 岁以下人口表示人口年龄结构、8 岁以下口粮比例表示"人头粮"的分配比例。祖堂大队的主要收入来源于粮食收入，粮食收入比例为 76.05%，副业收入仅占 14.51%；在农业支出中肥料支出大于机械费用支出比例（32.27% 和 20.01%）。平均每个工作日价值为 0.62 元，单个工作日价值最小的生产队其值为 0.34 元，单个工作日价值最大的生产队其值为 0.93 元。

因生产队样本只有 13 个，在加入一个生产队层面变量会损失一个自由度的情况下，为了保证估计的可靠性，我们不能同时将多个变量放入模型中，只能逐个检验，[①] 发现多数变量均不显著（这可能是数据较少的原因），我们剔除那些不太显著的变量，最后得出表 5 - 4 - 3 所示的结果。

表 5 - 4 - 3 中分为上下两个部分，上部分为固定效应，下部分为随机效应。固定效应表示引入模型中层级一（农户）和层级二（生产队）的自变量对于收入的影响效应，随机效应表示这些进入模型的自变量所没有解释收入差异。表 5 - 4 - 3 中最左列给出的自变量分为两个层级，其中层级一（农户特征）的自变量用黑体并突出显示，而嵌套在层级一下的层级二变量用缩进格式表示。需要注意的是，所有层级一自变量下的截距项的回归系数表示的是农户特征对于收入的影响效应，而其余的层级二自变量回归系数表示的是生产队特征对于农户特征影响收入效应的调整效应。

对于平均收入项，我们得出，肥料支出比重、劳动单价与平均收入均正相关（肥料支出比例在 10% 层次上），说明生产队采用的现代化生产要素越多，则平均收入越高，另外，生产队农业生产能力[②]越强则平均收入越高。这与通常的理解是相同的。

---

① 这是退而求其次的方法。

② 农业生产能力用劳动单价表示，劳动单价是扣除成本以后的收益与全队全年劳动的比值，可以近似看成农业生产能力，当然这里面的影响因素很多，比如生产队经营状况、队长的个人能力、气候条件、地理条件等。实际上我们可以把它当作一个黑箱，不管里面到底是什么，结果是我们看到了一个可以衡量生产队最终生产情况的量。

表 5 – 4 – 3   生产队特征对农户收入的影响

固定效应	回归系数	标准误	t 比率	p 值
平均收入				
截距	– 41.686	24.775	– 1.683	0.123
肥料支出比重	1.139	0.568	2.004	0.072
劳动单价	204.244	22.377	9.128	0.000
劳力与人口比值				
截距	0.186	99.023	0.002	0.999
肥料支出比重	– 0.011	2.243	– 0.005	0.996
劳动单价	262.617	88.496	2.968	0.015
随机效应	方差成分	自由度	Chi-square	P 值
平均收入	131.569	10	37.979	0.000
劳力与人口比值	2103.862	10	37.520	0.000
层级 – 1 效应	1378.683			

农户特征的影响。层级一自变量下面的截距项的回归系数就是农户特征对于收入的影响效应。结果表明，劳力与人口比对收入的影响是正向的，但遗憾的是其统计并不显著。

生产队特征的影响。该层次表明农户特征是如何随着生产队的特征而变化的，这些结果是由层级一自变量下面的层级二自变量的回归系数来显示的。我们发现在劳动与人口比值下，劳动单价对劳力与人口比值的收入回报率产生较强的正向影响。劳动单价对劳动与人口比值对收入的回报率增加 262.62，这个结果显示出在劳动单价越大的生产队中，其家庭人口结构对收入的回报率就越大。劳动单价高说明生产队的生产经营状况较好，则劳动者的收入会更高，收入高更能有效调动劳动者的积极性，从而形成良性的互动循环。

从随机效应看，无论是截距项还是层级一变量项其效应都较为显著，因此我们还需要更多的解释变量进行解释。[1]

如果种植结构、生产资料采用情况等可以看作结构性因素的话，那么社员分配比例可以作为制度性因素处理。制度性，体现在人民公社的

---

① 在某种程度上说，我们的解释并不算很成功，因为我们未能解释的部分更多，但作为尝试我们得出了一定的结论。

收入分配制度上，简单归纳一下，人民公社时期农户收入由三个层次的分配比例来确定，即国家、集体和个人。通常国家规定了三者之间的大概比例，具体实施过程中要看当地的实际情况，可在原定比例基础上上下有小幅的波动。虽然在一个相同生产大队，但三者之间的比例却有一定的差别。一般来讲，社员分配比例越高，则社员劳动所获得的回报越大，从而会导致其劳动的积极性越高，因此我们估计社员分配比例会对收入有正向影响。其结果如表5－4－4所示。

表5－4－4　制度性因素对农户收入的影响

固定效应	回归系数	标准误	t 比率	P 值
平均收入				
截距	566.113	223.662	2.531	0.028
社员分配比例	5.524	2.781	1.986	0.072
劳力与人口比值				
截距	979.161	403.706	2.425	0.034
社员分配比例	10.148	5.021	2.021	0.068
随机效应	方差成分	自由度	Chi-square	P 值
平均收入	1148.776	11	294.639	0.000
劳力与人口比值	3032.881	11	77.949	0.000
层级－1效应	1375.956			

平均收入说明社员分配比例对收入的作用系数为5.52，在劳力与人口比值项下，社员分配比例使得劳力与人口比值对收入的回报率系数为10.15，且在统计上显著。从数值上看，如果A生产队比B生产队的社员分配比例高1个百分点，那么每增加1个劳力与人口比值，A生产队比B生产队收入将增加10.15元。

模型总体可信系数B_0为0.958、B_1为0.805。但是劳动与人口比值在生产队层次上的变差并没有得到很好的解释，还需要继续寻找其他的变量进行解释，这也将是下一步工作的重点内容。

至此，我们将农户特征、生产队特征，通过结构性以及制度性因素对农户收入产生的影响进行了计量分析，得出的结果较有力地解释了各变量的影响。

(四) 其他平均收入及其分解

人民公社时期农户收入的种类较多，我们前面的分析所用的收入是农家总工分收入，在总工分收入中还可以分解为劳动工分收入和投肥工收入，[①] 实际上在总工分收入中还蕴含着粮食收入，[②] 粮食收入包括工分粮和人头粮。因为各种收入对劳动的激励、对收入不平等的作用、生产队层次对各种收入的作用机制，以及农户特征在各种收入上通过生产队所反映出的回报率各不相同，因此我们需要进一步考察各种收入的平均收入及其分解。各队各种收入情况如表 5 - 4 - 5 所示。

表 5 - 4 - 5　　各队各种收入情况

生产队	工分粮	人头粮	总粮食	劳动工分	投肥工	总工分
1	109.6	575.0	609.3	58.0	9.3	71.3
2	85.2	602.7	635.6	110.8	5.6	133.6
3	112.3	578.1	614.5	113.9	6.2	120.6
4	123.1	609.4	659.0	196.4	12.0	209.4
5	107.4	594.6	630.6	83.4	7.7	92.4
6	112.0	625.9	657.3	168.4	3.7	172.3
7	119.3	604.2	644.5	96.4	8.8	106.5

---

① 这一时期的工分种类较多，有队工、大队工、误工、补贴工、投肥工等，但对于普通农户来说，队工 (劳动工分) 和投肥工是最为常见的。更多内容请参见张乐天《告别理想——人民公社制度研究》，上海人民出版社，2005，第 258 - 264 页；辛逸《农村人民公社分配制度研究》，中共党史出版社，2005，第 151 - 156 页；黄荣华《农村地权研究：以 1949 - 1983 年湖北省新洲县为个案》，上海社会科学院出版社，2006，第 95 - 111 页；黄英伟《工分制下的农户劳动》，中国农业出版社，2011，第 59 - 61 页。

② 工分收入不完全包含粮食收入，虽然粮食收入是由工分收入去抵偿的，但如果工分不足时则粮食收入要大于工分收入数，只有当粮食分配所需工分数与工分收入相等时两者才是统一的。用表格表示如下：

注表 5 - 1　　粮食分配与工分的关系

人头粮所需工分数	工分收入	粮食收入数量
B (B 小于等于 A)	A	人头粮 + 工分粮 (工分粮权重 A - B)
C (C 大于 A)	A	人头粮

即使是人头粮也不是免费的，就相当于基本工资加提成，基本工资的获得也需要一定的工作量 (当然在生产队时期即使工作量达不到，基本工资也是要发的，目的是要保证社员的基本生活)。

生产队	工分粮	人头粮	总粮食	劳动工分	投肥工	总工分
8	122.3	592.5	622.7	120.4	7.7	128.9
9	101.0	606.4	629.6	103.7	5.5	113.1
10	119.5	592.6	625.7	139.7	1.6	146.4
11	97.2	552.3	580.1	54.9	7.2	66.0
12	109.2	594.2	628.8	97.8	7.2	105.6
13	104.0	603.2	633.9	117.4	11.9	130.1
平均值	110.2	594.2	627.6	111.2	6.6	121.1

注：数据为各户人均，然后再户均。工分收入单位为元，粮食收入单位为斤。因为在总粮食收入中除了人头粮和工分粮以外还有少量的补助粮、照顾粮等，同时还有亏欠等情况，因此人头粮与工分粮之和并不一定等于总粮食收入。

资料来源：江苏省祖堂大队1974年档案资料。

人民公社时期，粮食收入主要来自人头粮，工分粮只占少部分，各户人均工分粮收入为110.2斤，人头粮收入为594.2斤，人头粮是工分粮的5.39倍，[1] 总粮食收入为627.6斤。人均劳动工分收入为111.2元，人均投肥工收入为6.6元，总工分收入为121.1元。

生产队差异对劳动工分的解释比例大于投肥工收入。对投肥工的解释比例为28.03%，对劳动工分的解释比例为38.87%，见表5－4－6和表5－4－7。很显然，在生产队中投肥的比例基本是一个确定的值，因此该比例随生产队的变化较小。二者的解释显著性和可靠性均较强。

表5－4－6　分层级对收入差距的分解（投肥工收入）

固定效应	系数	标准误			
平均收入	7.124	0.815			
随机效应	方差成分	占总方差的份额	自由度	Chi-square	P 值
层级－2效应（生产队间）	2.642	28.03%	12	77.02	0.000
层级－1效应（生产队内）	6.784	71.97%			

注：可信度系数为0.808。

---

[1] 实际上在粮食分配时，一般事先确定一个比例关系，然后按这个比例进行分配，而不是根据工分的数量，比如有的生产队是人头粮占七成、工分粮占三成（即七三），或者六四、八二等。

表5-4-7　分层级对收入差距的分解（劳动工分收入）

固定效应	系数	标准误			
平均收入	111.949	10.751			
随机效应	方差成分	占总方差的份额	自由度	Chi-square	P值
层级-2效应（生产队间）	37.12	38.87%	12	136.70	0.000
层级-1效应（生产队内）	58.385	61.13%			

注：可信度系数为0.917。

"人头粮"，即按人口数量多少所分的粮食，按人口分配粮食时要将人口折合成标准人口数，其各个生产队的折合标准见本章附表5-1。

"工分粮"，为按劳动工分数量，在除去按人口分粮所消耗掉的工分以外的工分所分的粮食，如果所挣工分尚不能完全消耗掉按人口所分的粮食所需的工分数，则该农户不会得到工分粮。比如甲农户某年挣工分400分，其家有人口3.8个（折合成标准人后），其分粮1900斤（每标准人500斤），分人头粮需抵消工分380分，则该农户还可以分20分的工分粮（400-380=20）。但如果该农户只挣了350分工分，则该农户不能得到工分粮，即使这种情况出现也会保证其人头粮。

分层级对粮食收入差距进行分解的结果如表5-4-8所示。

表5-4-8　分层级对粮食收入差距的分解

变量	工分粮	人头粮	总粮食收入
固定效应			
系数	109.944	593.676	627.030
标准误	3.014	4.420	4.708
随机效应			
层级-2效应（生产队间）%	5.010	5.075	4.528
层级-1效应（生产队内）%	95.229	95.170	95.668
P值	0.442	0.276	0.255
可信度	0.070	0.071	0.058

注：粮食单位为斤。

从分层分解结果看，我们没有证据证明农户的粮食收入在生产队之间有显著的差别，因为P值都不显著，且可信度并不高。无论是工分粮、人头粮，还是总粮食收入均无明显差异。

所谓的"消费"是指：农户在一年当中所分的粮食和现金，以及各种其他物资的总额（折合成钱数），并非农户真正的消费，但在物质资源极其匮乏的20世纪60-70年代的中国农村，其农户的消费量几乎就是生产队所分配的全部。因为从挣钱渠道来讲，农户除了从生产队挣钱外几乎没有其他渠道；从积累上看当时的农户也很少有这个条件，因此我们近似将生产队分配的总额作为农户一年的消费量，具有一定的可信性。总"消费"（扣除生活费用）均值（人均）为64.74元，标准差30.74，总"消费"数量最低为0.05元、最高为411.35元。分解结果如表5-4-9。

表5-4-9　分层级农户"消费"差距的分解

固定效应	系数	标准误			
平均收入	62.638	5.065			
随机效应	方差成分	占总方差的份额	自由度	Chi-square	P 值
层级-2效应（生产队间）	17.531	39.58%	12	139.34	0.000
层级-1效应（生产队内）	26.766	60.42%			

从表5-4-9中看，总消费额在生产队之间的差异达到近40%，这也从一个侧面反映出生产队之间的差异对农户收入和消费的影响巨大。且显著度较高，可靠性较强，其可信度系数为0.922。

（五）其他学者研究的证据

Chinn（1978）利用Chen（1969）收集的福建省一个生产大队（胡力大队）收入分配数据，[①] 研究了1962年生产队下放基本核算单位后的收入

---

① 这份资料由 C. S. Chen 编辑并进行说明性分析，最初为中文版在中国台湾发行，后被曾在台湾学习过的斯坦福大学 Bates College 的 Charles Price Ridley 翻译为英文（他并没有完全翻译），但至今只能见到英文版的而没有找到相应的中文版本。英文版本于1969年发表，题目为 "Rural People's Communes in Lien-chiang: Documents Concerning Communes in Lien-Chiang County, Fukien Province, 1962-1963" HOOVER INSTITUTION PRESS, Stand university, Stanford, California。这份资料虽不是当初最全的版本，但确也包含了相当丰富的信息，为后来学界特别是西方学术界研究中国人民公社问题提供了极好的资料库，这也是第一本关于中国人民公社的数据资料集。这份资料最初是由生产队或公社里的干部所写，所以保留了极大的原始性和亲历性，他们虽不是受过严格训练的学者却也体现出来一定的素养。全部资料集分为两个主要部分32章：第一部分是对人民公社整体描述，包括背景、人口、劳动力、生产、分配、经济生活、阶级成分和社会主义教育运动等；第二部分为资料汇总。第二部分又分为三个主要部分：①政策描述和生产计划；②社会主义教育运动：通论；③社会主义教育运动：扩展的生产队长会议。

情况。研究发现生产队层次所拥有的非劳动力生产资料不同是收入差距的主要影响因素。胡力大队的土地和劳动力资本情况如表 5 - 4 - 10 所示。

表 5 - 4 - 10　胡力大队各生产队的土地和劳动力资本

生产队	土地资本（亩）[a]			劳动力资本			劳均耕地面积 (7) = (1/5)
	总耕地面积(1)	自留地面积(2)	自留地面积所占比例 (3) = (2/1)	总人口 (4)	总劳动力[b](5)	标准劳动力[c] (6)	
1_ Ting-chang	70.6	8.2	0.12	72	33	23.7	2.1
2_ pi-kuei	71.7	7.6	0.11	71	25	17.0	2.9
3_ pi-fa	71.2	6.2	0.09	59	23	16.4	3.1
4_ yi-shao	102.3	9.9	0.10	96	43	29.5	2.4
5_ heng-tai	103.4	11.1	0.11	108	42	31.3	2.5
6_ pi-ch'eng	113.9	10.2	0.09	97	29	20.3	3.9
7_ shui-kuan-ti	113.2	9.3	0.08	87	33	25.7	3.4
8_ neng-chih	114.1	13.6	0.12	128	42	25.1	2.7
9_ tseng-pao	119.9	11.5	0.10	106	41	34.6	2.6
10_ ting-hsieh	124.8	12.2	0.10	117	48	38.7	2.6
11_ shan-chun	111.3	12.7	0.11	123	46	32.8	2.4
12_ ch'ang-mu	95.1	10.9	0.11	103	44	30.5	2.2
13_ ting-tuan	96.2	9.3	0.10	85	41	28.7	2.3
14_ chi-kuang	90.7	10.6	0.12	100	32	25.5	2.8
15_ hua-cheng	93.4	10.6	0.11	101	37	29.1	2.5
16_ cheng-tseng	93.0	8.8	0.10	84	32	22.3	2.9
17_ cheng-t'eng	94.2	10.6	0.11	104	39	27.2	2.4
18_ chen-te	91.3	11.1	0.12	111	45	31.9	2.0
合计	1770.3	184.4	0.10	1752	675	490.3	2.6

注：[a] 一亩等于 0.0667 公顷。

[b] 包括男、女整劳动力和半劳动力。

[c] 标准换算为：男整劳动力 =1，女整劳动力 =0.9，男、女半劳动力分别为 0.5 和 0.45。

资料来源：Dennis L. Chinn, "Income Distribution in a Chinese Commune", *Journal of Comparative Economics*, 1978, 2 (3)。

生产队的土地分为集体经营和自留地经营，每个生产队平均总耕地面积为 98.4 亩，耕地面积最小的为 1 号生产队，70.6 亩，最大的为 10 号生产队，124.8 亩。总体而言，自留地大约占总耕地面积的 10%，18

个生产队差别不大，比例最小的为 7 号生产队 8%，最大为 8 号生产队 12%。每个生产队大约有 20 个农户，平均每个生产队有 97.3 人，其中人口最少的为 3 号生产队 23 人，人口最多的为 8 号生产队 128 人。因此人均耕地面积为 1.01 亩，即人均大约 1 亩地，其中最小的为 18 号生产队 0.82 亩，最多的为 7 号生产队 1.3 亩。18 个生产队共有劳动力 675 个，每个生产队平均 37.5 个劳动力。劳均耕地面积为 2.6 亩，其中最小的为 18 号生产队 2.0 亩，最大的为 6 号生产队 3.9 亩。为了利于比较，将劳动力按一定比例化为标准劳动力，其换算标准为：1 个男整劳动力为 1 个标准劳动力、1 个女整劳动力为 0.9 个标准劳动力、1 个男半劳动力为 0.5 个标准劳动力、1 个女半劳动力为 0.45 个标准劳动力。因此换算后的标准劳动力为 27.24 个。反映家庭劳动力负担轻重的劳动供养比为 2.60，其中劳动供养比最小的为 13 号生产队，其比值为 2.07，最大的为 6 号生产队，比值为 3.34。

由此可见生产队的土地资本和劳动力资本均有较大差别。同样，农用耕畜和农用工具亦均有不同。① 因核算单位下放事件，使后来的学者有机会比较两个不同核算单位对农户收入差异的影响。

以生产队核算的人均工分收入，18 个生产队平均为 28.97 元，其中平均收入最低的为 8 号生产队 19.3 元，最高的为 7 号生产队 43.3 元，两者相差 2.24 倍。如果以生产大队为核算单位则其最大值与最小值之差仅有 1.71（38.9：22.8）。以生产小队为核算单位则其变异系数为 24.5，远高于以生产大队为核算单位的 12.7。其基尼系数也反映了同样的情况。由表 5 - 4 - 11 中可以看出以大队为核算单位和以小队为核算单位其收入水平之间有较大差异，二者之差的差异百分比有 8 个生产队为负数，也就是说如果还以生产大队为核算单位则将有 8 个生产队的收入水平被拉低。换句话说各生产小队的生产资料水平不同（包括人力和非人力资本）而导致其收入水平的差异。进一步解释为，无论核算单位为生产小

---

① 因为所统计的资料年代是 1962 年，这年正好刚刚经历完"三年饥荒"，中央为了促进农业生产，调整了农业组织形式，将生产经营核算单位从生产大队"下放"到生产小队，在"下放"时要核算原生产大队的各种农用物资，这些物资均统一标价，其价格均较客观和公正，以便给各生产队分配。因此该资料中出现的农用物资均可以很容易地计算出其价格。

队还是生产大队其人力资本固定不变，不同的只是非人力资本在各个生产小队之间的分配差异，导致各生产小队拥有了不同的非人力资本，从而导致其收入水平的较大差异。[①] 这也证实了我们的研究结论。

表 5 – 4 – 11　以大队层面计算的工分值对原工分收入的影响（胡力大队）

生产队	人均工分收入（元）		
	以生产队为核算单位（1）	以大队为核算单位（2）	差异百分比（3）=［(2－1) /1］
1_ Ting-chang	25.0	26.9	7.6
2_ pi-kuei	26.9	22.8	－ 15.2
3_ pi-fa	38.2	29.7	－ 22.3
4_ yi-shao	29.6	31.9	7.8
5_ heng-tai	23.7	28.0	18.1
6_ pi-ch'eng	35.6	25.1	－ 29.5
7_ shui-kuan-ti	43.3	27.5	－ 36.5
8_ neng-chih	19.3	23.2	20.2
9_ tseng-pao	32.0	26.0	－ 18.8
10_ ting-hsieh	28.8	30.7	6.6
11_ shan-chun	20.2	29.2	44.6
12_ ch'ang-mu	22.0	30.7	39.5
13_ ting-tuan	33.5	38.9	16.1
14_ chi-kuang	20.7	30.2	45.9
15_ hua-cheng	29.4	24.7	－ 16.0
16_ cheng-tseng	41.6	31.1	－ 25.2
17_ cheng-t'eng	28.5	27.4	－ 3.9
18_ chen-te	23.2	26.4	13.8
变异系数	24.5	12.7	－ 48.2
基尼系数	0.068	0.034	－ 50.0

资料来源：Dennis L. Chinn，"Income Distribution in a Chinese Commune"，*Journal of Comparative Economics*，1978，2（3）。

[①]　原书作者也给出了非人力资本与收入之间的相关系数及其方差分解，二者均证明了上述结论。

五 小结

案例研究（祖堂大队）发现不同生产队的农户间存在一定收入差异，其基尼系数达到 0.266，其他的不平等指数也证明了这点。由于我们研究的问题是农户和生产队两个层次，这样的数据具有很好的分层性质，因此采用分层线性模型（HLM），并利用较为成熟的统计软件（HLM 6.02）进行分析。结果发现，各生产队间的平均收入不同，其最小值为人均 66.0 元，最大值为 209.4 元。空模型（不加任何自变量）显示生产队层级对农户收入差异的影响占总方差的 37.73%，超过 1/3 强，且统计性显著。也就是说有 1/3 以上的部分可以用生产队差异来解释。

进一步，将第一层和第二层模型都加入自变量（带截距和斜率的随机系数模型），则分解结果显示：现代化生产要素（如化肥）采用越多的生产队，则其农户平均收入越高，生产队农业生产能力（劳动单价）越强则农户平均收入越高。劳动力人数与总家庭人口比值经劳动单价对收入的回报率随比值的增加而增加，即生产队经营状况越好则劳动者收入越高，劳动积极性越好（劳动付出越多）。但随机效应不显著，还需要进一步的分析。

在制度性因素中（社员分配比例），社员分配比例越高，则劳动与人口比值的回报率越高，显示出分配比例的制度安排会对农户的收入有影响。

劳动工分、投肥工的收入分解都显示出生产队差异的较强影响，但在人民公社体制下为保护社员基本生活的人头粮和工分粮等的分解没有显著差异。Chinn（1978）的研究也用另外一个案例证明了我们的研究结论。

需要注意的是，本章研究的最大不足是样本量较小，且仅在同一个生产大队内，这限制了我们的很多分析，如果将来能发现更多更好的资料则可以将这一研究继续深入，可以更好地将农户特征的回报率在生产队层次上分解，甚至还可以对不同地区农户特征的回报率做对比研究。比如农户的阶级成分如何影响其收入、受教育水平如何通过地区经济条件影响收入等问题均可做深入研究。

本章附表

祖堂大队各生产队口粮分配标准如附表 5－1。平均来看，1－4 岁口粮分配是 9 岁以上口粮分配的 50%，5－8 岁口粮分配是 9 岁以上口粮分配的 80%，即三个阶段的比例为 0.5：0.8：1。各生产队虽然分配的数量各不相同，但比例基本一样。

附表 5－1　祖堂大队各生产队口粮分配标准

生产队	1－4 岁（斤）	5－8 岁（斤）	9 岁以上（斤）
1	227	363	454
2	240	384	480
3	234	374	468
4	238	381	476
5	232	371	464
6	242	387	484
7	236	378	472
8	234	375	468
9	236	378	472
10	232	371	464
11	223.5	357.5	447
12	234	374.4	468
13	242	387	484
平均值	234.7	375.5	469.3

资料来源：江苏省祖堂大队 1974 年档案资料。

祖堂大队总人口 1682 人，总户数 392 户，户均人口 4.29 人。家庭规模出现频率最高的为 5 口之家，在祖堂大队中共有 70 户，其次为 6 口人的家户，为 60 户。家庭人口最多的为 11 人，仅有 2 户，占 0.51%。

附表 5－2　祖堂大队按户人口分布情况

人口	频次	百分比（%）	累积百分比（%）	总人口数（人）
1	52	13.27	13.27	52
2	43	10.97	24.23	86

人口	频次	百分比（%）	累积百分比（%）	总人口数（人）
3	50	12.76	36.99	150
4	57	14.54	51.53	228
5	70	17.86	69.39	350
6	60	15.31	84.69	360
7	37	9.44	94.13	259
8	14	3.57	97.7	112
9	7	1.79	99.49	63
11	2	0.51	100	22
合计	392	100		1682

注：本表统计数据已经剔除了工分收入为 0 的农户，这样的样本共 8 户。

资料来源：江苏省祖堂大队 1974 年档案资料。

祖堂大队共有劳动力 856 人，户均拥有劳动力 2.18 人。家庭拥有劳动力频率最多的为 1 个劳动力，有 123 个，占 31.38%；其次为 2 个劳动力的家庭，有 109 个，占 27.81%。

附表 5 - 3　祖堂大队按户劳动力分布情况

劳动力	频次	百分比（%）	累积百分比（%）	总劳动力数（人）
0	14	3.57	3.57	0
1	123	31.38	34.95	123
2	109	27.81	62.76	218
3	91	23.21	85.97	273
4	37	9.44	95.41	148
5	15	3.83	99.23	75
6	2	0.51	99.74	12
7	1	0.26	100	7
合计	392	100		856

注：本表统计数据已经剔除了工分收入为 0 的农户，这样的样本共 8 户。

资料来源：江苏省祖堂大队 1974 年档案资料。

祖堂大队有地主 15 户、富农 18 户，二者合计占总户数的 8.42%。贫农户数占绝大多数，其比例为 67.86%。同时还有下乡知青 16 户。

附表 5 - 4　祖堂大队阶级成分

成分	频次	百分比（％）	累积百分比（％）
1 地主	15	3.83	3.83
2 富农	18	4.59	8.42
3 中农	77	19.64	28.06
4 贫农	266	67.86	95.92
5 知青	16	4.08	100
合计	392	100	

资料来源：江苏省祖堂大队 1974 年档案资料。

第六章　农户收入流动性

一　引言

对 20 世纪 70 年代农户间收入差异的讨论一直都是静态的或者是截面的，通过对截面数据的论述往往只能反映一个固定时段的收入差异而不能反映整体情况。这样的论述有其不足之处：首先，年度不均等程度是一个静态指标，不能反映因诸如家庭生命周期等原因带来的持久性收入差异；其次，由于数据所限测度不同年的年度不均等所用的数据往往不同，这样年度不均等的各项测度指标在各年之间往往是独立的，对它们的年度间比较得到的趋势可能并不真实。

为了克服这个缺陷我们将采用收入流动性进行分析。所谓收入流动性，是指某个特定的收入阶层群体在经过一段时间变化后，其所拥有的收入份额或者所在的收入阶层所发生的变化。这一概念与衡量收入公平的"基尼系数"紧密相关。比如，美国的基尼系数很高，但因为美国的居民收入流动性也很强，美国的收入分配不平等问题并没有给经济增长、个人发展机会以及社会稳定等带来较大的负面影响。收入流动性具有十分重要的现实意义，较快的收入流动性特别是向上流动可以从实质上改善收入不平等状况；而且收入流动也可以大大减少不同收入阶层之间的社会心理压力以及社会矛盾。

进一步理解，收入流动是一个个体或群体收入水平相对另一个个体或群体收入排序的变动，它集中反映了年度收入不均等测度指标的缺陷，因为如果存在较大的收入流动时，持久收入差距较低，从而收入不均等的影响并不像想象的那么严重。用最简单的例子来说明年度收入不均等和持久收入不均等以及收入流动的关系，如在一个经济体中有 A 和 B 两个人，第一年 A 收入为 1，B 收入为 0，第二年 A 收入为 0，而 B 收入为 1，那么单从个年来看这个经济体是极度不平等的，但由于存在很大的流动性，从长时段来看这个经济体又是相当均等的，因为持久收入是相等的（两年的和无论是 A 还是 B，其收入都为 1）。

因此运用收入流动性对 20 世纪 70 年代农户收入差异进行分析将是有效的。在此基础上我们可以深入了解这一时期哪些人具有较高的流动性，哪些人流动得快，哪些人流动得慢，哪些人向更高层次流动了，这些人具有怎样的特征，而哪些人则向下层流动了，并且这些流动的影响因素如何，这些都将在收入流动的研究方法之上得到解决，这也是本章的研究重点。

然而遗憾的是学界目前尚未有学者对此做出尝试，究其原因，主要是研究所用数据资料不易获得所致。相比而言，对当前的收入分配研究有丰富的数据资料作为支撑，例如，CHNS（中国营养调查数据）、CHIP（中国收入分配数据）等都是这方面较有价值的调查数据。而 20 世纪 70 年代不具备这样的数据条件。本章的研究之所以可行，其基础则是笔者收集了大量生产队原始账本资料，这些分配数据具有较长的时间连续性，比较符合收入流动性的研究需要，因此为我们的研究提供了一定的基础。

本章将采用基尼系数和收入流动法，通过东北里生产队和北街第 2 队，测算人民公社时期农户间短期和长期的收入差异、不平等程度，并对影响不平等程度的因素进行分析。由于在工分制的特殊制度下，中央政府所建立的人民公社的目的之一是尽量做到人人均等，从土地改革可以看出人人均等主要是扶持低收入者（"亲贫性"），限制高收入者（不合理的高收入），而工分制的设计亦对低收入者有利，因此我们将从收入流动性上看是否秉承了这一思路。这一研究或许可以为解释人民公社失效提供思路，或许还可以发现人民公社时期社员迫切逃离集体的原因。据知，该研究在学界尚属首次。

研究发现：首先 20 世纪 70 年代的收入差距并非如人们想象的那样小，换句话说当时的农户间具有一定的收入差距；其次农户间的收入流动性较小，呈现动态变化，即越到后期收入流动性越高，且收入流动性是有利于低收入者（"亲贫性"）；最后收入流动性主要受家庭人口因素影响。接下来的部分将介绍所使用的数据和方法：第三节将从基尼指标和收入转换矩阵详细讨论 20 世纪 70 年代的收入流动性以及收入流动对不平等的作用；第四节将给出收入流动的影响因素。最后是本章的小结。

二　数据和方法

（一）数据来源与说明

本章继续利用笔者收集的 20 世纪 70 年代的生产队账本资料数据，所选取的数据为较为完整的山西省晋中地区的东北里生产队。选择这个案例主要考虑其数据的完整性和丰富性。对于收入流动性研究来说，对数据具有较高的要求，其数据结构必须具有多年的连续性，即同一家庭必须在不同时期均有记录，只有这样才能满足收入流动性要求，我们的数据恰好符合这个要求。此数据从纵向上讲其时间从 1970 年延续到 1977 年，[①] 连续时间长达 8 年，具有同样连续性记录的农户超过 200 户，这是该数据最具特色之处，也是本章研究的基础。为了使数据更符合流动性分析，使农户信息具有更好的连续性，我们对原始数据做了一些技术处理，即剔除了在考察年份中具有缺失数据的农户，也就是说在所有被考察的年份中如果某一农户在任何一年的任一变量中缺失数据，则将该农户整体删除，这样做的意义在于所得到的数据是完全平衡性的数据集，能更好地进行收入流动性研究。经过处理后得到有完整信息的农户 160 户，占总农户的 72% 以上，样本量可以满足收入流动性的基本需求。同时我们也考虑了另外一个地区的案例，即河北地区（北街 2 队）的数据资料，以此作为对照研究。

早先研究者收集的数据均以家庭为单位，这样做的好处是可以全面地了解家庭情况，可以消除家庭结构差异所造成的估计偏差，但由于家庭与家庭之间的差异（指所含人口数不同），将直接影响到不平等程度的测量，[②] 较准确的做法是要将人口数量考虑进去，即在计算收入差距时要换算成人均收入。然而由于人口生命周期的影响，不同年龄段的人口对收入和消费的需求不同，直接利用人均收入仍然存在一定误差，比较可行的做法便是将家庭人口按年龄折合成标准人口，再计算人均收入，这将使收入差距计算更为准确（Woolard and Klasen，2005；孙文凯等，

---

① 且有 1960 年和 1961 年的不完整数据，可作为辅助研究。

② 不平等程度有多种测量方法，这里仅指利用收入法所做的测量。

2007)。本章将采用 Woolard 和 Klasen (2005) 的折合方法，将成人折合成 1 个标准单位，将儿童折合为 0.5 个标准单位。[1]

    其实人民公社时期一些极具地方特色的分配方法已经给我们提供了较为详尽的折算方法。人民公社时期的中国刚从贫弱的旧中国恢复过来，物质资源极为匮乏，农业生产相对落后，在农业支援工业的国家战略大背景下，口粮依旧是农村人民需要努力为之获取的主要物质，这种困境直到农村改革之后才得以改变。在粮食作物缺乏的背景下，为体现出人民公社时期的社会主义优越性和人人平等的原则，全国各地按年龄标准将家庭人口进行了标准人折算。无论是在当时还是在今天看来，这些折算方法都具有一定的科学性，比较符合人的生理需求，比如刚出生的婴儿虽然在自然个体上看属于一个完整的人口，但其对粮食的消费量远较 20 多岁的标准成年人为小，因此对其给予少量的粮食分配是合情合理的。这些折算方法虽然因各地的情况不同，其划分方法也多种多样，但这些方法都得到了当地群众的拥护，并没有出现大的矛盾。这种划分方法也不是一成不变的，会随着时间和农业生产情况发生不同程度的变化，也跟直接领导（如生产队队长）有一定关系。如有的地区划分方法极为复杂，可以多达十几个档次（如张乐天描述的联民村有 8 个档次），但也有些地区只是简单地分为两种，即儿童和非儿童，这样是为了省事好算，会省去很多麻烦。如我们的数据就属后一种情况，据访谈所知这种简单的算法也是可以为大家所接受的，因为 "每个人都会经历这个过程，今天你给的多了，但当你有小孩的时候不也一样少嘛，你的孩子长大了不也跟大家都一样了嘛，还是公平的嘛"。这里可以看出只要是公平的就是可以为大家所接受的，真可谓 "不患寡而患不均"。利用上述方法我们将 1 - 7 岁儿童折合成 0.5 标准人，将 8 岁以上人口均按 1 标准人计算。[2] 案例等

---

[1] 我们也借鉴孙文凯等 (2007) 的方法将劳动力折合成 1，非劳动力折合成 0.5 进行计算，其结果与按年龄折合基本相同，因此我们只采取按年龄的折算方法。

[2] 东北里生产队账本上的原始记载为 1 - 3 岁、4 - 7 岁和 8 岁以上三个档次，在这里如将前两者分开计算则意义不大，因此我们将其合并计算。人民公社期间有些地方对年龄的划分极为详尽，如 1967 年 L 村的口粮标准是：1 - 3 岁 150 斤、4 - 6 岁 250 斤、7 - 9 岁 400 斤、13 - 14 岁 450 斤、15 - 17 岁 510 斤、18 - 55 岁 660 斤、56 - 60 岁 510 斤、61 岁以上 460 斤 (张乐天，2005：278)。但人民公社后期为了操作方便，划分标准越来越粗，最后只有两三等了。

价（标准）人均收入情况如表6-2-1和表6-2-2所示。

表6-2-1　东北里人口和等价人均收入情况

年份	原始情况		等价人口				等价人均收入（元）			
	户数	户均人口	均值	标准差	最小值	最大值	均值	标准差	最小值	最大值
1970	220	4.23	4.43	2.37	1	11	97.38	50.11	11.25	332.45
1971	226	4.25	4.11	2.16	1	10	114.06	55.37	11.25	339
1972	226	4.37	4.16	2.09	1	10	139.22	68.09	1.46	488.56
1973	225	4.43	4.16	2.12	0.5	10.5	157.39	81.33	12.92	585.48
1974	237	4.36	4.29	2.18	1	9.5	147.09	79.73	30.25	553.28
1975	236	4.53	4.39	2.25	1	9.5	156.90	83.88	13.73	658.93
1976	229	4.48	4.43	2.16	1	9.5	119.84	59.51	6.67	374.4
1977	252	4.39	4.49	2.24	1	10	112.50	58.41	15.4	336.49
平均	231	4.38	4.31	2.20	0.9	10.0	130.55	67.05	12.87	458.57

注：未经平衡化处理时的情况为原始情况，等价人口和等价人均收入则为经过处理后的160户的信息（删除不连续的户）。

资料来源：东北里生产队档案资料，历年收入分配账。

　　该案例的家庭结构与全国其他地区类似。经过等价（标准化）人均处理后，东北里生产大队多年户平均人口为4.31人，该数字比未经等价处理的4.38要小，这间接说明我们的处理是合理的。但也存在两年（1970年和1977年）的异常情况，其等价人口数比未经处理的原始情况数值要大，其原因是原始数据为所有农户的情况，而等价处理后的人口已事先经过了缺失值删除处理，因此有可能会出现这种反常情况。在等价人口中最小值为0.5，即该户家庭只有一个尚未成年的小孩（确切地说尚未达到8岁，这种情况极有可能是家中的成年人在城里工作或当干部而其他人口未迁走），最大值为11，即该家庭中最少拥有11口人，属大家庭型结构。

　　等价人均收入波动较大。等价人均收入均值为130.55元，收入的绝对数值从全国来看应该算中等偏上水平，但与全国趋势不同的是，人均收入并非连年上升，而是先上升后下降，呈倒U形发展趋势，并在1973年达到最大值157.39元/人。从整个时期来看，其终止年份1977年比起始年份 1970 年收入增加 15.12 元,[①] 增幅为 15.5% 。进一步观察,人均收入高的年份则其个体收入差异大,如 1975 年等价人均收入为 156.90 元,则标准差为 83.88,是所有年份中最高的,反之则低。对最大值与最小值来说,也反映出极大的差异,因此可以说这一时期收入并不均等,有较大差异并伴随着较大的波动。

从简单的描述统计上,我们发现在农村改革之前(20 世纪 70 年代),农户收入较低且增长极其缓慢,同时在收入较低的水平上依旧存在着一定的收入差距。另外也发现收入增加的同时伴随着收入差异(标准差)扩大的现象。

为了增加研究的可信性,我们又提供了河北省石家庄地区的北街 2 队(1975 - 1980 年)的实际情况,如表 6 - 2 - 2 所示。

表 6 - 2 - 2　北街 2 队人口和人均收入情况

年份	户人口(人)				人均收入(元)			
	均值	标准差	最小值	最大值	均值	标准差	最小值	最大值
1975	4.79	2.14	1	9	105.75	44.94	19.60	211.30
1976	4.76	2.10	1	9	102.82	37.00	23.80	186.70
1977	4.65	1.94	1	8	102.30	39.61	28.20	197.90
1980	4.54	1.83	1	8	164.31	80.39	3.80	383.00

注:因数据信息不足(共 71 户),这里并没有经过等价人口处理。
资料来源:北街 2 队生产队档案资料,历年收入分配账。

此案例反映了同样的情况。对北街 2 队数据进行处理,删除不完整信息后得到 71 户具有完整信息的数据,但因数据所限并没有经过等价人口处理。得到所有年份的人均收入均比原始数据有所增高,但趋势是一致的,总体上看 1975 - 1977 年收入徘徊不前,但 1977 - 1980 年则经历了快速发展,收入增长幅度达 60.6% ,从 1975 年的 105.75 元跃升到 1980 年的 164.31 元,[②] 但同样也伴随着标准差的扩大和极值间差距的

---

①　这里并没有考虑物价因素,这一时期的价格波动较小,如全国居民消费价格指数以 1952 年为 100,则 1970 年到 1977 年分别为 122.0、121.6、121.7、122.1、122.0、121.9、122.0 和 122.1(国家统计局数据)。

②　主要是农业外收入的增加,见黄英伟《农业问题更在农业之外》,《中国社会科学报》2012 年 3 月 21 日,第 A06 版。

扩大。

　　综合东北里和北街 2 队两个生产队，可以发现在中国农村改革之前，农户收入增长较为缓慢，但改革期间则收入增长较快。[1] 另外也可以发现收入增加的同时伴随着收入差异（标准差）的变大。

（二）方法

　　通常用基尼系数[2]或泰尔指数作为测量贫富差距的指标，但这两个指标都是静态的，并不能对动态的收入做出测量，收入流动性研究更关注于一定时间内对某个特定的个体或阶层所分配的经济福利的额度或者所得份额的变动和大小情况，在收入流动性的测量指标中包括基尼流动指标和收入转换矩阵等测量方法，本章将同时采用静态的基尼系数和动态的收入转换矩阵以及基尼流动指标对收入差异进行测量。在基尼流动指标中同时考虑收入的数量流动和等级流动。

　　1. 基尼流动指标

　　①等级流动

　　收入等级流动是指由收入水平所决定的收入等级的变化，即在收入分配中个人或家庭收入所处位置的变动，如有从低到高 A、B、C、D 四个位置等级，某家庭基期在等级位置 A，末期变化到等级位置 B 或其他，则称为收入等级流动，收入等级流动与个人或家庭在收入等级中向上或向下的流动能力有关。

　　我们采取 Beenstock（2004）的研究方法。

---

① 另一个实证研究也发现了这个问题，如黄英伟等（2010）发现北台子村，1980 年劳动日值为 0.62 元，1981 年则跃升为 1.15 元。

② 虽然基尼系数的应用较为普遍，但实际上也存在一些约束条件和局限性。首先，基尼系数只反映整体的收入差距平等或不平等情况，即只能反映多种因素的集合作用和各个组成部分收入差距的综合结果，尽管国际上的相关研究已经涉及对基尼系数的分解和因素分析，但基尼系数仍然难以反映整体差距中各个个体之间或单位之间的收入差距程度；其次，基尼系数只能反映静态的收入差距状况，无法反映不同经济发展阶段的动态收入增长情况；再次，基尼系数只反映总体的收入差距，不能反映收入差距的结构变化情况；又次，基尼系数通过数据工具和数字指标简明扼要地反映了一定时期一个社会收入差距的整体情况，却抽象了影响收入差距的诸多经济和社会因素，简单的数学表达掩盖了收入分配差距复杂的现实世界；最后，基尼系数并不能反映长期内的实际不平等，而且有可能引起误导（权衡，2008：56）。

设 $Y^t = \begin{bmatrix} y_1^t \\ \vdots \\ y_n^t \end{bmatrix}$，$y_i^t$ 表示家庭 i 在时期 t 的家庭人均收入（其中 $i=1$，

2，$\cdots$，n；$t=1$，2），Y^t 为 t 时期的收入分布；r_i^t 表示家庭 i 的人均收入

在 t 时期所处的收入分配等级，则 $R^t = \begin{bmatrix} r_1^t \\ \vdots \\ r_n^t \end{bmatrix}$ 为 t 时期的收入等级分布。

则基尼等级流动指标 $S = \dfrac{(1-\Gamma^{12})G^1 + (1-\Gamma^{21})G^2}{G^1 + G^2}$，其中 G^t 表示

t 时期的基尼系数，$\Gamma^{12} = \dfrac{\mathrm{cov}(Y^1, R^2)}{\mathrm{cov}(Y^2, R^1)}$ 和 $\Gamma_{21} = \dfrac{\mathrm{cov}(Y^2, R^1)}{\mathrm{cov}(Y^2, R^2)}$ 分别表示前向

基尼相关系数和后向基尼相关系数（Forward and Backward Gini Correlation Coefficient），表示家庭或个人基期收入水平和末期收入等级之间的关系，取值在 1 和 −1 之间。Γ^{12} 和 Γ^{21} 一般情况下并不相等，因为基尼相关系数 Γ 表示的是两个时期间收入等级的变化，其对基期的选择非常敏感，只有当收入分布 Y^1 和 Y^2 可交换时，Γ^{12} 才会等于 Γ^{21}。

对于等级流动指标 S，如果基期和末期收入等级没有流动，即 $R^1 = R^2$，则 $\Gamma=1$，$S=0$；相反如果两个时期内收入等级是完全流动的，即 R^1 和 R^2 相互独立，则 $\Gamma=0$，$S=1$；如果两个期间内收入等级流动是完全相反的，也就是说处在平均收入等级之上的家庭完全被处在平均收入等级之下的家庭所取代，则 $S>1$。如果两个时间内收入等级流动是非完全相反的，也就是说最低等级的家庭替代了最高等级的家庭，则 $\Gamma = -1$，$S=2$。另外，$S<1$ 时其值越大表示等级流动性越强。

基尼流动指标将收入流动与收入不平等联系起来，从而较好地反映了收入流动的本质内涵。

②数量流动

数量流动是指收入本身所发生的变化，即以绝对数或比率表示的收入数量的变动，主要反映了福利与贫困的绝对变化，常与 Beta 收敛或均值回复相联系。

以往的研究中通常使用普通最小二乘法估计数量流动系数，其回归方程为：

$$y_i^2 = \alpha + \beta y_i^1 + \varepsilon_i^2 \tag{6-1}$$

其中因变量 y_i^2 是末期的收入，自变量 y_i^1 代表基期收入，ε 代表随机误差，β 为待估计系数，式（6-1）代表数量收入流动。一些学者已经指出使用普通最小二乘法估计系数 β 会产生较大误差。为了克服以往估计数量流动研究中采用普通最小二乘法将会产生较大误差的缺点，Wodon 和 Yitzhaki（2001）、Beenstock（2004）提出使用工具变量法，改造后的回归模型为：

$$y_i^2 = \alpha + \beta^* r_i^1 + \varepsilon_i^2 \tag{6-2}$$

其中 β^* 为待估计系数，r_i^1 为工具变量，如果 $0 < \beta^* < 1$，说明收入分布 Y 存在 Beta 收敛或均值回复，也就是说处在基期的高收入（低收入）家庭在未来倾向于向下（向上）的数量流动，换句话说经济是"亲贫"的；如果 $\beta^* > 1$，则说明收入分布 Y 存在均值转移。

对数量流动系数 β^* 进行分解为：

$$\beta^* = \frac{\mathrm{cov}(Y^2 R^1)}{\mathrm{cov}(Y^1 R^1)} = \Gamma^{21} \frac{G^2}{G^1} \frac{\overline{Y^2}}{\overline{Y^1}} \tag{6-3}$$

式（6-3）可以反映出等级流动和数量流动之间的关系。Γ^{21} 是后向等级流动系数，表示家庭末期收入水平和基期收入等级之间的关系。$\frac{G^2}{G^1}$ 表示两个时期收入不平等情况的差异程度，如果 $\frac{G^2}{G^1} < 1$，则说明末期的收入不平等程度小于初期，此时基尼系数是收敛的；如果 $\frac{G^2}{G^1} > 1$ 则末期的收入不平等程度大于初期，此时基尼系数是发散的。$\frac{\overline{Y^2}}{\overline{Y^1}}$ 表示收入的拉升作用，如果其取值小于 1，则表明末期的平均收入水平相比初期没有明显增长；如果其取值大于 1，则表明末期的平均收入水平明显高于基期，整体收入水平向上提升。因此数量流动系数 β^* 随收入等级流动、基尼系数收敛和收入拉升三个部分的变化而变化。

收入的数量流动和等级流动是两种不同的流动模式。对于个人或家庭来说，在某一特定时期内，其收入数量可能会发生变化，但其收入在总体收入中的地位可能并没有发生变化。相反，个人或家庭的收入可能会经历向上或向下的等级流动，但同时可能该个人或家庭的收入数量并没有发生变化，或者经历相反的变化。

这是用基尼系数来衡量的收入流动性。

2. 收入转换矩阵

对收入流动和收入不平等测量应用最多的便是收入转换矩阵，收入转换矩阵反映了家庭收入在收入分配位次间的变动，根据研究的需要研究者可以任意对收入分配位次进行划分，一般分为五分位、十分位等。当一定收入分布中收入位次变化越强或者变化幅度越大时，收入分位的流动性也就越明显，因此，收入位置流动也反映了等级流动。下面将对案例进行五分位转换矩阵研究。

转换矩阵则很好地反映了收入的位置流动。以五分位转换矩阵为例对转换矩阵进行简单说明。将所有家庭各年收入数据按家庭人均收入均分为 5 等份，然后令 P 为一 5×5 矩阵，则 P_{ms} 表示家庭人均收入初期在 m 分位而末期转向 s 分位的概率，其中，$m = 1, \cdots, 5$；$s = 1, \cdots, 5$。那么元素为 P_{ms} 且 $\sum_{s} P_{ms} = 1$ 的矩阵 P 就是转换矩阵，则可将 P 写成

$$P = \begin{bmatrix} P_{11} & \cdots & P_{15} \\ \vdots & \ddots & \vdots \\ P_{51} & \cdots & P_{55} \end{bmatrix}。$$

收入转换矩阵能够很好地反映收入的位置流动性，其中有很多反映流动的指标。从转换矩阵的整体上看，如果 $m < s$，则收入的等级变化是正向的，称为向上的收入流动（Upward Mobility），如果 $m > s$，则收入的等级变化是负向的，称为向下的收入流动（Downward Mobility），如果 $m = s$，则表明家庭收入位次没有发生变化，其收入没有流动性（Immobility）。

为了便于理解，举例说明收入流动的转换矩阵方法。如建立一个初期年为 t，末期年为 $t + 1$ 的两个时期的收入分配数据，将收入由低到高分为 5 个相等的等级，则可以建立一个 5×5 的两期收入转换矩阵（见表 6 – 2 – 3）。

则在收入转换矩阵中 P_{11} 表示基期在位置 1 末期也在位置 1 的概

率，即表中的最左上角位置。$P_{11}=0.4$ 表示第一年（初年）收入处于最底层的家庭中有 40% 的概率在结束年（末年）仍然处于收入的最底层。$P_{31}=0.2$ 表示初年处在第三等级的家庭有 20% 的家庭在结束年不幸落到了最低等级。$P_{55}=0.4$ 表示有 40% 的最富裕家庭在末期保住了他们的位置。

表 6-2-3　收入转换矩阵示意

t 年位置	t+1 年位置				
	1	2	3	4	5
1	**0.4**	0.3	0.1	0.0	0.2
2	0.3	**0.3**	0.2	0.1	0.1
3	0.2	0.2	**0.4**	0.1	0.1
4	0.1	0.1	0.2	**0.4**	0.2
5	0.0	0.1	0.1	0.4	**0.4**

仔细观察收入转换矩阵，在转换矩阵中处于矩阵对角线位置的家庭为两个时期位置没有发生变化的概率，处在对角线下端的为位置向下流动的概率，相反处在对角线上端的则为向上流动的概率，在对角线及其附近的收入流动比重越大则收入流动性越低。最为极端的例子是，两个时期的收入位置没有变动，后一个时期的收入完全由前一时期决定，转换矩阵为一个单位阵，对角线上的数值均为 1，其他为 0。另外一种情况是后一时期与前一时期位置完全颠倒，则反对角线上的数值为 1，其余为 0，但这样情况极少出现。

收入转换矩阵可以清晰地描述每一个收入阶层的收入从初期到末期的变动情况，是分析社员收入流动的基础工具，但它并不能度量社会整体的收入流动情况，为此我们将在收入转换矩阵的基础上计算收入转换矩阵的测量指标，这些指标能够帮助我们清楚地认识收入流动的程度和方式。

测量指标可以分为两大类：一类是相对收入流动指标，另一类是绝对收入流动指标。

相对收入流动指标有以下几个。

（1）惯性率，也称不流动比率，它度量了在初期和末期收入相对位置不变的个体所占的比例，如果用 i 表示初始年的收入组，j 表示终止年的收入组，则惯性率 $I = \frac{1}{n}\sum_{j=1}^{n} P_{ij}$，其中 I 表示惯性率，n 代表分组数，P_{ij} 代表各收入组收入位置不变的个体所占的比例，惯性率越大说明不流动性比率越大则整体流动程度越小。

（2）平均流动，也叫平均阶差，是不同收入阶层间的流动性的加权平均，它同样反映了个体收入位置变动的相对收入流动程度，这个值越大则说明收入流动程度越大，其表达式为 $\frac{1}{n}\{\sum_{j=1}^{n}\sum_{i=1}^{n}|(j-1)|P_{ij}\}$，$n$ 为分组数，P_{ij} 表示收入转换矩阵中基期处于第 i 收入组的人，在末期位于第 j 收入组的概率。

（3）Shorrocks（1978）流动指数是一个衡量社会整体收入流动性的指标，定义为 $M(p) = \frac{n - tr(p)}{n - 1}$，式中 n 代表分组数，$tr(p)$ 代表收入转换矩阵 p 的轨迹，即收入转换矩阵对角线元素之和，Shorrocks 流动指数越大，则收入流动程度越大。

绝对流动指标：我们采用 Fields 和 Ok（1996）的非指向性指数（non-directional income mobility index）来衡量绝对收入流动的指标。Fields-Ok 非指向性指数衡量了当收入分布由初期的收入变为末期的收入时，所有个体收入变化产生的绝对收入差距的和，公式为 $I = \frac{1}{n}\sum|\log y_i - \log y_j|$，$y_j$ 为末期收入的向量，y_i 为初期收入的向量，n 为个体的个数。Fields-Ok 非指向性指数越大说明绝对收入流动越高。

三　20 世纪 70 年代农户收入流动

（一）基尼流动

单纯的基尼系数仅能反映短期内收入差异，并不能反映长期的变化情况，而基尼流动指标则能很好地反映长期收入差异。我们分收入等级流动和数量流动两种指标进行考察。结果如表 6 - 3 - 1 所示。

表 6 - 3 - 1　东北里家庭收入等级流动和数量流动

		变量含义	1971 年	1972 年	1973 年	1974 年	1975 年	1976 年	1977 年
1970 年	Γ^{21}	后向基尼相关系数	0.70	0.70	0.66	0.68	0.61	0.51	0.46
	G^2/G^1	基尼收敛	0.94	0.99	1.08	1.11	1.01	1.02	1.05
	$\bar{Y}^2/\bar{Y}^1$	收入拉升	1.17	1.43	1.62	1.51	1.61	1.23	1.16
	β^*	数量流动	0.77	1.00	1.15	1.14	1.00	0.64	0.56
	S	等级流动	0.24	0.26	0.27	0.26	0.36	0.43	0.50

从数量流动上看，短期内数量流动是发散的，长期内则为收敛的，即短期内收入流动扩大收入差距，而长期内则缩小收入差距。收入数量流动指标 β^* 的系数在短期和长期内表现出不同的特征，短期内 $\beta^* > 1$，表明短期内数量流动是发散的，如 1970 - 1974 年系数为 1.14，说明存在收入分布的均值转移，即收入偏离均值水平呈发散趋势，或者说收入流动加剧收入差距；长期内 $0 < \beta^* < 1$，表明长期内存在 Beta 收敛或均值回复，如 1970 - 1977 年系数为 0.56，即说明长期来看 1970 年的高收入家庭倾向于向下的数量流动，低收入家庭则倾向于向上流动，或者说收入流动缩小收入差距。也就是说中国农村 20 世纪 70 年代的收入数量流动经历了先发散再收敛的波动过程，[①] 这和均值描述的波动趋势较为相近。

从等级流动上看，这一时期中国农村家庭的等级流动性不断增强。首先，后向基尼相关系数 Γ^{21} 的数值在几乎所有年份中均随时间的延长而下降，如 Γ^{21} 在 1970 - 1972 年为 0.70，1970 - 1977 年则下降到 0.46，说明这一时期农村家庭收入等级间变化越来越明显，末期的收入等级与初期的相关性越来越小，流动性变大。其次，从等级流动指标 S 来看，其系数从 1970 - 1971 年的 0.24 上升到 1970 - 1977 年的 0.50，增加了 108.3%，上升幅度非常之大，等级流动指标 S 逐年增大反映出东北里家庭收入的流动性不断增强，其末期的收入等级与基期的收入等级关系越来越小，再次说明等级流动性增强。

通常而言，在没有收入拉升作用情况下，收入等级流动和数量流动模式之间的差距会越来越小；如果不存在基尼系数的收敛作用，则二者之间的差异会变大。由此可知，在收入拉升效应和基尼收敛的共同作用

---

① 当然由于数据的限制，这个结论还有很大的推测性。

下，两种流动模式间的差距越来越大。从后向基尼相关系数 $\varGamma^{21}$ 和数量流动 β^* 的数值看，收入等级流动和数量流动在 1970 - 1971 年分别为 0.70 和 0.77，两种流动模式之间的差距反映了 17.1% 的收入拉升作用和 6.08% 的基尼收敛作用，然而两种流动模式在 1970 - 1977 年分别为 0.46 和 0.56，其中收入拉升作用为 15.52%，基尼发散效应为 4.99%。

从收入的数量流动和等级流动两个方面看，长期效果是对低收入者有利，因为两个衡量收入流动的指标在长期内均呈流动加速趋势，收入流动加快将有利于改善穷人的经济收入地位，从而改变他们的社会地位。在工分制的特殊分配制度环境下，长期来看有利于低收入者改善自身环境，通过生命周期和自身努力改变自家在社会中所处的位置。

北街 2 队的例子在时间段上证明了同样的情形，即不管起始年如何，对 1976 年和 1977 年来说都是 Beta 收敛的，而随着农村改革的推进则出现均值转移。这在一定程度上增强了我们研究结果的可靠性。北街 2 队家庭收入等级流动和数量流动见表 6 - 3 - 2。

表 6 - 3 - 2　北街 2 队家庭收入等级流动和数量流动

		变量含义	1976 年	1977 年	1980 年
1975 年	$\varGamma^{21}$	后向基尼相关系数	0.84	0.80	0.61
	G^2/G^1	基尼收敛	0.87	0.93	1.11
	$\overline{Y}^2/\overline{Y}^1$	收入拉升	0.97	0.97	1.55
	β^*	数量流动	0.71	0.72	1.05
	S	等级流动	0.18	0.21	0.40

（二）转换矩阵

基尼流动指标反映的是收入等级流动和数量流动的总体水平，如果需要全面反映收入流动的内容，特别是等级收入流动的流动方向和变化幅度等，则需要借用收入转换矩阵来解决，为此我们将利用收入流动的 5 分位转换矩阵来考察。

在做转换矩阵之前先看 5 分位中各分位阶层的收入均值情况，从表 6 - 3 - 3 中发现，各分位的收入水平波动趋势较为一致，均为先上升后下降的过程，这和总体的波动趋势是一致的，如3分位的收入情况，1970年均值为88.98元，1974年上升到132.94元，1977年又下降到103.29元。通过各分位的对比发现，分位数越高则其波动幅度越大，如1974年与1970年对比，1分位的均值差为18.73元，但5分位的均值差高达99.03元，也就是说高收入的阶层收入差距大于低收入阶层。

表6-3-3 东北里分阶层收入情况

收入分位	1970年		1972年		1974年		1976年		1977年	
	界限	均值	界限	均值	界限	均值	界限	均值	界限	均值
1	58.44	46.33	85.89	66.22	87.17	65.06	71.74	60.12	65.71	48.97
2	79.43	67.97	112.42	102.73	117.90	101.64	99.22	85.18	93.39	82.88
3	101.09	88.98	142.14	128.02	150.16	132.94	120.80	109.47	113.81	103.29
4	124.72	111.43	174.22	159.21	196.90	167.82	154.24	135.76	139.82	126.07
5		172.20		239.90		271.23		210.24		201.28

注：界限即为分位点的收入值。单位为元。
资料来源：东北里生产队档案资料，历年收入分配账。

东北里分位人均收入情况根据表6-3-3数据作图，如图6-3-1所示。

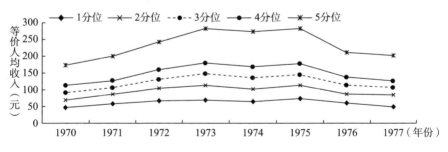

图6-3-1 东北里各分位人均收入情况

注：本图根据表6-3-3数据所作。

从图上看各分位的等价人均收入均呈先上升后下降的趋势，且分位点越高则变化越明显，5分位点的变化幅度最大。

北街2队分阶层收入情况如表6-3-4和图6-3-2所示。

表 6 - 3 - 4　北街 2 队分阶层收入情况

收入分位	1975 年		1977 年		1980 年	
	界限	均值	界限	均值	界限	均值
1	66.72	48.81	66.76	48.91	102.54	71.27
2	91.68	80.74	91.96	81.28	129.64	117.68
3	113.12	101.57	111.76	102.56	169.74	150.36
4	139.84	128.78	137.08	123.08	228.76	200.59
5		172.92		159.47		288.29

注：界限即为分位点的收入值。单位为元。

资料来源：北街 2 队生产队档案资料，历年收入分配账。

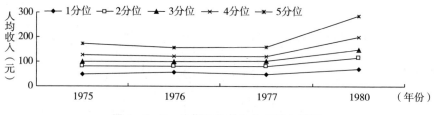

图 6 - 3 - 2　北街 2 队各分位点收入情况

　　北街 2 队的图线变化情形与东北里相当，也是 5 分位变化幅度最大，且在 20 世纪 70 年代后期收入差距扩大。表 6 - 3 - 5 为东北里收入转换矩阵。

表 6 - 3 - 5　东北里收入转换矩阵

		1971 年					1972 年					1973 年					1974 年					1975 年					1976 年					1977 年				
		1	2	3	4	5	1	2	3	4	5	1	2	3	4	5	1	2	3	4	5	1	2	3	4	5	1	2	3	4	5	1	2	3	4	5
1970 年	1	**59**	27	12	0	2	**47**	41	9	2	1	**51**	34	14	0	0	**64**	21	11	3	0	**38**	29	20	13	0	32	**34**	18	12	5	**29**	25	34	8	5
	2	32	**38**	14	9	7	34	**31**	27	4	5	27	**33**	28	3	9	20	**36**	26	12	5	28	**34**	26	7	6	31	**31**	9	24	4	24	**36**	22	11	7
	3	2	18	**51**	29	0	11	23	**33**	27	6	7	25	**32**	23	13	33	**38**	11	18	6	33	**22**	24	14	15	28	**35**	13	9	7	7	23	**27**	31	12
	4	5	11	28	**44**	12	2	6	22	**43**	23	6	8	23	**49**	14	7	31	**42**	14	10	2	26	**42**	20	4	10	30	**34**	22	10	5	17	**45**	23	
	5	0	6	4	23	**67**	0	9	13	30	**48**	0	3	12	31	**54**	4	4	3	30	**58**	7	6	9	23	**54**	9	2	20	13	**55**	13	8	20	19	**39**
1971 年	1						**67**	28	0	0	6	**59**	33	2	0	6	**65**	28	2	0	6	**40**	36	9	15	0	**44**	37	0	12	7	**37**	36	14	5	9
	2						7	**53**	32	7	1	13	**42**	32	14	0	12	**37**	35	13	4	19	**28**	19	28	7	25	**23**	25	21	5	13	**37**	28	6	16
	3						16	9	**39**	23	13	15	18	**39**	22	6	15	**54**	16	10	14	19	26	**35**	6	7	24	36	**16**	18	8	13	39	**26**	15	
	4						0	12	19	**51**	18	0	5	15	**52**	28	0	8	22	**44**	26	1	10	42	**23**	24	4	14	33	**32**	17	11	7	15	**48**	18
	5						4	6	13	27	**50**	4	3	23	15	**54**	11	2	1	28	**47**	4	4	7	8	**66**	10	1	16	23	**49**	15	3	17	31	**34**

续表

		1971年					1972年					1973年					1974年					1975年					1976年					1977年				
		1	2	3	4	5	1	2	3	4	5	1	2	3	4	5	1	2	3	4	5	1	2	3	4	5	1	2	3	4	5	1	2	3	4	5
1972年	1											72	19	9	0	0	62	32	6	0	0	47	38	10	5	0	43	37	4	9	6	35	35	24	4	2
	2											19	50	17	12	2	27	29	34	2	8	19	31	20	20	9	31	28	15	20	7	23	31	22	12	11
	3											4	22	44	29	2	0	25	42	30	3	10	18	47	20	5	11	19	51	19	1	8	19	31	39	3
	4											0	1	34	45	20	4	5	22	51	18	5	8	18	48	22	4	10	31	31	25	6	8	20	37	29
	5											0	7	0	21	72	0	6	13	15	66	8	4	14	17	56	1	15	7	21	56	13	8	15	17	47
1973年	1																69	26	5	0	0	55	30	11	5	0	52	35	3	3	7	41	34	18	5	2
	2																24	48	25	1	1	12	46	17	19	6	29	28	20	20	2	20	32	32	11	4
	3																1	22	44	32	0	6	19	33	37	5	4	19	47	17	14	9	15	25	25	25
	4																2	1	37	47	13	17	3	40	27	14	9	19	29	29	14	10	14	27	39	10
	5																0	0	4	21	75	0	4	7	22	67	0	6	7	34	53	3	6	10	34	47
1974年	1																					61	20	9	10	0	58	39	0	1	2	42	42	7	8	2
	2																					15	58	14	3	9	31	32	19	13	5	26	29	29	12	3
	3																					9	18	46	26	1	6	19	48	22	6	7	20	47	15	12
	4																					2	3	34	49	13	0	15	35	34	17	5	9	12	55	19
	5																					2	0	0	28	70	2	0	1	27	69	4	1	17	22	56
1975年	1																										62	34	1	2	0	55	31	12	2	0
	2																										27	44	14	11	5	18	42	33	6	1
	3																										6	22	46	22	2	15	18	38	27	2
	4																										3	9	34	28	27	0	5	20	38	37
	5																										3	0	7	34	56	1	7	7	41	43
1976年	1																															51	46	3	0	0
	2																															22	42	21	15	0
	3																															5	8	56	29	3
	4																															8	2	22	50	19
	5																															1	2	18	7	71

注：表中黑体部分为转换矩阵中对角线上的数据，表示不流动比例。

为了方便分析和阅读，我们将表6-3-5简化为表6-3-6，表6-3-6中仅显示两个时期的转换矩阵，即1970-1974年和1974-1977年。

表 6 - 3 - 6　东北里收入转换矩阵（简表）

			1974 年						1977 年			
		1	2	3	4	5			1	2	3	4	5
1970 年	1	**64**	21	11	3	0	1974 年	1	**42**	42	7	8	2
	2	20	**36**	26	12	5		2	26	**29**	29	12	3
	3	1	33	**38**	11	18		3	7	20	**47**	15	12
	4	6	7	31	**42**	14		4	5	9	12	**55**	19
	5	4	4	3	30	**58**		5	4	1	17	22	**56**

收入转换矩阵反映了两个时期收入位次的变动，如 1970 - 1974 年基期处于最贫穷位置的 20% 的农户到了末期仍有其中的 64% 处于这一水平，处在最高收入 20% 的农户到末期仍有其中 58% 的农户保持在最高收入水平。后一阶段（1974 - 1977 年），仅有 42% 的农户保持在最低收入水平。两个阶段对比来看，低收入的两个阶层流动性加大，保持在原位置的比例分别从 64% 和 36% 下降到 42% 和 29%，流动幅度较大；但 3 分位和 4 分位的收入流动与两个低分位流动性相比出现相反的情况，即流动性减小，其保持在原等级位置的比例分别从 38% 和 42% 上升到 47% 和 55%，保持在原位置的比例越高说明流动性越差，可见这两个阶层的流动性变小；最高分位的流动性没有太大变化，分别从 58% 变化到 56%，基本持平或稍慢。

惯性率（不流动率）在逐渐减小，说明相对收入流动性加强。前一时期的惯性率为 47.6%，后一时期为 45.8%，后一时期小于前一时期（惯性率越大流动性越小）。

因为不同等级的收入流动呈现不同的特征，所以才出现等级流动与数量流动显示的不同特色，进而表现出收入不平等的变化趋势。

这一时期高收入组和低收入组表现出不同的流动性（如图 6 - 3 - 3 所示），低收入组流动性最强，保持在最低收入组的比例从 1970 - 1974 年的 64%，变化到 1974 - 1977 年的 42%；而保持在最高和维持不变的收入组变化较小，在两个时段的比例分别为 58% 到 56% 和 47.6% 到 45.8%，这再次显示出收入流动有利于低收入阶层。

社会整体收入流动性逐渐增大。从 Shorrocks 各种指数看两个时段中后一时期均较前一时期为高，如 Shorrocks 流动指数 1974 - 1977 年为

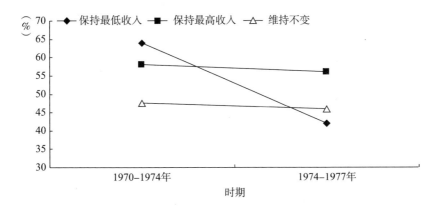

图6-3-3　保持在最高收入、最低收入和等级不变的农户比例

资料来源：东北里生产队各年收入分配数据。

0.265，而1970-1974年则为0.201（见表6-3-7），后者高于前者说明社会整体收入流动性增大。

表6-3-7　东北里收入流动性的各种指标

指数	指标	1970-1974年	1974-1977年
Shorrocks' MET-the Prais index		0.654	0.677
Atkinson et al. Mobility Ratio		0.149	0.171
Determinant Index		0.712	0.779
Average Jump		0.726	0.768
Normalised Average Jump		0.290	0.307
Shorrocks [1978]'s	mobility index:	1970-1974年	1974-1977年
Using GE（-1）	inequality index	0.201	0.265
Using GE（0）	inequality index	0.185	0.227
Using GE（1）	inequality index	0.178	0.203
Using GE（2）	inequality index	0.179	0.191

人民公社越到后期绝对收入流动性越强。绝对收入流动指标 Fields-Ok 非指向性指数表明1974-1977年的指数均高于1970-1974年。如表6-3-8所示，总绝对流动指数1974-1977年为532.5，1970-1974年为522，人均流动指数和流动百分比两个时段分别为0.78和0.74，28.19%和26.99%。在了解总体绝对收入之后，需要对绝对收入进行影

响因素分解，发现在 Fields – Ok 非指向性指数中分为变迁因素和增长因素，后一时段的变迁因素均低于前者，后者增长因素均高于前者，说明绝对收入流动的提高主要是由增长拉动的。

表 6 – 3 – 8   东北里 Fields-Ok 非指向性指数

Fields – Ok［1996］'absolute' mobility indices	1970 – 1974 年	1974 – 1977 年
Total Absolute Mobility	522	532.5
due to transfer	464	429
due to growth	58	103.5
Per capita Mobility	0.74	0.78
due to transfer	0.66	0.62
due to growth	0.08	0.15
Percentage Mobility	26.99%	28.19%
due to transfer	23.99%	22.71%
due to growth	3.00%	5.48%

北街 2 队的例子也说明了同样的变化趋势，即收入流动性逐渐增大，见本章附表 6 – 2 至附表 6 – 4。

（三）收入流动与不平等的关系

上面已经对收入流动进行了各种测量，那么收入流动与收入不平等之间具有怎样的关系？Fields（2007）和 Fields 等（2015）在 Chakravarty, Dutta 和 Weymark（1985）以及 Shorrocks（1978）的基础上，定义了可以用于实际计算的"收入流动性作为长期收入平等器的进步指标"，即从流动性对收入不平等的作用这一角度对收入流动性进行了界定和测量。其公式为：

$$E = 1 - \frac{G(L)}{G(F)} \qquad (6 - 4)$$

其中 $G(L)$ 表示长期收入基尼系数，指的是基期和末期的平均收入，$G(F)$ 表示短期收入基尼系数，指的是基期的收入水平。E 为不平等程度，如果 $E = 0$，表示不存在流动性；$E > 0$，表示长期收入分配状况较短期收入分配平等，此时 E 值越大表明收入流动的平等化作用越强，反之亦然；$E < 0$，表示长期收入分配状况较短期收入分配更加不平等。计算结果如表 6 – 3 – 9 所示。

表 6 – 3 – 9　　收入流动对长期收入分配的作用

指标	1970 年	1971 年	1972 年	1973 年	1974 年	1975 年	1976 年	1977 年
短期收入不平等	0.2077	0.1951	0.2066	0.2240	0.2297	0.2105	0.2119	0.2181
长期收入不平等		0.1840	0.1944	0.2044	0.2061	0.1948	0.1821	0.1826
E		0.0567	0.0593	0.0873	0.1027	0.0749	0.1406	0.1627

收入流动对农村 20 世纪 70 年代农户收入产生了重要影响。我们知道短期收入不平等反映的仅是单个年度的收入分配状况，而长期的收入不平等反映的是起始年份和结束年份的平均收入分配状况。因此如果短期内收入不平等程度上升，但同时伴随着各年度间的收入流动性，那么从长期来看收入分配的状况并不会像短期那样严重。

案例显示 20 世纪 70 年代，中国农村短期和长期收入不平等程度都是先上升后下降，在 1974 年达到最高值，如 1971 年短期和长期收入基尼系数分别为 0.195 和 0.184，到 1974 年分别上升到 0.230 和 0.206，1977 年又下降到 0.218 和 0.183，所有年的短期收入不平等程度要高于长期，同时短期不平等程度的变化幅度较大。

但不管农户收入的短期不平等程度和长期不平等程度如何单独变化，其流动性指标 E 均显示，长期收入分配状况较短期收入分配平等，且收入流动对农户间的平等化程度作用越来越强。收入流动的平等化指标 E 在 1970 – 1977 年，从 0.0567 上升到了 0.1627，收入流动的平等化作用上升了 186.95%，这说明收入流动对收入分配起到了较强的平等化作用。

收入流动转换矩阵研究中的数值表明，基期年处在某一分位的家庭在末期处在另一位置的百分比，实际上这里只考察了基期年和末期年的收入位置变化，而没有考虑基期和末期之间年份的情况。但有时会发生这样的情况，即基期和末期均处在收入的最底端，但实际上在中间年份其收入地位先发生了向上流动后又向下回到了底端，因此这样的家庭并不是一直处在贫困家庭行列的。因此我们借鉴 Shi 等（2010a）的方法，利用四个时点的东北里数据（1970 年、1973 年、1975 年和 1977 年），将农村收入中的贫困和富裕变化区分为暂时性贫困（富裕）和永久性贫困（富裕）。

我们进一步将贫困家庭细分为三种类型：①永久性贫困，即家庭收入始终保持在最低收入等级，没有发生任何等级变化；②脱离贫困型，即家庭收入在起始年处在最低位，但最后升到了高位，而且在考察的年份当中没有再落回最低位；③脱离又陷入型，即家庭收入在起始年处在最低位，随后脱离最低位，但最后又落回最低位。除第一种类型属永久贫困以外，其他两种类型均属暂时性贫困。同理，对于富裕家庭也分为三种类型：①永久性富裕，即在所有考察的年份中该家庭均处在收入等级的最顶端；②脱离富裕型，即家庭收入从最高等级下降到低等级，并且没有再回到最高等级；③波动型，即家庭收入起始年处在最高级，而后出现下降，最后又回到最高等级。我们将类型①称为永久性富裕，其余两类称为暂时性富裕。

由此我们得到农村家庭贫困变化情况，如表 6 - 3 - 10 所示。

表 6 - 3 - 10 东北里家庭贫困变化情况（%）

最低收入阶层	永久性贫困	脱离贫困型	脱离又陷入型
	18.75	62.5	18.75
最高收入阶层	永久性富裕	脱离富裕型	波动型
	31.25	53.13	15.63

从 1970 年到 1977 年处于永久性贫困的家庭比例为 18.75%，这个数字小于通过转换矩阵而得到的 29%，因为 29% 里面包含了部分脱离又陷入型家庭，尽管这个数据比转换矩阵计算的小，但其绝对量也是相当大的；同理，属永久性富裕的家庭数量更大，达 31.25%；而 Shi 等（2010a）对中国农村（1989 - 2006 年）的计算永久性贫困和永久性富裕家庭比例仅为 1.06%，从而又一个事实证明 20 世纪 70 年代中国农村收入流动性较小和收入流动有利于低收入者的论点。

四 收入流动的影响因素

以上部分描述性的讨论了收入流动情况，但这一时期收入流动的影响因素究竟如何，是需要进一步研究的问题。为了便于计算我们将

表 6 - 3 - 6 五分位等级流动分为三种流动情况作为被解释变量，即向上流动、不流动和向下流动。比如某家庭 1971 - 1974 年从分位 3 上升到分位 4 或更高，则表明收入等级向上流动，赋值为 1，如果向下流动则赋值为 - 1，保持原分位不变则赋值为 0。根据被解释变量的赋值情况，我们选择 Multinominal Logit Model（MLM）进行估计。该模型对自变量的要求不需要存在高低顺序，它的基本思想是事先选择一个结果作为参照，其他结果与其对比，并对比较结果进行二元 Logit 回归。MLM 模型成立的假设前提是，结果之间的比较不受加入或减少取值结果的影响，我们的模型符合这个要求。各变量的含义如表 6 - 4 - 1 所示。

表 6 - 4 - 1　收入流动影响因素变量定义

类别	变量名称	变量说明
被解释变量	X71 - 77	1971 - 1977 年收入位置流动
	lnRINC	考察期内两个时段等价人均收入对数增长率
家庭因素	APIN	基期等价人均收入
人口因素	APOP	基期等价人口数量
	C/P	基期家庭等价总人口与劳动力比例（简称劳动供养比）
政治资本	CLAS	基期家庭阶级成分
人力资本因素	BASEPOINT	基期家庭等价劳均底分
各变量变化	RPOP	两个时期等价人口数量变化
	RC/P	两个时期等价人口与劳动力比例变化
	RBP	两个时期劳动底分变化

被解释变量可以用两种情况表示，位置流动的等级变化数和两个时段等价人均收入的对数增长率。解释变量包括基期家庭因素，用基期等价人均收入表示；人口因素，含人口数量和劳动供养比；政治资本，用家庭成分表示；人力资本，用劳动底分表示；其他变量的变化情况。各变量的描述统计如表 6 - 4 - 2 所示。

表 6 - 4 - 2　各变量的描述性统计

变量名称	1971 年				1977 年			
	均值	标准差	最小值	最大值	均值	标准差	最小值	最大值
lnRINC7177	- 0.034	0.523	- 2.183	1.677	- 0.034	0.523	- 2.183	1.677

续表

变量名称	1971 年				1977 年			
	均值	标准差	最小值	最大值	均值	标准差	最小值	最大值
X71 – 77	0.050	0.775	– 1	1	0.050	0.775	– 1	1
APIN	114.060	55.366	11.250	339.000	112.500	58.411	15.400	336.490
APOP	4.113	2.160	1.000	10.000	4.494	2.243	1.000	10.000
BASEPOINT	8.663	1.362	3.75	10.00	6.60	2.078	0.00	10.00
C/P	2.333	1.027	1.000	6.000	2.612	1.266	1.000	7.000
CLAS	0.340	0.474	0	1	0.340	0.474	0	1
RPOP7177	0.380	1.570	– 4.000	9.000	0.380	1.570	– 4.000	9.000
RC/P7177	0.224	1.217	– 3.700	4.000	0.224	1.217	– 3.700	4.000
RBP7177	– 4.028	8.066	– 38.500	17.500	– 4.028	8.066	– 38.500	17.500

注：因 1970 年的人口信息缺失，所以我们的计算从 1971 年开始，我们也将前面的所有计算起始年均改成 1971 年，发现结果并不受影响。

资料来源：东北里生产队档案资料，历年收入分配账。

X71 – 77 为被解释变量，表示 1971 – 1977 年收入位置变化，分为三种情况：向上流动赋值为 1，向下流动赋值为 – 1，位置不变赋值为 0。

lnRINC 为线性回归模型的被解释变量，[①] 表示两个时段等价人均收入对数增长率。

APIN 为经过按人口年龄调整后的基期等价人均收入，是家庭收入流动的主要解释变量，1971 年均值为 114.1 元，1977 年略有下降为 112.5 元。

APOP 和 C/P 均为基期家庭人口因素，分别表示等价人口数量和等价人口与劳动力比（简称劳动供养比），家庭人口因素是家庭收入流动的重要影响因素。等价人口和劳动供养比分别由 1971 年的 4.1 和 2.3 上升到 1977 年的 4.5 和 2.6。

BASEPOINT 为基期家庭劳均底分，表示家庭的劳动能力，相当于工人的工资率，一般来说劳动底分高说明家庭劳动能力强，当家庭人口结

[①] 同时我们也将两个时段的等价人均收入对数增长率作为因变量，构建线性回归模型，与位置变动 MLM 模型结果作为比较，发现结果极为相近，因此只报告了位置变动的回归结果，将对数增长率的回归结果放在文后以供参考（见附表 6 – 1）。

构相同时劳动底分高则相应劳动收入也高。[①] 为了消除人口因素，我们取家庭劳均底分，并将男劳力取 1、女劳力取 0.8 进行加权处理后取均值。[②] 劳均底分在 1971 - 1977 年有所下降，从 8.7 下降到 6.6。

阶级成分是人民公社时期较为特殊的变量，分为地主、富农、上中农、中农、下中农和贫农，一般的地主、富农（有时还有上中农）被看成"高"的阶级成分，在劳动和分配过程中会有一定歧视。因此我们将其作为一个考察变量进行分析。因为该案例没有地主，富农只有 1 户，上中农只有 5 户，为了具有统计意义，我们将贫农和下中农（合称"贫下中农"）作为"贫困"阶级赋值为 0，将中农与上中农和富农一起作为"富裕"阶级赋值为 1，形成阶级成分虚拟变量，以CLAS 表示。[③]

RPOP、RC/P 和 RBP 分别表示两个时间段的等价人口、劳动供养比和劳动底分的变化情况，即家庭人口因素和家庭劳动能力会影响家庭收入。描述性统计也反映家庭人口和劳动供养比增加（增加值为 0.38 和0.22），但劳动底分下降 （ - 4.03）。

用流动方向表示的因变量简单统计如表 6 - 4 - 3 所示。

表 6 - 4 - 3 东北里等级流动情况

流动方向	1971 - 1974 年		1974 - 1977 年		1971 - 1977 年	
	户数	占比（%）	户数	占比（%）	户数	占比（%）
向下流动（ - 1）	34	23.80	37	25.90	38	27.00
不流动（0）	72	50.30	65	45.50	55	39.00
向上流动（1）	37	25.90	41	28.70	48	34.00
合 计	143	100.00	143	100.00	141	100.00

从 1971 - 1974 年和 1974 - 1977 年对比来看，不流动的户数均大于向上和向下流动的户数，且向上流动的户数大于向下流动，如 1971 -

---

① 劳动底分的评定是一个相当复杂的过程，会综合考虑劳动者劳动能力、年龄、劳动态度、性别等因素，但总体来看基本可以反映真实的劳动能力（张乐天，2005）。

② 人民公社时期通常男性全劳动力底分为 10，女性全劳动力底分为 8（张乐天，2005）。

③ 需要注意的是阶级成分一旦划定，在其后的岁月里几乎没有变化，直到人民公社结束，但其影响在不同时期是不同的，一般来说，越到后期阶级成分对政治、经济生活影响越小（张乐天，2005）。

1974 年不流动的户占 50.3% 大于向上流动户 25.9%、大于向下流动户 23.8%，后期（1974 - 1977 年）无论向上或向下其流动比例均高于前期。从长期来看，其等级流动比例均高于短期，如不流动比例长期仅为 39.0%，而短期为 50.3%（1971 - 1974 年）。由此可以初步说明长期流动较大。

估计结果如表 6 - 4 - 4 所示,[①] 收入数量作为因变量的回归结果如本章附表 6 - 1 所示。

表 6 - 4 - 4　东北里收入流动估计结果

变量名称	1971 - 1974 年				1974 - 1977 年				1971 - 1977 年			
	- 1		1		- 1		1		- 1		1	
	B	SE	B	SE	B	SE	B	SE	B	SE	B	SE
Intercept	1.513	1.966	6.623***	2.428	- 3.904**	1.838	3.004	1.857	- 2.134	2.423	8.903***	3.036
APIN	0.009	0.006	- 0.038***	0.011	0.000	0.004	- 0.034***	0.008	0.009	0.007	- 0.057***	0.013
APOP	- 0.046	0.144	0.014	0.125	- 0.060	0.151	0.130	0.129	- 0.012	0.165	- 0.053	0.138
BASEPOINT	- 0.457	0.196	- 0.138	0.221	0.415**	0.189	0.262	0.185	0.055	0.234	- 0.024	0.251
C/P	0.030	0.283	- 0.825**	0.411	0.112	0.276	- 0.583*	0.303	- 0.041	0.314	- 1.052***	0.402
CLAS	- 0.104	0.473	- 0.229	0.534	- 0.510	0.505	- 0.480	0.507	- 0.429	0.486	- 0.447	0.536
RPOP	0.620**	0.312	- 0.452	0.297	0.966***	0.361	- 0.445	0.341	0.532**	0.239	- 0.421*	0.229
RC/P	0.344	0.374	- 0.662*	0.377	0.697**	0.313	- 0.667**	0.310	0.246	0.255	- 1.156***	0.304
RBP	- 0.226	0.219	0.171	0.209	- 0.078	0.120	0.058	0.163	0.064	0.134	0.071	0.125
- 2 Log Likelihood	239.615				231.048				221.1			
N	143				143				141			

注：＊、＊＊、＊＊＊分别代表在 10%、5% 和 1% 水平上显著。其中不流动组为对照组。

所有时段的向上等级流动均与基期的等价人均收入（APIN）呈显著负相关关系，这说明与两个时段位置保持不变的农户相比，农户基年收入越高越不利于向上等级流动，相反，基年收入越低越倾向于向上流动，

[①]　对于五分位收入等级来说最高级和最低级的农户不可能再向更高级和更低级流动，因此为了解决这个问题，我们将农户收入按十等分分组，去掉第 1 组和第 10 组后重新进行回归则结果与所得结果基本一致，因此我们没有报告另一组结果。我们同样将家庭收入的对数增长率作为因变量进行了回归，结果如本章附表 6 - 1 所示，其结果与我们报告的结果一致，说明我们的研究具有稳定性。

证明了经济是"亲贫的"，也证明 20 世纪 70 年代农户收入存在较强的收入流动。但所有时段的人均收入对向下流动均不显著，不能证明向下等级流动与基年收入之间存在显著关系。

在基期家庭人口因素中的家庭总人口（APOP）和劳动供养比（C/P）中，家庭总人口对收入流动没有显著影响，说明家庭人口因素并不是影响收入流动和收入差距的主要因素。但家庭人口因素中的劳动供养比有显著影响，它的影响均表现在向上流动的家庭中，且 1971－1974 年和 1971－1977 年均在 1% 水平上显著。同时劳动供养比的影响方向均为负，说明家庭中每个劳动力需要供养的人口越多，则该家庭向上的流动性越差，这一情况反映了历史事实。在 20 世纪 70 年代，家庭生活最好的往往是家庭中劳动力多而消费人口少的家庭；相反那些劳动力少而消费人口多的家庭往往较容易滑向"超支户"。

基期家庭底分（BASEPOINT）对收入流动的影响并不明显，仅在 1974－1977 年向下流动的家庭中有显著正相关，这说明基期底分越高越有可能向下流动，这可能是因为基期底分高意味着末期底分可能会低，与事实基本相符。

阶级成分（CLAS）在所有年份和流向中均不显著，说明代表政治身份的阶级成分在 20 世纪 70 年代对农户收入和收入流动几乎不起作用。①

两个时段的人口变化（RPOP）对收入流动有显著的影响，特别是在向下流动的农户中其影响更为明显。总人口数量增加不利于农户收入等级向上流动，也就是说农户总人口越多消费人口越多，从而不利于向上流动，反而，家庭人口增多促进了收入等级的向下流动。这一现象在劳动供养比（C/P）中得到了进一步证明，家庭中每个劳动者所供养的人口越多则越不利于向上流动，因此我们看到在向上流动的家庭中其估计系数符号均为负。

两个时期的劳动底分变化（RBP）对收入流动没有显著影响，有很大可能是因为劳动底分的变化较小，被人口因素所吞没。

---

① 需要说明的是，样本中没有地主，富农只有一户，中农户数也比较少，这可能促使阶级成分的影响并不显著。

总之，人民公社期间收入流动主要由家庭人口因素决定，人口因素包括家庭总人口、家庭劳动力数量和劳动能力，但与家庭的政治身份无关。

五　小结

20 世纪 70 年代中国农村总体收入差异较小，处在相对平均的状况。但在生产队内部绝对收入仍具有一定差异，且有的地方差异较大。总体上看收入流动性较小，随着时间的推进等级流动增大、数量流动波动较大，但整体收入流动性呈变大趋势。

收入流动缩小收入差距，在一定程度上减少了 20 世纪 70 年代的贫富分化，收入流动从长期上看减少了社会不平等化程度，收入流动的"亲贫性"对低收入人口有一定的益处，也在一定程度上减少了社会分化，对缓解社会矛盾有一定促进作用，收入流动性加大也在一定程度上改变各阶层的社会地位。

各阶层收入等级或数量的改变受多种因素影响，然而在人民公社时期特殊的政策制度下，农户收入几乎只有集体收入一种，因此没有结构性收入影响，而在全靠体力劳动的社会中，家庭人口结构会对收入起主要影响作用，我们的研究发现收入流动的影响因素主要是家庭人口，包括家庭人数、劳动供养比等。

人民公社期间农户存在收入差距，但改变差距的途径很有限，且收入主要由家庭人口因素影响，因此人们的预期不理想，因而对公社解体有一定的促进作用，公社解散后的快速发展可能正是因为打破了收入影响的因素，有了更多的收入途径才使农户收入增加的，同时效率的提高也是一个不争的事实，当然同时也伴随着收入差距的拉大。

本章附表

附表 6 – 1　1971 – 1977 年收入流动影响因素的回归结果

变量	系数	T 值	显著度
（Constant）	0.517*	1.850	0.066
APIN71	– 0.004***	– 5.456	0.000

续表

变量	系数	T 值	显著度
APOP71	− 0. 004	− 0. 220	0. 826
BASE POINT71	0. 033	1. 177	0. 241
C/P71	− 0. 092*	− 1. 961	0. 052
CLAS2	− 0. 076	− 1. 028	0. 305
RPOP7177	− 0. 058**	− 2. 148	0. 033
RC/P7177	− 0. 184***	− 5. 207	0. 000
RBP7177	0. 012	0. 636	0. 526
R^2	0. 360		
N	160		

注：因变量为两个时期收入对数增长率。* 、** 、*** 分别代表 10% 、5% 和 1% 水平显著。

附表 6 – 2　收入流动转换矩阵 （北街 2 队）

收入分位	1975 – 1977 年					收入分位	1977 – 1980 年				
	1	2	3	4	5		1	2	3	4	5
1	**0. 64**	0. 36	0. 00	0. 00	0. 00	1	**0. 63**	0. 33	0. 04	0. 00	0. 00
2	0. 25	**0. 29**	0. 24	0. 09	0. 12	2	0. 08	**0. 36**	0. 29	0. 09	0. 18
3	0. 01	0. 20	**0. 53**	0. 24	0. 01	3	0. 06	0. 10	**0. 40**	0. 39	0. 04
4	0. 00	0. 14	0. 16	**0. 52**	0. 17	4	0. 07	0. 16	0. 22	**0. 26**	0. 30
5	0. 00	0. 00	0. 15	0. 31	**0. 54**	5	0. 00	0. 00	0. 11	0. 43	**0. 46**

惯性率从 50.4% 降低到 42.2% ，流动性大大加强。

附表 6 – 3　Fields-Ok 非指向性指数 （北街 2 队）

Fields – Ok ［1996］ 'absolute' mobility indices	1975 – 1977 年	1977 – 1980 年
Total Absolute Mobility	215	261
due to transfer	198	216
due to growth	17	45
Per capita Mobility	0. 63	0. 79
due to transfer	0. 58	0. 65
due to growth	0. 05	0. 14

Fields – Ok [1996] 'absolute' mobility indices	1975 – 1977 年	1977 – 1980 年
Percentage Mobility	21.94%	27.30%
due to transfer	20.20%	22.59%
due to growth	1.73%	4.71%

1977 – 1980 年时段的绝对收入指数高于 1975 – 1977 年时段，说明绝对收入流动增大。

附表 6 – 4　Shorrocks 指数（北街 2 队）

Shorrocks' MET- the Prais index		0.62	0.72
Atkinson et al. Mobility Ratio		0.11	0.15
Determinant Index		0.72	0.81
Average Jump		0.63	0.78
Normalised Average Jump		0.25	0.31
Shorrocks [1978] 's	mobility index		
Using GE （-1）	inequality index	0.151	0.188
Using GE （0）	inequality index	0.134	0.176
Using GE （1）	inequality index	0.128	0.174
Using GE （2）	inequality index	0.131	0.179

Shorrocks 指数说明后期收入流动性增大。

第七章 农户收入实物化*

我们已经讨论了影响农户收入的各种因素，如家庭生命周期、家庭性别结构、农户所在生产队的差异以及家庭人口结构对收入流动性的影响等问题，但我们一直忽略一个重要的问题，即农户收入的表现形式，进一步解释是农户所得到的收入是什么，是货币还是实物。这是一个重要的问题，也是人民公社所特有的现象，或许对解开人民公社之谜有较大帮助。

众所周知在人类社会发展的早期阶段，财富的表现形式是实际的物品，如猎物、打磨工具、马匹、粮食等，后来随着经济的发展开始出现货币，人们之间的交换从以物易物转换到以货币为媒介，货币就成为特定时期和地理环境内的财富表现形式，加快物品流动，促进经济发展。近现代以来物物交换几乎完全退出了历史舞台，所有商品流通几乎都以货币为媒介进行。人们的收入形式以货币为主。

然而，20 世纪 70 年代却表现出了特殊的情形，此时农户的收入形式表现出较强的实物化倾向，即农户的收入物不是钱（虽然也是用钱来核算的）而是粮食、副产品等实物。这种分配的实物化形式对农户行为产生较大影响，如对消费行为的抑制、对超计划分粮行为的鼓动等。对这些行为的研究或许为理解人民公社提供了不同视角。

目前学界对这一问题的关注不够，本章将以河北谢庄第 9 生产队为例围绕农户从生产队集体获得劳动报酬的过程，剖析劳动报酬实物化及其对农民的消费行为、超计划分粮行为的影响。

一 案例资料的基本情况

河北省保定市张登镇谢庄村一位老会计提供了若干年份 20 世纪 70

---

* 感谢笔者的合作者徐卫国研究员慷允将此文收入本书中。收录时在原文基础上做了较大改动。

年代谢庄大队（今谢庄行政村）第9生产队（简称9队）的收益分配资料，为我们探究农户收入实物化及其影响提供了宝贵的实证资料。[1] 这份资料的特殊之处在于，它记载了不同形式分配的种类和比例等。

这批会计资料，时间上起于人民公社制度稳定时期的1974年，终于联产承包责任制拉开序幕的1980年，内容以第9生产队实物分类明细账和实物分配总决算表为主，还有部分生产队现金明细账。每年参加分配的社员家庭，少则33户，多则42户（参见表7-1-1）。表中人口数，实为能参加分配的人口，并非全部户籍人口。一些户籍仍在生产队但工作在外的人口，并不包含在内。村干部回忆说，9队统计人口占全队人口的七八成。此外，参加分配的儿童，只能按年龄计为小于1个自然人的"标准人"。生产队的实物分配，实际是按"标准人"进行的。[2]

9队连续参加各年分配的农户有27户（中途有若干户迁入或迁出）。1975年、1977年两年的农户分配汇总（总决算）数据不够完整（主要是缺少秋后总决算数据）；1980年因家庭承包制的推进，账面统计数远低于实际情况。

第9生产队所在的张登公社（今张登镇）谢庄大队位于清苑县城以南约12公里处。自1962年起，全大队分为12个生产小队，之后一直沿用。如今，谢庄村仍分为12个村民小组。9队在人民公社时期的耕地面积保持在100亩左右。

表7-1-1　第9生产队历年人口

年份	户数	自然人	标准人
1974	34	159	151.46
1975	35	163	158.58
1976	36	167	163.40
1977	38	169	166.30

---

[1] 在此感谢清苑县张登镇谢庄村第9村民小组的杨先生。他曾长期担任原谢庄大队第9生产队会计，我们的历次调查，都得到他的热情帮助。

[2] 表中标准人数，是生产队账本的原始数据。关于"标准人"更多的讨论，参见黄英伟（2011）。

续表

年份	户数	自然人	标准人
1978	42	167	163.43
1979	39	156	155.10
1980	33	161	158.28

资料来源：根据第9生产队历年实物分配总决算表整理。

谢庄大队的经济以农为主，在当时的清苑县处于中上水平，当地甚至有"学大寨赶大寨，赶上谢庄村也不赖"的顺口溜。经济结构呈现以农业为主的单一结构。在这样一个包含农、林、牧、副、渔五业在内的广义农业中，种植业是主体，粮食种植则是其重心，体现了"以粮为纲"的生产战略。主要农作物有小麦、玉米、红薯（当地人亦称为"山药"）、谷子、糁子、豆类等。此外，还有花生、芝麻、棉花、萝卜、蔬菜、秫秸等农副产品。这些都是用于分配的主要实物。

会计资料显示，9队以粮食种植为主的农业，一直占据总收入50%以上的比例，有的年份甚至接近80%。农业收入主要来自农作物实物分配折款，但也包括一些农产品出售所得，如粮食征购、出售麦秸给造纸厂的收入。畜牧业收入，主要来自猪肉出售以及为社员家畜配种所得，但并不包括社员家庭饲养的全部收入。副业收入，主要来自生产队机器磨房为社员加工粮食所得、绣花组加工收入、盖房班施工收入、工房轧花收入等。此外，社员临时和短期外出做工的现象，历年都有。其中有七八人外出做工较多。各年平均来看，"副业"和"其他"两项收入相加，在总收入中占有20%左右的比例。

二　农户收入实物化

劳动报酬实物化，是指生产队分配给农户的劳动报酬，以粮食和农副产品等农产品实物为主，现金分配极少这一现象。生产队是人民公社的基本核算单位，除了上交国家征购粮、留下种子及其他必备粮食（如公益活动所需），生产队针对社员的分配包括实物分配和现金分配两类；总原则是"各尽所能，按劳分配，不劳动者不得食"。分配一般以户为单位，总决算表上也只记户主姓名。实物分配主要是粮食及少量农副产品的分配，亦即农产品的分配。

9 队 27 户历年人均总收入、实物收入（折款）和现金收入情况如表 7-2-1 所示。人均总收入 5 年平均为 67.42 元，其中农户以实物形式获得的收入人均为 63.40 元，以现金形式获得的收入仅为 4.08 元，在农户的收入当中以实物形式表现的收入占总收入的 94.04%，也就是说，农户收入中绝大部分是实物形式，可见农户收入实物化现象明显。从 1974 年到 1980 年，实物收入在总收入中的比重几乎都在 90% 以上，最低的年份是 1980 年为 89.74%，最高的年份是 1976 年，竟然高达 98.48%，几乎没有现金收入。

表中第 2 列是历年工分值，即一个标准工作日的价值（以钱数衡量），5 年平均值为 0.611 元，工分值最高的为 1979 年 0.746 元，最低的为 1976 年 0.518 元。9 队的工分值处于中等偏上水平。当地村干部和老农回忆说，在人民公社时期，工分值超过 0.6 元就算不错了。另外，根据会计资料的统计得知，上述 27 户在 5 个年份之中，先后有 79 户次有余款，56 户次有亏款。余款户次、人均余款均超过亏款者，但 5 个年份中亏款户次超过 41%，也很惊人。[①] 更何况人均现金寥寥无几！

表 7-2-1　第 9 生产队 27 户历年人均实物折款和现金收入统计

单位：元，%

年份	工分值	人均应分款（总收入）	人均实物折款	人均现金收入	人均实物折款占比	人均余款	人均亏款
1974	0.592	65.70	60.00	5.78*	91.32	9.75	4.05
1976	0.518	59.95	59.04	1.16*	98.48	6.06	5.15
1978	0.635	73.69	72.55	1.14	98.45	8.19	7.05
1979	0.746	89.00	81.49	7.51	91.56	11.72	4.21
1980	0.522	50.58	45.39	5.19	89.74	6.97	1.78
5 年平均	0.611	67.42	63.40	4.08*	94.04	8.48	4.46

资料来源：根据 9 队各年总决算表整理。工分值由全年生产队可分配的收入除以全年生产队的总工分而得。实物折款占比是指所分配的实物折款占应分款（劳动工分所得）的比例。应分款与实物折款的差额就是余款或亏款。* 包含补助款。1975 年、1977 年两年无完整数据，不计入。

---

① 统计显示，1978 年前公社社员家庭近 1/3 入不敷出，参见国家农业委员会办公厅编《农业人民公社重要文献汇编》（下），中共中央党校出版社，1981，第 950 页。

　　会计资料统计时，小麦之外的作物均按比例折算为粮食。其中，白玉米和黄玉米折粮比例均为50%；红薯分为春薯和晚薯，折粮比例分别为18%和17%；谷子和稷子折粮比例均为80%。其他农副产品等直接折干或折款。所有实物，最后都要折款，便于与工分挂钩分配。以1974年农产品折款为例，粮食类：小麦每斤约0.144元，春薯和晚薯每斤分别为0.017元和0.014元，白玉米和黄玉米每斤分别为0.045元和0.046元，黄豆和黑豆每斤分别为0.123元和0.119元，小豆每斤0.129元，谷子和稷子每斤分别为0.091元和0.089元，高粱每斤0.08元。副产品类：花生和芝麻每斤分别为2.2元和0.32元，食用油每斤0.75元，蔬菜每斤0.03元，萝卜每斤0.01元，秫秸每斤0.1元，皮面每斤1元，豆腐每斤0.1元。[①]

　　除了实物，农户也会有多少不等的现金所得。按规定，所有实物都按规定的价格折算成人民币（折款），生产队记为"农业收入"。社员为生产队劳作一年，通常以个人为单位出勤劳动、记工分，按当年工分值换算成现金额（应分款），加总起来，就是农户一年的总收入；生产队以户为单位，以实物形式支付社员的劳动报酬（实物折款）。实物折款要从农户一年的总收入中扣除。总决算后，有余款的农户，由生产队分给现金（余款户）；有欠款的农户，则要退还现金给生产队（亏款户）。

　　具体分配过程是，生产队依照每户工分总额，并按一定比例将粮食分配到户，即所谓"人七劳三"。"人七"指的是报表上的"人分粮"（亦称"基本口粮"），系按全家标准人数来分配的，人人有份，依照政策规定，一般占每户所得粮食的70%；"劳三"指的是报表上的"工分粮"，系按全家工分总额（折算为工分总值之后）来分配的，一般占每户所得粮食30%。两项相加，即全年总决算所分配的粮食。其中，某户社员如在年内"已分粮"数量未达到总决算的数量，就需要分"找齐"粮；反之，如"已分粮"超过总决算数量，就必须"退回"。当然不必退回粮食实物，而是在年终总决算时退回折款即可。其他农副产品，均按人口分配，但也需要农户以工分抵扣折款。表7－2－2是第9生产队27户社员历年劳动工分和所得报酬（粮食）统计，包括按人分粮和按工

---

　　① 据9队会计资料计算。

分分粮。

表 7 - 2 - 2　第 9 生产队 27 户历年人均劳动工分和粮食所得

年份	人口（人）	户均人口（人）	人均工分	人均"人分粮"（斤）	人均"工分粮"（斤）	人均全年分粮（斤）
1974	131	4.85	1100	370.02	96.66	466.68
1975	130	4.81	1234	342.61	88.13	430.74
1976	131	4.85	1115	376.76	97.78	474.54
1978	126	4.67	1160	430.18	109.06	539.24
1979	116	4.30	1193	443.64	193.89	637.53
各年平均		4.70	1160	392.64	117.10	509.74

资料来源：根据 9 队总决算表整理、计算。表中的人口，实为参加分配人口。为计算简便，人均数一律按自然人计算。1977 年数据缺失。1980 年因开始承包，集体分粮明显减少，人均分粮数也相应大幅降低，与其他各年的可比性减小，不计入平均值中。

表 7 - 2 - 2 显示，如不计 1977 年，27 户 5 个年份人均分粮 509.74 斤。其中，人均"人分粮"392.64 斤，人均"工分粮"117.10 斤，"人分粮"比例约 77%，接近八成，明显高于"工分粮"。故而，所谓"人七劳三"，在一些地方也可能是"人八劳二"。这样的分配比例，在学界的论著中都有提及。

七成以上的粮食按人口分配，这就是按需分配了；剩下不到三成才是按劳分配。也即，粮食实物分配还是按需分配为主，按劳分配为辅。不过，除了五保户，对每一农户而言，按人分粮也需要工分值抵扣，农户中没有劳动能力不能挣工分的老幼成员，需要其他有劳动能力的成员通过劳动挣工分来供养，都不能不劳而获，真真切切体现了"不劳动者不得食"的原则。这也可以说是广义的按劳分配。这样的分配方式，能保障每户社员填饱肚子，维持基本生存，并有规避风险的作用，但平均主义的特色也十分明显。当然，平均分配中，差异依然存在。各户因总工分的差异，人均分粮数也有颇大差异。这样一种以实物来给予劳动报酬的方式，对农民的行为产生了重大影响。

三　收入实物化抑制农户消费行为

说起旧事，村民至今还感觉心酸，抱怨说，辛辛苦苦干一年，手里没落下几个"活钱",走亲访友、婚丧嫁娶、翻盖住宅,都感觉很"憋屈"。村民回忆说,除了婚丧嫁娶,当时盖房子是一件大事,要提前很多年就开始攒钱,准备砖(通常是自己脱土坯)、瓦、木料,所需人工主要是亲戚和本村乡亲自愿来帮忙,当然要管吃管喝。也只有劳动力多、余款多的农户,才有实力盖房。但盖房之日,通常还是要找生产队借钱,以备周转。生产队考虑到该户有偿还能力,一般也会借给其不多的现金。那些常年亏款的农户,几乎没有可能翻盖住宅。此外,村中有存款的农户屈指可数,据调查,27 户中,有存款的约占 1/3,但存款额都不多,最多的一户历年存款余额不过 100 多元。

因此,这里就有一个值得注意的问题,这就是,农户所得劳动报酬以实物为主,货币在这里主要用作衡量实物价格。这一分配方式,对农户的消费行为是有影响的。

如前所述,每一农户从生产队分配中所得报酬,虽有实物和现金两类,但实际上是以实物报酬为主的。这些作为报酬的粮食和农副产品,大多也确实是农户维持生活的必需品。按规定,北方农村人均口粮最低标准是 360 斤。表 7 - 3 - 1 是第 9 生产队历年各户人均分粮的分布情况。

表 7 - 3 - 1 第 9 生产队 27 户历年人均分粮分布统计

单位:斤

年份	200 – 249	300 – 349	350 – 399	400 – 449	450 – 499	500 – 549	550 – 599	600 – 649	650 – 699	700 – 749	750 – 799	800 – 849	950 – 999
1974	1 户		2 户	6 户	8 户	4 户	4 户	2 户					
1975		1 户	8 户	9 户	7 户	2 户							
1976			1 户	7 户	11 户	4 户	2 户	2 户					
1978					6 户		9 户	3 户	3 户				
1979						2 户	6 户	7 户	4 户	1 户	4 户	2 户	1 户

资料来源:根据 9 队总决算表整理、计算。

在 27 户中,1974 年有近 89% 的农户人均分粮在 400 - 599 斤区间;1975 年有近 89% 的农户人均分粮在 350 - 499 斤区间;1976 年有超过 81% 的农户人均分粮在 400 - 549 斤区间;1978 年全部农户人均分粮在 450 - 699 斤区间;1979 年农户人均分粮都在 500 斤以上,最高超过 950 斤。分粮最多的,均为单身 1 人且为壮劳力的农户。分粮少的,大多是无劳动能力成员如小孩较多的农户。这样的粮食分配，劳动力多的农户维持温饱有余，缺乏劳动力的农户则有困难。

对那些人均分粮较多的农户而言，粮食是有富余的。村民回忆，多余的粮食，只有少量可以偷偷摸摸拿到"集市"上，以物易物，换得鸡蛋、水果之类的，偶尔也卖得现金。但这种行为风险颇大。众所周知，国家长期实行粮食统购统销政策，在城市实行粮油计划供应制度，严格管理粮食市场，禁止私自经营粮食。农户在集市上出售粮食，随时都有可能被"割资本主义尾巴"。为了避免这类政治上的风险，也为了防避来年歉收缺粮，大多农户还是将余粮储存起来。邻里、亲戚之间，偶尔也会互相接济，特别是遇有盖房、红白喜事，周济粮食是常有之事。总体来看，农户所得实物报酬，除了糊口，很少有别的用途。而且，生产队分配什么产品，农户就得接受什么产品。分得的数量本来不多，品种也不太丰富，尽管农户没有选择的余地，谁也不会放弃这劳动所得。

微观经济学的常识告诉我们，在关于消费者效用的一般假定下，消费者获得某一种实物所带来的效用的提高，不超过其获得等价值现金所带来的效用的提高，因为现金能使消费者依照自身偏好，选择不同的商品组合来实现效用最大化，即发放现金比发放实物更可取。此外，消费者也可以将所持有的现金用于未来消费，在当期消费和未来消费间做出选择，也即剩余的现金也可能用于储蓄。

在缺乏其他经济收入和市场的环境下，实物报酬对劳动力少、工分少的农户，还是有益的，可以勉强糊口。但对于劳动力多的农户，实物报酬对其消费行为的负面影响就显露出来，那就是"活钱"少。而人民公社时期，农民的劳动报酬被限定为以实物为主，再加上种种"割资本主义尾巴"的严厉限制，农民的自由度几乎降低到极点，其合理的消费和投资行为都受到制约，没有可能参与经济活动的方方面面。用农民的话说，"活钱"少得可怜，根本没有"本钱"做他想。更何况，政策也不允许农民有别的计划。

还有一个不可忽视的后果，那就是在粮食十分紧缺的时候，某些农户却存在粮食浪费现象。9 队村民回忆说，少数农户粮食富余较多，富余的粮食几乎没有其他消化的渠道，只好窖藏起来。结果，发生变质、虫蛀、耗子偷吃等损失。这无论是对以食为天的农户，还是对以粮为纲的集体和国家，粮食紧缺与浪费并存，都是十分痛心、窘迫和尴尬的事情！

以上主要是实物所得的情形。据会计账记载，以及村民回忆，社员从事工副业的现象，历年都有。不过，这些工副业收入具体是如何分配的，已无法精确得知。鉴于会计资料中各年"副业"和"其他"两项收入相加只占总收入 20% 左右的比例，在扣除费用之后，能分配给农户的现金不会太多。所以，农民手中的现金收入仍然很少。

此外，当时人们对劳动价值的观念，也限制了增加货币收入的途径。村干部和老农回忆说，当时的宣传是，劳动创造财富，粮食、钢铁、机器才是财富；农民生产粮食的劳动才有价值，其他工作就是歪门邪道，是剥削。这显然是对劳动价值论的狭隘理解。总体来看，生产队经济仍然是一个实物占绝对主导地位的经济，农户家庭经济亦如是。

由于农户收入的实物化倾向，现金收入极少，极大地抑制了农户的消费行为，最为明显的是住房消费，从农村改革以后的大量建房行为可以反推回去，人民公社时期对住房消费抑制较为显著。林毅夫（2005）指出：1983 年以来，大约一半的样本农户（总样本量 799）已经投资于房屋修缮和扩建。用于改善房屋的资金数量相当巨大。平均来说，农户在改善房屋方面的支出超过了其年均收入，且大幅度高于生产性投资。

四　收入实物化与超计划分粮

既然农户劳动报酬主要是实物，很少货币收入，那么，在可能的条件下，农户就要设法增加实物。在生产队，最大的实物就是粮食，主要是小麦。表 7 - 4 - 1 所显示的，是生产队按规定进行的实物分配情况，并记载在总决算表上。但在正式规定之外，生产队集体和社员也会冒一定风险（"挖社会主义墙脚"），采取某些策略，从中获益。

人民公社时期，民间一直传言，各生产队都存在或多或少的"私分"集体粮食现象。这甚至成为公开的秘密，或人人皆知但不敢言的禁忌。[①] 在 9 队的实物分配总决算表上（俗称"大决算"），当然不会有

---

① 生产队私分粮食给社员，有学者做过专门研究。参见高王凌《人民公社时期中国农民"反行为"调查》，中共党史出版社，2006。

"私分"农作物的记录,但在实物分配明细账中,赫然记录了超出计划多分粮食的情况,当时称之为"小决算",主要是多分小麦的情况。因为生产队产出最多的农产品就是小麦,对农户而言,小麦就是最有价值的实物,所谓"家中有粮,心中不慌",在当时各项物资都极为缺乏的现实条件下,家中小麦多的农户,安全感也相应上升。

据村干部介绍,每户户主都面临家中主妇要求增加粮食的压力,这促使生产队干部与村中较有威望的老人们商量决定,动用库存增加粮食分配。此外,9 队有三个大姓,村中事务,尤其是这种带有违反政策规定、颇有风险的事务,通常都由三大姓中有威望的年长者出面,与干部商议,而且"动静不能搞得太大"。因此,多分粮食的举动,也可以说是集体(生产队)与农民合谋,对抗国家政策的策略性行为(即民间所谓"上有政策,下有对策")。而传统村落宗族的力量,在这一过程中也显现出来。

有趣的是,公社也知道村村都有"小决算",居然也予以放行。村干部和老人回忆说,公社干部对这种事是心知肚明的,而且公社干部的权威性比较强,没有他们的默许,连续多年多分粮食的行动是不可能发生的。原因之一是,公社干部家属绝大多数也是农村户口,吃饱肚子的问题,也主要仰赖于生产队的分配,加上干部有工资收入,比起货币收入极少的一般农户,他们有能力支付计划外的实物折款,这类多分粮食的举动,他们也是获益者。与此类似,大、小队干部有所谓"误工补助",他们的工分经常高于一般社员,"应分款"也多,他们当然也乐于多分粮食了。由是观之,普通农户、传统宗族权威和地方政治精英,在当时物资匮乏、市场缺失、政经合一的生存态势中,为求温饱,他们达成了一致。

表 7 - 4 - 1 反映的是 9 队历年大、小决算小麦分配情况及小决算相当于大决算的比例。

表 7 - 4 - 1　第 9 生产队历年大、小决算小麦分配统计

年份	大决算(斤)	小决算(斤)	小决算相当于大决算的比例(%)
1974	81597	8011	9.82
1975	72773	3423	4.70

年份	大决算（斤）	小决算（斤）	小决算相当于大决算 的比例（%）
1976	81794	2998	3.67
1977	92031	2071	2.25
1978	101422	12010	11.84
1979	113017	15018	13.29

资料来源：根据9队各年实物分配明细账整理。表中"大决算"即为总决算。总决算分粮数并不包含小决算分粮数。

　　小决算分配，一般在每年的7月，也即夏收之后；有的年份只分一次，也有的分两三次。分配的粮食当然是小麦了，偶尔也在秋后多分玉米，但为数极少，未计入表内。表7-4-1显示，各年分配数量不一，多则相当于大决算的13.29%，少则仅占2.25%，6年下来，小决算共分粮43531斤，相当于总决算（大决算）分粮数的8%。这样的比例与总决算分粮数相比，已相当可观；且除个别年份，越往后期数量越多。而数量大幅增加，是因为当地开始给农作物施用磷肥所带来的小麦大幅增产。谢庄大队有一家磷肥厂，9队为其提供原料。早期，农民并不相信这种"石头"也是肥料，所以生产出来的磷肥都销往别处。随着农业科学知识的增加，他们决定试用磷肥，结果使粮食产量大幅增加。因9队各年国家征购粮基本保持在2000-2500斤，有的年份更少，粮食库存增加，生产队也就有了多分粮食的底气。因此，社员各年实际分得的粮食，肯定是要超过当年总决算表所显示的人均数的。如1979年，全队人均多分小麦达96.27斤。

　　当然，小决算分到的粮食，也都是要折款的。现存1977年的会计资料中，有部分小决算按户分配的细目，一共38户，分得2071斤，人均12.25斤。当年大决算人均分粮544.56斤，小决算分粮相当于大决算的2.25%。该年也是历年小决算分粮最少的一年。其中，因小决算欠款的有18户，超过总户数的47%；这18户社员共欠款278.78元。由此推测，其他各年小决算分粮较多的年份，欠款应当更多。也有的欠款户，只是因为家中有人在外工作挣钱，尽管在生产队劳动少，挣工分不多，但有现金收入，反而能承受多分粮食。这也从另一个侧面说明，货币收入对农户家庭经济的正面影响，反衬实物报酬之弊端。

　　另外，生产队有时也直接卖粮给有需要的农户。据村干部回忆，各年零星都有，一般没有明确的记录，有时仅记为"其他"，如 1974 年"其他用粮"多达 9485 斤，其中有一部分卖给农户了，只是确切的数量已无从得知。但 1978 年卖粮 4017 斤给社员，则有案可查。做出卖粮决定的过程，与小决算一样。只是，谁家有钱谁家就可以买，这对于有人外出搞副业的农户，以及家中有人在外工作拿工资的农户，自然有利。但对于那些纯粹的欠款户而言，只能望之兴叹了。计划经济的藩篱被打开的口子越来越大，同时，因各户劳动力的多寡、货币收入的多少等，贫富差距也是存在的。

　　农民的"反行为"，当然是不得已而为之。一个重要的动因，是农民与国家之间的责、权、利关系严重不对称、不平衡。农民的劳动方式、劳动报酬的分配分案，都是国家政策规定的，一般是不能变动的。但为了维持生存并改善生活，农民不得不打破规定，运用所谓"弱者的武器"[①]，甚至更进一步，斗胆实施对抗"上有政策"的策略，从而削弱国家的强势地位。从农民的角度看，这也是一种理性的策略性行为。耐人寻味的是，农民的策略性行为，一般限于实物与体力上的"占小便宜"，如偷取、多分粮食，干活偷懒之类，很少涉及制度层面的权利争取。这样零散的策略性行为，并不能从根本上改变农民与国家权利严重不对称的局面。

五　小结

　　概括而言，本章的个案研究表明：遵循"各尽所能，按劳分配，不劳动者不得食"的原则，在生产队中，农户劳作一年的收入，九成以上

---

　① "弱者的武器"，是斯科特通过对马来西亚农民反抗的日常形式——偷懒、装糊涂、开小差、假装顺从、偷盗、装傻卖呆、诽谤、纵火、暗中破坏等的探究，揭示出农民与榨取他们的劳动、食物、税收、租金和利益者之间的持续不断的斗争的社会学根源。作者认为，农民利用心照不宣的理解和非正式的网络，以低姿态的反抗技术进行自卫性的消耗战，用坚定强韧的努力对抗无法抗拒的不平等，以避免公开反抗的集体风险。见詹姆斯·C. 斯科特《弱者的武器》，郑广怀、张敏、何江穗译，译林出版社，2011。而人民公社时期农户与生产队集体"合谋"，并得到公社干部的默许，超计划多分粮食，这一策略性行为已经不是秘密，而几乎是人人皆知但不便言说的禁忌，这多多少少已经超出斯科特所指的范围。

用来抵扣实物，用于食品消费支出，初步解决了饥饿问题，但剩余极少。劳动报酬主要以实物方式支付，虽有适应农村实际情况的一面，但也在一定程度上可能影响到农户对消费品的最优选择，限制了劳动、资本等要素的流动和有效配置，甚至抑制了货币经济的发育，在一定程度上是向实物经济的倒退。农民手中能动用的货币微乎其微。这也是导致农民日常生活相当艰辛与贫乏的重要原因。少量的工副业收入，也不能改变这一局面。农民采取超计划多分粮食实物的理性策略性行为，再加上出勤不出力等消极怠工行为，以此作为"弱者的武器"，零散地反抗国家的不合理制度安排。在这一过程中，尤其是在多分粮食以求温饱的过程中，能窥见普通农户、传统宗族权威和地方政治精英的某种一致性。

　　当然，要深入探讨20世纪70年代的农村经济，仅讨论农户的劳动报酬是远远不够的。引申开来，在计划经济和人民公社经济条件下，农民劳动被迫局限于农村和农业，分配中的平均主义、实物化，加之"割资本主义尾巴"、隔绝城乡和固定身份的户籍制等种种限制。对农民而言，一方面，农民被剥夺了土地所有权，失去了最重要的资本，理论上只能靠"出卖"劳动维生，"资本"全部集中在国家和集体手中；[①] 另一方面，农民作为劳动者，并没有权利自由"出卖"他的劳动，没有权利自由择业。加之当时简单地认为只有直接生产物质的劳动才有价值，更使得限制农民从事其他工作的政策大行其道，农民劳动的价值大大降低。农民只剩下一种选择：在半军事化的管制下劳动，通过辛苦劳动获得食物，维持基本生存。在这里，农民与国家之间的责、权、利关系是极不对称、不平衡的。国家以强权等多种手段制衡农民，而农民几乎没有制衡国家的手段；如果有的话，那也就是消极怠工、多分粮食之类的"反行为"，但这样的手段是导致国家、集体与个人、农业与非农业都受损的原因之一。[②]

---

① 周其仁认为，在计划经济时代，社会主义国家扮演了"总资本家"的角色（周其仁在芝加哥大学"中国改革30年讨论会"上的发言，见周其仁《改革的逻辑》，中信出版社，2013，第14页）。

② 已有学者通过实证证明，工农业资源配置不当，会导致工业和农业效率均产生损失。据测算，农业产值和农民收入各损失1/3的潜在收益，工业部门损失了少则2%多则8%的潜在农业剩余支持（孙圣民，2009）。

第八章　农业发展、农户收入与
农村生活

众所周知，人民公社时期社会发展环境不尽良好，生产队内部劳动过程中存在"激励不足""监督不力"（Lin，1990），同时农业劳动生产率低下（Wen，1993），依旧延续着传统的过密化的生产方式（黄宗智，2000，2005）。但不可否认的是，此时的农业是在缓慢发展的，这体现在每亩粮食产量和人均粮食产量的增加，和良好的社会保障系统，以及为国家工业化所做的贡献上。不仅如此，人民公社时期还为农村改革之后积蓄了一定的力量，包括后来乡镇企业雏形的社队企业，乡村基础设施的建设，又如农田水利的建设、对环境的保护等，这些基础性的工作为农村改革后的农业快速发展奠定了一定的基础。

人民公社时期农业的缓慢发展也体现了社会科技的进步和新知识的运用等，在农业生产技术上复种指数的提高、农业新品种的采用、农业机械化程度的提高、化学肥料的施用、农药剂量和品种的增加、水利灌溉系统的建立和完善、农村道路等基础设施的建设、农村政治管理队伍水平的提高等均为粮食产量提高做出了积极贡献。国家适时地减少税收数量，提高粮食征购价格，适当地放开交易市场，建立大量诸如化肥厂等涉农工厂，加大对农村的投入力度等也为农业的发展起到了推波助澜的功效。农业的发展在一定程度上提高了人民的生活水平，使人口的数量快速增加，但并没有改变或遏制劳动生产率下降的局面。

本章以山西东北里生产队为例，讨论人民公社时期的人口变化、农业发展、收入分配与劳动生产效率等。

一　人口变迁

中国人口在人民公社时期得到快速增长，从新中国成立时的 5.42 亿人增加到 1957 年的 6.47 亿人，再到 1980 年 9.87 亿人，从 1957 年到

1980 年净增人口 3.40 亿。① 虽然其间也有诸如"三年困难"时期人口大减的情况，但总的来说人口增长的势头未减。这背后有很多原因，如人口政策的放宽、医疗条件的改善、生活水平的提高、国内外和平的政治环境等。

东北里生产队人口增长速度不亚于全国水平，其历年人口变化情况如表 8-1-1 所示。由表 8-1-1 可以看出东北里人口在农村改革前增速非常快，户数从 1956 年的 173 户增加到 1977 年的 263 户，净增 90 户，年增长率为 2.01%；人口从 1956 年的 624 人增加到 1977 年的 1146 人，人口净增 522 人，年增长率为 29.4‰，高于全国水平。其中增长最高的一年是 1961 年为 68 人，增长最低的两年为 1959 年和 1960 年，增长的人口分别为 -17 和 0。改革开放后人口有明显变化，中国的计划生育工作从 1978 年开始起实质性的作用（尽管在 1972 年已经开始）。我们从表 8-1-1 看出 1978-1990 年年人口增长均值仅为 2 人，大大低于改革前的 25 人，人口增长率也下降到 3.16‰，这说明我国的计划生育工作取得了巨大成绩。

表 8-1-1 东北里人口历年变化情况

年份	东北里				全国水平	
	户数（户）	人口（人）	人口较上年增加（人）	增长率（‰）	人口（人）	增长率（‰）
1956	173	624	—	—	62828	—
1957	178	643	19	30.45	64653	29.05
1958	177	654	11	17.11	65994	20.74
1959	174	637	-17	-25.99	67207	18.38
1960	178	637	0	0.00	66207	-14.88
1961	181	705	68	106.75	65859	-5.26
1962	212	741	36	51.06	67295	21.80
1963	215	755	14	18.89	69172	27.89
1964	217	778	23	30.46	70499	19.18

① 国家统计局国民经济综合统计司：《新中国五十五年统计资料汇编》，中国统计出版社，2005，第 103 页。

续表

年份	东北里				全国水平	
	户数（户）	人口（人）	人口较上年增加（人）	增长率（‰）	人口（人）	增长率（‰）
1965	219	798	20	25. 71	72538	28. 92
1966	225	833	35	43. 86	74542	27. 63
1967	221	856	23	27. 61	76368	24. 50
1968	222	875	19	22. 20	78534	28. 36
1969	221	901	26	29. 71	80671	27. 21
1970	227	937	36	39. 96	82992	28. 77
1971	234	977	40	42. 69	85229	26. 95
1972	233	997	20	20. 47	87177	22. 86
1973	230	1010	13	13. 04	89211	23. 33
1974	245	1046	36	35. 64	90859	18. 47
1975	245	1090	44	42. 07	92420	17. 18
1976	249	1106	16	14. 68	93717	14. 03
1977	263	1146	40	36. 17	94974	13. 41
均值	—	852	25	—	77225	—
1978	262	1131	− 15	− 13. 09	96259	13. 53
1979	263	1120	− 11	− 9. 73	97542	13. 33
1980	260	1094	− 26	− 23. 21	98705	11. 92
1981	265	1079	− 15	− 13. 71	100072	13. 85
1982	262	1102	23	21. 32	101654	15. 81
1983	267	1109	7	6. 35	103008	13. 32
1984	275	1121	12	10. 82	104357	13. 10
1985	275	1113	− 8	− 7. 14	105851	14. 32
1986	275	1099	− 14	− 12. 58	107507	15. 64
1987	264	1109	10	9. 10	109300	16. 68
1988	312	1122	13	11. 72	111026	15. 79
1989	313	1135	13	11. 59	112704	15. 11
1990	320	1169	34	29. 96	114333	14. 45
均值	—	1116	2	—	104794	—

资料来源：东北里生产队历年档案资料；国家统计局国民经济综合统计司《新中国五十五年统计资料汇编》，中国统计出版社，2005，第 103 页。

人民公社时期人口增加过快的主要原因是出生率高、死亡率低和平均寿命延长等，东北里和全国这一时期的出生率和死亡率如表 8 - 1 - 2 所示。

表 8 - 1 - 2　东北里及全国历年出生率和死亡率

单位：人,‰

年份	东北里							全国水平		
	出生数	出生率	死亡数	死亡率	自然增长率	迁入数	迁出数	出生率	死亡率	自然增长率
1964	36	46.27	11	14.14	32.13	4	7	39.14	11.54	27.64
1965	46	57.64	11	13.78	43.86	12	18	37.88	9.5	28.38
1966	27	32.41	3	3.60	28.81	14	8	35.05	8.83	26.22
1967	29	33.88	11	12.85	21.03	5	3	33.96	8.43	25.53
1968	33	37.71	11	12.57	25.14	7	10	35.59	8.21	27.38
1969	25	27.75	9	9.99	17.76	15	5	34.11	8.03	26.08
1970	44	46.96	8	8.54	38.42	9	9	33.43	7.6	25.83
1971	39	39.92	3	3.07	36.85	8	3	30.65	7.32	23.33
1972	31	31.09	10	10.03	21.06	18	10	29.77	7.61	22.16
1973	36	35.64	14	13.86	21.78	6	15	27.93	7.04	20.89
1974	41	39.20	6	5.74	33.46	12	7	24.82	7.34	17.48
1975	36	33.03	10	9.17	23.85	27	9	23.01	7.32	15.69
1976	19	17.18	8	7.23	9.95	15	10	19.91	7.25	12.66
1977	31	27.05	3	2.62	24.43	19	7	18.93	6.87	12.06
平均值	33.79	36.12	8.43	9.09	27.04	12.21	8.64	30.30	8.06	22.24

资料来源：东北里生产队历年档案资料；国家统计局国民经济综合统计司《新中国五十五年统计资料汇编》，中国统计出版社，2005，第 103 页。

从表 8 - 1 - 2 看出东北里出生率高于全国水平，多年均值分别为 36.12‰和 30.30‰。东北里的死亡率也高于全国水平，即均值为 9.09‰与 8.06‰。东北里生产队自然增长率为 27.04‰，全国为 22.24‰，东北里高出全国 4.8‰。其中出生率最高的年份为 1965 年的 57.64‰，最低的为 1976 年的 17.18‰。这说明东北里在这一时期是高出生率的。

家庭是人民公社时期的分配单元，家庭结构是劳动投入的主要依据，也是影响收入分配的主要变量（按人分部分），东北里的家庭结构如

表 8 - 1 - 3 所示（以 1965 年为例）。

表 8 - 1 - 3　1965 年东北里家庭结构

家庭人口数	频率	百分比（%）	有效百分比（%）	累积百分比（%）
1	35	21.3	21.3	21.3
2	24	14.6	14.6	36.0
3	18	11.0	11.0	47.0
4	25	15.2	15.2	62.2
5	17	10.4	10.4	72.6
6	19	11.6	11.6	84.1
7	15	9.1	9.1	93.3
8	4	2.4	2.4	95.7
9	3	1.8	1.8	97.6
10	1	0.6	0.6	98.2
11	2	1.2	1.2	99.4
14	1	0.6	0.6	100.0
总计	164	100.0	100.0	

资料来源：东北里生产队历年档案资料。

从表 8 - 1 - 3 看全队总样本数为 164 个，家庭人数最少为 1 人，最大为 14 人，均值为 3.94 人。其中 1 个人的家庭数最多，占 21.3%，35 户；其次是 4 口之家和 2 口之家，分别占 15.2% 和 14.6%。1 口到 4 口人的累积百分比已经超过总人口的一半以上，总体来看是小户型居多。

尽管这一时期的人口流动被严格限制，但诸如婚配、参军、工作等事件依旧在扮演着人口迁移的重要角色。

从表 8 - 1 - 4 可以看出，人口迁移主要以婚嫁投亲为主，因婚嫁投亲迁入、迁出的人数分别为 84 人和 65 人，分别占总迁入、迁出人数的 63.6% 和 60.7%。迁出的除了婚姻和投亲以外，主要是出外当工人。现举一些实例，如 1971 年穆兆信，男，到晋城矿务局；刘振华，男，到介休棉麻公司；王保平，男，到两渡煤矿。出去当工人的主要是男性。其他人口变动，根据档案资料举例如下：刑满释放，如 1972 年，孟某某，男，刑满释放回村。婚姻中迁入多数为女性加入本村，这其中包括本公社嫁入的也有外地嫁入的，如 1972 年，林金爱，女，北贾旧新堡婚入。离婚迁出的如，1972 年，李秀莲，女，迁到净化大队，原因离婚。上学的如 1974 年，王阳升，男，到太原机械学校上学。魏瑞太，男，1975年，到太原师范学习。东北里生产队 1975 年始有下乡青年，到 1976 年知青人数达 16 人，知青主要来自介休县，没有外省人，而且这些人基本都是张兰镇的，有点像哪来回哪去的原则。从以上可以看出当时的人口迁移受到很大的限制，迁移的途径非常有限，因为当时的人口流动有很多制度性障碍。

表 8 - 1 - 4　　东北里人民公社时期人口迁移原因

年份	迁　出　原　因				迁　入　原　因				
	婚/亲	工作	参军	上学	婚/亲	刑满释放	干部迁回	退伍/毕业	知青下乡
1965	12	6	5		6	1	6		
1966									
1967									
1968	9		1		4		3		
1969	5				10			5	
1970									
1971	2	4			7	1	2		
1972	8	3	3		17	1			
1973	14	1			6				
1974	4	2		1	12				
1975	8			1	9			3	6
1976	2	9			4				10
1977	1	4	2		9		10		
总计	65	29	11	2	84	3	21	8	16

注：我们这里把结婚、投亲戚和举家迁移的都列在婚/亲中。包括离婚迁走的。干部回迁中包括工人压缩回来的。如 1965 年 6 人都是压缩回来的。在当地俗称"65 压"，即 1965 年压缩回来的。工作中包括干部。

资料来源：东北里生产队历年档案资料。

　　值得注意的是东北里人口在 1958 - 1961 年有大的波动，这一时段是中国当代历史上被称为"三年困难"时期。东北里在这一时期人口也经历了大的波动，这几年的自然增长率我们无法知道，但我们可以从人口变动情况看，人口从 1957 年的年增加 19 人，人口增长率为 30.45‰，下降到 1958 年的年增加 11 人，增长率下降为 17.11‰，到了 1959 年不但人口没有增加反而减少了 17 人，人口增长率为 - 25.99‰，1960 年人口没有增加也没有减少，增长率为 0。对比这一时期全国人口情况，1959 - 1961 年全国人口自然增长率分别为 10.19‰、- 4.57‰和 3.78‰。对于中国"三年困难"时期人口非正常死亡的人数学术界的估计不尽相同。[①]

　　农村人口不能自由流动且受政策影响很大，一度农村成了城市劳动力的蓄水池。统计中显示的 1961 年人口突然增加 68 人，主要是城镇压缩回来的人员。罗平汉（2003）认为由于"大跃进"的需要致使城镇工人人数快速增加，从而一方面需要吃粮食的人口增加，另一方面提供粮食的农民人数在减少，结果出现粮食危机及其他社会问题，在这种情况下中央不得不决定精减城镇人口。据统计从 1961 年 1 月到 1963 年 6 月两年半的时间里，全国共有 2000 万职工、2600 万城镇人口被精减，绝大多数被动员回乡。我们没有 1961 年压缩回村的具体数据，因时间久远村民们也不能准确地算出这个数字，但我们有 1962 年的压缩回乡准确人数，以供参考。

表 8 - 1 - 5　1962 年东北里人口情况

单位：人，%

队别	户数	人　口					劳动力			
		合计	男性	女性	其中返乡人数	返乡人数占总人口比例	总数	占总人口比例	男性	女性
合计	212	741	385	356	25	0.3	319	0.430	176	143
1 队	49	186	97	89	6	0.3	79	0.425	40	39
2 队	53	181	97	84	7	0.4	74	0.409	40	34
3 队	56	182	98	84	3	0.1	81	0.445	41	40
4 队	54	192	93	99	9	0.5	85	0.443	55	30

　　1962 年人口增加共为 36 人，其中压缩回乡的人口为 25 人，占总数

[①] 这一问题的综述请参考刘兆昆（2008）、丁抒（1998，第 373 页）、李成瑞（1997）、曹树基（2005）、陈硕（2011）、范子英（2013）。

的 69.4%。全国压缩城镇人口主要时间为 1961－1963 年三年时间，但我们从东北里的情况看，这一现象一直持续多年。如 1965 年全年增加 20 人，其中压缩回村的为 5 人，占 1/4。具体为曹香云、孟春全、孟二全、孟铭先、孟铭断 5 人，均由介休压缩回村，记录时间为 1965 年 1 月 31 日。侯振琪由文峪水库精简回村，记录时间为 1965 年 4 月 23 日。

二　农业发展

一个不争的事实是东北里生产队的耕地面积在人民公社时期不断减少，如图 8－2－1，减少的原因全国大致相同，包括经济建设需要建工厂占地、为改善交通而修建道路占地、水利设施占地、因人口增加和为改善居住条件而建房的建筑占地等，但相比农村改革之后这一时期农村土地面积的减少是相对缓慢的，有的地区甚至因开垦荒地和边角地以及利用和改造盐碱地、围湖造田等方式使耕地面积有所增加。

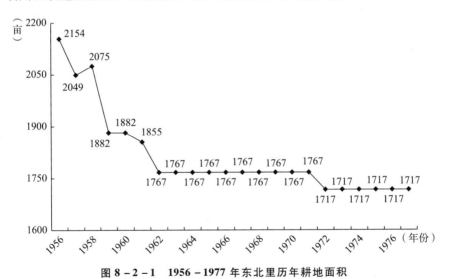

图 8－2－1　1956－1977 年东北里历年耕地面积

在东北里耕地面积减少的过程中，其中减幅最大的主要有三个时期。第一阶段为人民公社开始时期，人民公社前的 1956 年有耕地面积 2154 亩，到人民公社成立后的第一年（1959 年）耕地面积下降到 2000 亩以下，为 1882 亩，减少 272 亩。人民公社成立之后，大队变为基本核算单位，生产大队对农业生产进行统一规划，为突出人民公社的优势，大力兴建农田水利是这一时期的主要动作，东北里生产大队也因此将土地重新规划，在请示公社并经其同意之后建立了该村有史以来最大规模的水利设施和农田道路，这些建设占用了部分耕地，这一时期耕地面积的减少，与这些建设有一定关系。第二阶段为 1962 年，下降到 1767 亩，此后耕地规模较为稳定，经过人民公社初期的建设之后若干年内没有大规模的建设行为，因此耕地面积较为稳定，这种现状维持到 1971 年。第三阶段于 1972 年在稳定了多年之后，又因修建公路①减少了 50 亩。其间虽然也开垦了零星荒地，但耕地面积减少的总趋势并没有改变。

尽管如此，东北里的总收入、人均收入、人均粮食产量和亩均粮食产量均取得一定的发展，如图 8 - 2 - 2 和图 8 - 2 - 3。中国农村改革前三十年农村收入增长较缓慢，除去价格因素之后，农村人均收入从 43.0 元（1956 年）增加到 86.7 元（1979 年），② 增长幅度为 101.6%。介休地区的农民人均纯收入略高于全国水平，1957 年为 44 元、1960 年为 42 元、1970 年为 70 元、1979 年为 99 元。③ 东北里生产队人均总收入（毛收入）1956 年为 94.3 元、1961 年为 131.3 元、1970 年为 142.9 元、1975 年为 203.2 元，一直在缓慢增长。

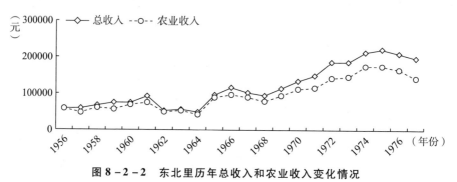

图 8 - 2 - 2　东北里历年总收入和农业收入变化情况

东北里生产队总收入由农业收入、林业收入、牧业收入、副业收入和其他收入组成，其中农业收入和副业收入为主要收入来源，只有少量

---

① 当时是介休县与平遥县之间的县级公路，现在已经被京昆高速（G108）所代替。
② 农业部人民公社管理局：《农村人民公社收益分配统计资料（1956 - 1980）》，内部资料，1981，第 45 页。该收入指纯收入。
③ 介休市志编纂委员会：《介休市志》，海潮出版社，1996，第 111 页。

的林业收入和牧业收入（见表 8 - 2 - 1）。随着人民公社的发展，农业收入比重逐渐下降、副业收入比重逐渐上升。1956 年时农业收入占总收入的比重为 99.39%、副业收入仅占 0.27%；二十余年之后的 1977 年农业收入比重下降到 71.93%、而副业收入比重上升为 20.67%，其中副业收入主要来源于胶轮大车的运输业。

表 8 - 2 - 1　东北里历年收入情况

单位：元

年份	总收入	农业收入	林业收入	牧业收入	副业收入	其他收入
1956	58819	58461	0	250	158	0
1957	59403	47643	998	999	6260	0
1958	67656	61005	0	2713	3878	0
1959	75074	56860	0	3532	17703	0
1960	74820	69156	0	10	5790	0
1961	92558	75089	1169	32	16300	0
1962	52678	49533	0	0	3145	0
1963	56277	53047	562	0	2668	0
1964	49091	42341	5	200	4933	1612
1965	95963	88842	484	0	5354	1283
1966	116051	96454	1029	156	13966	4446
1967	102041	89487	320	539	9013	2682
1968	94460	78596	141	135	14409	1179
1969	113835	93958	736	0	16985	2156
1970	133973	111946	584	5	19024	2414
1971	148788	115528	698	373	26801	5388
1972	186277	142134	1846	484	30048	11765
1973	186452	145677	682	2814	29349	7930
1974	213508	174953	1506	1200	31886	3963
1975	221436	174710	812	963	34264	10687
1976	209506	165078	408	2303	36389	5328
1977	196853	141604	1250	1907	40686	11406

资料来源：东北里生产队历年收入分配账。

　　无论是人均粮食产量还是亩均粮食产量，均有较大波动，但总体仍呈上升趋势。人均粮食产量从 566.23 斤（1956 年）增加到 1087.31 斤（1975 年），增幅超过 90%，整体上表现为三个高潮和两个低谷。从各年来看，人民公社成立前人均产量不断提高，受"大跃进"的影响于 1959 年开始从上一年的人均 910.16 斤，下降到 756.29 斤，之后又遭遇到"三年自然灾害"粮食产量连年下降，到 1962 年人均产量仅有 431.02 斤，创该村自 1956 年以来的几乎最低点，随着"三年自然灾害"的结束全国各地迎来了难得的大丰收，这也为走出饥荒的困境奠定基础，东北里生产队在 1965 年取得了人均 772.57 斤粮食产量的丰收，这一产量较上年增长了 86%，创造了人民公社时期粮食产量的第二个高潮，随后"文化大革命"开始兴起，全国上下生产生活受到严重冲击，最底层的东北里生产队亦未能幸免，其人均粮食产量连续三年持续下降，到 1968 年达到此阶段的最低点人均 529.15 斤，随着"文革"影响减弱，农业粮食产量也开始复苏，之后则一直上升，该势头一直持续到 1975 年，持续增长时间长达 8 年，创造了人民公社时期的第三个高潮。亩均粮食产量的波动趋势与人均粮食产量较为相近，但幅度要小于前者。

虽然耕地面积在减少，但人口在不断增加（见表 8-1-1），这就需要以更少的耕地生产出更多的粮食以满足人口不断增加的需要，这一时期人均粮食产量变化如图 8-2-3。粮食产量变化的总体趋势是上升的，之所以在耕地面积减少的情况下，尚能做到这一点，主要有如下几个方面的原因。

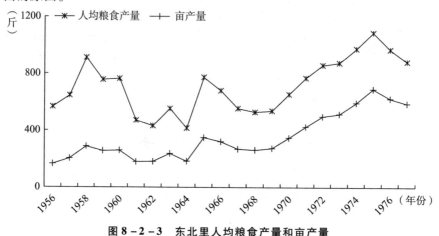

图 8-2-3　东北里人均粮食产量和亩产量

1. 复种指数提高

复种指数是反映耕地利用程度的指标，可用总播种面积比上总耕地面积得出，即计算公式为：复种指数 = 全年播种（或移栽）作物的总面积÷耕地总面积×100%，东北里历年复种指数如图 8 - 2 - 4 所示。复种指数受当地热量、土壤、水分、肥料、劳力和科学技术水平等条件的制约。热量条件好、无霜期长、总积温高、水分充足是提高复种指数的基础。

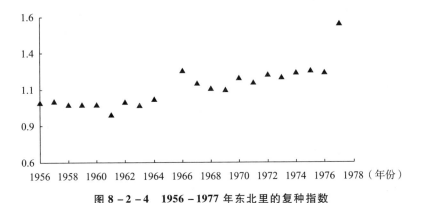

图 8 - 2 - 4 1956 - 1977 年东北里的复种指数

复种指数的不断升高是东北里生产队粮食产量提高的原因之一。整体上看，复种指数从 1956 年的 1.01 上升到了 1977 年的 1.55，从一年一季种植调整到了两年三季种植结构。在"文革"之前复种指数一直较低，最高值增加到 1.04，但之后有较大幅度增长，1966 年即达到 1.23，此后虽有所变化，但一直保持在 1.1 以上，在 20 世纪 70 年代一直保持在 1.2 以上。复种面积的增加使土地得到充分利用，使土地利用效率得以提高。但复种面积的增加受自然条件限制较大，东北里地区属暖温带大陆性气候，因此提高复种具有一定难度。虽然如此，复种面积的增加依旧对粮食产量的增加贡献了力量。

2. 化肥施用量增加

化肥施用量提高是农业产量增加的主要因素之一。因新中国成立初期化学肥料缺乏，介休地区人民公社早期以施用农家肥为主，农家肥的施用量也随着畜牧的发展和制肥技术的改进而增加，20 世纪 50 年代一般每亩地施 10 - 15 担，60 年代通过积肥和秸秆还田肥料增多，亩施肥量达 40 担左右，到 70 - 80 年代水浇地施肥量可达 60 - 100 担，旱地达

40－80 担。与此同时，随着化肥技术的推广和化肥产量的提高，其施用量得到大幅提高。介休市在 1953 年开始推广施用氮肥和磷肥，20 世纪 60－70 年代氨水、碳酸氢铵、硝铵和尿素普遍使用，20 世纪 70 年代后期，开始试验使用含微量元素的化学肥料。介休地区在 1971 年拥有了自己的化肥厂，设计能力为年产合成氨 5000 吨，碳酸氢铵 2 万吨，自此缓解了介休化肥短缺的局面。1983 年后又对原厂进行技术更新和改造，使产量大大提高。[1]

东北里生产队粮食产量的提高直接与化肥使用量有关。商品肥（氮肥）消费额从 1956 年的 790 元上升到 1960 年的 7470 元（未经相同价格处理），增长近 10 倍，农家肥折价后也从 2110 元上升到 3586 元，增长幅度非常明显。20 世纪 70 年代以后，随着介休市化肥厂的建立，东北里的化肥供应量快速增加，其施用量也增长迅速，1970 年施用量为 14.4 吨，1971 年（介休化肥厂投产第一年）即增长到 27.3 吨，1974 年上升到 64 吨，1977 年跃升到 170 吨，8 年时间化肥使用量增长了 10.8 倍。如果按耕地面积计算则 1970 年每亩施用量为 16.2 斤，1960 年为 30.9 斤，几乎翻了一番，1974 年为每亩 74.5 斤，1977 年则为 198.1 斤，增长明显。

3. 机械化程度提高

农业机械化的快速发展对粮食产量的提高起到了较大作用。农业机械化或现代化体现在农业生产的各个方面，包括耕作机械、排灌机械、收割、农产品加工、运输、农业电气化、农田水利机灌等。其中，有些方面是从零起步，介休县 1958 年才成立第一个机耕队，为提高机械化需求介休县 1961 年 8 月第一个国营拖拉机站成立，并于 1963 年设立农机管理局，但"文化大革命"初期农机局陷入瘫痪，直到 1972 年恢复，在 1973 年出现了"买机械化"的热潮，从此推进农业机械化的快速发展。东北里生产队绝大多数机械均从无到有，机械化得到大力发展，如机械总动力 1975 年时为 269.8 马力，10 年前 1966 年仅为 115.1 马力，20 年前 1956 年则没有任何机械动力；截至 1975 年已经拥有配套齐全的农业机械设施，如小型农用拖拉机 1 辆、机引犁 1 部、农用排灌动力机械 27

---

[1] 介休市志编纂委员会：《介休市志》，海潮出版社，1996，第 133 页。

台、农用水泵 23 台（二者合计 10 年前仅 23 台）、动力脱粒机 4 台（46.1 马力）；农产品加工方面拥有碾米机 1 部、磨面机 4 部、榨油机 1 部、农产品加工用电动机 12 台（73.3 千瓦）、柴油机 2 台（24 马力）；在植物保护方面配备了一部机动喷雾器，动力为 1.2 马力；运输方面拥有胶轮大车 7 辆、胶轮手推车 14 辆；在农业电气化方面拥有 10 千伏农电线 8 公里、农用配电变压器 4 台；有机电井 32 眼，实现机灌耕地面积 1409 亩，机灌面积达到总耕地面积的 82.1%。农业机械化的发展一方面得益于中国工业化的发展，另一方面也得益于生产队农业生产本身积累的增加，才有能力购买更多的机械设备，从而为提高粮食产量做好准备。

4. 新品种的采用

作物品种不断引进更新，高产高性能是品种引进的主要考虑方向。就小麦而言，20 世纪 50 年代，大部分水浇地种植蚂蚱麦，旱地以老宿麦、四月黄为主；60 年代分别引进北京 7 号、8 号，石庄 54，东方红 1 号、2 号，北京 5 号，红旗 1 号等；1967 年从中国农科院引进了高产品种北京 10 号、晋中 849 和旱选 10 号，这些品种具有产量高、抗逆性强、品质佳等优点，至今仍有部分面积在种植；70 年代后引进晋农 3 号、农大 155、农大 139 等品种；80 年代则引进了太原 633 等，其中太原 633 增产潜力较大，在汾河流域大面积推广。新品种的引进为东北里小麦产量发展提供了源泉，东北里小麦亩产量 1956 年为 178 斤，1959 年提高到 246 斤，"三年灾害"时期下降到 164 斤，1966 年上升到 249 斤，1972 年发展到 400 斤，1976 年则突破 500 斤，达到亩产 544 斤。人民公社时期从亩产 100 多斤，连续突破 200 斤、300 斤、400 斤，最后是 500 斤，如今已经能够达到 1000 斤，其中品种的作用不可忽视。

5. 农药用量增加和器具改进

人民公社时期农田锄草主要靠手工操作，农药主要用在病虫害防治上。20 世纪 80 年代以前，小麦的主要病症为"锈病"，俗称"黄疸"和黑穗病，俗称"黑疸"，1954 年和 1956 年锈病在介休县大面积爆发，造成作物减产高达 50% 以上，这一病症直到 20 世纪 80 年代之后才有所根除；棉花主要病害是炭疽病、立枯病和枯萎病，这种病在阴雨、低温年份较为严重，常造成普遍死苗；水稻主要病害为稻瘟病，这种病危害最大，常常导致整片耕地绝产。虫害主要是蝗虫、麦蚜虫、棉蚜虫等，这些虫害往往会造成农业生产的巨大损失。面对虫害和病害，新中国成立以前当地人常常盲目借助迷信的力量，新中国成立后政府重视对植保工作。介休地区 20 世纪 50 年代中期建立了农业技术推广站兼管植保，1960 年成立了除虫灭病指挥部植保站，1963 年成立病虫中心情报站，1979 年成立农作物病虫预测预报中心站（介休市志编纂委员会，1996）。

20 世纪 50 年代初所使用的农药有红矾、砒霜、波尔多液、石硫合剂等，1952 年开始使用"六六六"，并大搞土农药，20 世纪 50、60 年代广泛开展了浸拌种和越冬防治，70、80 年代贯彻"预防为主，综合防治"的植保方针，采用农业防治、化学防治、物理防治和生物防治相结合的办法进行防治。这些措施为农业生产发展提供了基础。农业再投入数量的增加，也使农药投入数量的增长，东北里生产队历年所用农药数量不断提高，技术不断改进。1956 年东北里生产队的农药投入仅 43 元，次年徘徊在 47 元，再次年则上升到 106 元，1964 年快速上升到 175 元，1965 年跃升到 706 元，同时在农药喷洒器具上该年拥有农用喷雾器 8 部，随着农药用量的上升，1972 年配备喷雾器 18 部，1975 年进一步购置了机动喷雾器 1 部，具有 1.2 马力的动力，同时农药喷洒又细分为喷洒液体的喷雾器和喷洒粉状的喷粉器两种，1976 年经上级同意又购置一部 2 马力的机动喷雾器，至此已经拥有喷雾器动力为 3.2 马力。农药的使用量的不断提高，农药喷洒器具的改进等为粮食产量的提高做出了贡献。

6. 水利灌溉系统改善

介休地区旱灾较为严重，基本是"十年七旱"，旱情主要发生在春季、初伏和秋季。据介休气象站 1954 - 1980 年的气候统计资料显示：春旱在 3 - 5 月出现频率共 18 次，其中大旱有 10 年，其中最严重的是 1972 年 3 月 1 日至 7 月 5 日，连续 127 天没有降过一场 15 毫米以上的雨；夏旱出现 13 次，大旱有 4 年；秋旱出现 7 年，大约 4 年一次。介休地区的洪灾相对较少，历史上有记载的共十余次，其中 1977 年 8 月 5 日至 6 日，普降暴雨历时近 40 小时，最大降雨量达 350 毫米，对农业生产破坏较为严重（介休市志编纂委员会，1996）。

为缓解干旱的现状，新中国成立后介休主抓有关水利的工程建设，先后建立汾河水库、文峪河水库、大沟水库、张村水库等蓄水设施，建立了"八一"排水干渠工程、红旗排水干渠、团结排水干渠等排水工程，建立了洪山灌区新西干渠、汾河灌区东四支渠等引水工程，改变了农业靠天吃饭的历史命运，大大缓解干旱的困扰。

东北里生产队位于汾水东南部，该村距汾水垂直距离仅 4.6 公里，水量相对丰富，但由于河床相对较低河水并不能自流入该村，因此限制了农业的发展。但新中国成立以后东北里生产队水电费（专指抽水费用）投入逐年加大，水利设施逐步完善，为农业发展奠定了基础。1956 年水电费投入仅 80 元，1960 年上升到 1288 元，1965 年投入增加到 2224 元，1975 年投入又快速增长至 4834 元。在水电费投入增加的情况下，排灌用抽水机数量和动力逐步增加，1965 年有排灌用电动机 22 台、52.55 马力，1970 年为 24 台、66.9 马力，1974 年为 39 台、188.36 马力；离心式水泵的数量分别从 1966 年的 2 台上升到 1974 年的 17 台；与此同时原有的 30 部（1966 年）老式水车中有 10 部被改装为动力水车，到 1970 年动力水车增加到 16 部，但随着排灌动力的增加，这种笨重的老式水车已经不太适合发展的需要（因对动力需求较大）而逐步淘汰；与排灌动力发展相配套的机井数量从 1970 年的 15 眼上升到 1977 年的 35 眼，到 1977 年已经完成配套的（安装动力装置）30 眼。经过努力东北里水浇地面积从人民公社初期的零亩发展到 20 世纪 60 年代的 1180 亩（占总耕地面积 66.8%），再到 20 世纪 70 年代后期的 1709 亩（占总耕地面积 99.5%），人民公社后期几乎所有的耕地均能够利用动力装置浇水，做到旱涝保收（仅有 8 亩高岗地不能浇水，其余已经全部覆盖）。同时水利的发展还使 678 亩耕地在 20 世纪 60 年代中期变为水田，种植水稻和蔬菜，在一定程度上改善了当地人的饮食结构。

人民公社时期全国的水利事业也取得较大发展。早在 1934 年，毛泽东在《我们的经济政策》中就指出："水利是农业的命脉。"据统计，1949 年前中国只有 1223 座水库，其中大型水库 6 座，中型水库 13 座，小型水库 1200 多座（含部分灌溉工程数），总库容约 200 亿立方米。1949 - 1976 年，中国拥有水库 84400 多座（1979 年超过 86000 座），总库容 4200 亿立方米，其中大型水库 302 座，中型水库 2110 座，小型水库（容积在 10 万平方米以下的迷你型水库、塘坝不在其列，据说有数百万座）82000 多座。在同一时期，全国农民开挖人工河 300 多万公里，打配套机井 240 万眼，修建各类堤防总长 16.6 万公里。到 1979 年，全国有效灌溉面积达到 7.3 亿亩，占世界灌溉面积的 1/4，居世界首位。

三　畜牧业发展

除了粮食作物以外，畜牧业也有一定的发展，特别是养猪业和养羊业的发展。在农业机械化发展之前，农业生产的动力主要来源于生产队饲养的大牲畜，包括牛、马、驴和骡子。受粮食产量的制约，大牲畜的数量增长缓慢，农业劳动主要依靠人力来完成。只有条件好的生产队才有能力饲养较多的大牲畜，通常人民公社时期大牲畜都由生产队来饲养，个人不被允许（当然也饲养不起），生产队会派专门人员饲养大牲畜，然后按劳动时间给其记工分。生产队每年在年底时要留一部分粮食作为饲料粮。

东北里历年大牲畜数量如图 8 - 2 - 5 所示。东北里生产队在整个人民公社时期，大牲畜数量没有明显变化，且并未受机械化发展的影响。20 多年的时间里，大牲畜数量一直维持在 50 头左右，仅有小幅波动。饲养大牲畜的主要用途是犁地、运输和其他农业生产，经计算发现每头大牲畜大约负担耕地 30 亩，且多年变化较小，1956 年每头牲畜负担耕地 37.79 亩，1977 年为 31.22 亩，下降幅度很小，即使是人民公社后期机

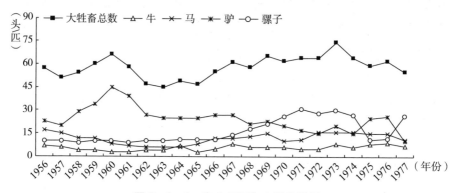

图 8 - 2 - 5　东北里历年大牲畜数量

械化大力发展的时期也复如此。由此可以看出人民公社时期的机械化发展远没能取代畜力，甚至都没有减少大牲畜负担的耕地面积，这也说明畜力的作用较大，这在当时来说也是较为便宜的劳动投入方式。

在大牲畜中，其中牛的数量一直保持在 7 头左右，马为 12 匹左右，驴 20 多头，骡子为 10 - 30 匹。驴的数量略微有些下降，骡子的数量有些上升。

在人民公社时期作为食用的家畜主要为猪和羊，猪的饲养数量上升很快，羊的数量相对上升较慢。猪是中国农村家庭饲养的主要家畜，20 世纪 90 年代之前几乎每家都有饲养，农户家庭散养是中国家庭饲养的主要形式，但其数量有限。东北里生产队 1956 年年底仅有生猪 15 头，1957 年发展到 25 头，1960 年达到一个小高峰 114 头，"三年自然灾害"期间锐减到 1962 年的 27 头，1969 年上升到 353 头，之后又出现一次波谷，1970 年降低到 226 头，经过反弹在 1975 年上升到 374 头。人民公社后期饲养的数量开始增加，但受饲料的限制数量依然有限。从数量图上我们可以发现生猪年末存栏数量与粮食单产量的变化趋势非常相似，粮食产量增高则生猪数量上升，否则下降，由此可以看出当时家猪的生产在很大程度上受限于粮食产量（黄英伟等，2007）。

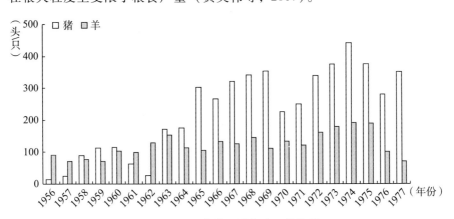

图 8 - 2 - 6　东北里历年猪、羊数量

羊的饲养包括山羊和绵羊，总数量变化幅度不如家猪大。1956 年为 90 只，1975 年为近 20 年的最高值为 190 只，后者仅是前者的 1.1 倍（生猪是 23.9 倍）。羊的饲养与猪相比对饲料的依赖程度较低，因为羊可以放养，以草为生。另外羊不像猪好饲养，羊需要由专门人去

放养，养猪则较为方便。从经济利益上说，猪的投入也少，可以剩饭菜、杂草等喂之，是零钱换整钱的主要做法。因此在粮食产量提高的同时生猪的数量上升较快而羊的数量变化不大，但二者的总体趋势都是向上的。

四　社会福利

最为重要的优势之一是社会福利。人民公社的最大优越性之一是对各类有困难群众的照顾。被照顾的人群很广泛，包括军烈属、城镇职工家属、失去劳动能力的五保户和有特殊困难的农户等。

表 8 - 2 - 2　东北里各类照顾户数量与照顾粮数量

年份	合计						军烈属		
	户数（户）	占总户数比例（%）	人口（人）	占总人口比例（%）	照顾粮（斤）	占口粮比例（%）	户数（户）	人口（人）	照顾粮（斤）
1962	114	53	422	57	25399	18.0	6	17	467
1963	46	22	137	18	1582	0.7	2	5	80
1964	79	36	268	31	3616	1.6	2	12	123
1966	22	9.8	65	7.8	697	0.2	8	38	279

年份	职工家属			五保户			困难户		
	户数（户）	人口（人）	照顾粮（斤）	户数（户）	人口（人）	照顾粮（斤）	户数（户）	人口（人）	照顾粮（斤）
1962	5	21	1983	3	3	478	87	353	20745
1963	13	36	646	2	2	40	29	94	816
1964	21	64	991	2	2	211	54	190	2291
1966	1	6	59	2	2	173	11	19	186

注：1962 年除表上的照顾户以外还有返乡人员 13 户、人口 28 人、分照顾粮 1726 斤（因"三年困难时期"国家城镇精简人员）。

资料来源：东北里生产队历年档案资料。

但此时的照顾一方面在一定程度上会影响正常劳动者的积极性，因为实际上被照顾者的所得是正常劳动者的部分劳动成果，也就是说正常劳动者在照顾被照顾者，但国家并没有为此付钱，这些费用都被农村内部所消化；另一方面也减少了农业积累数量，影响了农业再生产的投入。

如 1962 年，被照顾农户高达 114 户，占总农户的 53%，也就是说超过一半的农户和超过一半以上的人口需要照顾（人口 422，占总人口 57%），换句话说在该村占人口的少数（43%）在照顾人口的多数（57%），其照顾粮高达 25399 斤，占总口粮的 18.0%（口粮为 141316 斤）。这种悖论现象的出现是因为该年的粮食分配全部按劳分配，因此照顾粮的比例较高。但这种不合理的现象只持续了一年，第二年（1963 年）就改变了措施。1963 年去除了返乡的 13 户，并对被照顾户进行核对，又剔除一些困难较小的户，最后该照顾的农户数为 46 户，较上年大大减少，占总户数的 22%，照顾粮指标也大幅降低，该年的照顾粮为 1582 斤，仅为口粮的 0.7%，这在一定程度上提高了劳动者的积极性。从照顾的数量上看 1963 年人均照顾粮 11.5 斤，其中军烈属人均 16 斤、职工家属 17.9 斤、五保户 20 斤、困难户 8.7 斤。五保护的被照顾数量是最多的，他们往往已经减少或者失去劳动能力（同时对他们还有劳动工分照顾）；照顾最少的是困难户，这些户相对五保户困难较小，所以被照顾的数量最少。

各年的照顾粮数如表 8 - 2 - 3 所示，除 1962 年照顾粮比例最高为 18.0% 以外，其他年份均为 0.1% - 2%。

表 8 - 2 - 3　东北里历年口粮分配比例

单位：斤，%

年份	口粮总量	占总产比例	基本口粮	占口粮比例	劳动分粮	占口粮比例	照顾粮	占口粮比例
1962	141316	44			115917	82.0	25399	18.0
1963	226434	54	179488	79.3	44364	19.6	1582	0.7
1964	228563	73.4	192997	84.4	31950	14.0	3616	1.6
1965	296890	48	237530	80.0	57406	19.3	1954	0.7
1966	289371	55	252483	87.3	36191	12.5	697	0.2
1967	305272	64.3	263338	86.3	41572	13.6	362	0.1
1968	310970	67.2	260061	83.6	50711	16.3	198	0.1
1969	276375	57.1	247018	89.4	29122	10.5	235	0.1
1970	350792	57.3	292347	83.3	58093	16.6	352	0.1

续表

年份	口粮总量	占总产比例	基本口粮	占口粮比例	劳动分粮	占口粮比例	照顾粮	占口粮比例
1971	439514	58.6	309004	70.3	77000	17.5	4560	1.0
1972	429570	50.2	320688	74.7	103753	24.2	5129	1.2
1973	435775	49.3	323536	74.2	109279	25.1	2960	0.7
1974	469350	46.0	351491	74.9	116941	24.9	918	0.2
1975	490950	41.4	417000	84.9	73143	14.9	807	0.2
1976	497531	46.5	418345	84.1	79186	15.9	0	0.0
1977	482887	47.8	386310	80.0	96577	20.0	0	0.0

资料来源：东北里生产队历年档案资料。

人民公社的社会福利除照顾粮以外还体现在工分照顾上，对军烈属、困难户的代耕工也属工分照顾的内容。如 1961 年军烈属代耕工为 365 个，占实际投工的 0.59%（实投工为 61934 个），该比例在 1962 - 1965 年分别为 0.48%、0.44%、0.30% 和 0.93%。① 通过劳动过程中的帮助和分配过程中的直接帮助（口粮照顾），军烈属等"特殊"户得到了较多的照顾。这也充分体现了社会主义的优越性，这是人民公社的优势所在。

后来成为农村改革之后中国经济重要推动点的乡镇企业的前身（社队企业）也有一定发展。东北里依据当地的地理优势很早就建立起砖瓦厂，1970 年年产整砖 5.5 万块。1971 年建立一个小型农具加工、农业机械修理厂，工人 5 人，总产值 3917 元，当年制作木制农具 215 件、熟铁杂件 1022 件、修理农具 327 件，同时皮车上棚一辆。食品加工厂，1971 年碾米和磨粉 36 吨，榨油 4.8 吨。1975 年拥有企业② 7 个，固定劳动力 16 人，企业总收入 7768 元。1976 年企业数为 4 个，固定劳动力 31 人，年收入为 17456 元，其中主要收入来源于制粉厂（粉条和面粉）11800 元。

人民生活水平略有提高。这体现在生活的多个方面，如住房、饮食、

---

① 军烈属代耕工和实投工在 1962 - 1965 年分别为 336：67996、379：85887、241：80340 和 807：87198。

② 在生产队账本资料中被称为社队企业有三个条件：第一，有固定的场所和简单的生产设备；第二，有较固定的生产人员；第三，一般常年生产、农忙停产、农闲生产在三个月以上的。

穿着、生活用品等。新建的住房面积有所增加，1973 年房屋修建增多，如社员桂天宽建窑洞 4 眼，长 8.4 丈、宽 7.5 丈；社员王润生建窑洞 5 眼，长 7.3 丈、宽 5.7 丈；社员王清昌建窑洞 3 眼，长 8.5 丈、宽 5.7 丈等。比 1971 年的面积有所增加，如同样 3 间窑洞，社员岳成宽面积大小为长 8 丈、宽 5.2 丈，社员王开泰的长 8 丈、宽 5 丈。而 20 世纪 50 年代的窑洞仅一两眼且面积不足 20 世纪 70 年代的一半。

五 收入在国家、集体、个人之间的分配

人民公社时期农村劳动生产率低下（下节讨论），农业生产存在"过密化"的原因除了人多地少因素以外，还有一个不可忽视的因素是国家和集体对农业收入的提取，即国家提取了过多的"剩余"，致使农业自身再投入不足。这在某种意义上说是更为主要的影响因素。国家提取的是农业"剩余"，集体则是公共积累。

东北里历年收入分配情况如表 8 - 3 - 1 所示，具体分析如下。

（1）总收入。20 多年的人民公社时期，一方面，农村生产队的总收入有所提高，经济效益有所好转。总收入中包括农业收入、林业收入、牧业收入和副业收入等，农业收入一直是中国大多数农村的主要收入来源。东北里生产队总收入数量从 1956 年的 58819 元上升到 1977 年的 196853 元，后者是前者的 3.3 倍，人均总收入从 1956 年的 94.3 元上升到 1977 年的 172 元，后者是前者的 1.8 倍,[①] 虽然人均总收入数量不如总收入数量变化的大，但人均总收入的年均增长率也达到 3.9%。总收入中农业收入是主要部分，在东北里历年收入中其贡献率一直在 70% 以上，1956 年更高达 99%。另一方面，农业收入比重不断下降，1956 年高达 99%，1977 年已经下降到 72%，农业收入在总收入中的比重下降，说明其他收入（如林业、牧业、副业等）的比重有所上升，其他产业的发展有利于调整农业生产结构、丰富收入来源，是社会进步的表现。总之，人民公社时期中国农业有了一定的发展，这为解决中国人民的温饱问题，为人民摄取蛋白质能量和国家建设提供了基础。

---

① 需要说明的是东北里生产队可能只是个特例，就全国来讲其发展速度并没有如此之快。

表 8 - 3 - 1　东北里历年收入分配情况

单位：元，%

年份	总收入				总支出		国家税收		集体积累		社员分配		
	总计	人均	农业收入	占总收入比重	总计	占总收入比重	总计	占总收入比重	总计	占总收入比重	总计	人均	占总收入比重
1956	58819	94.3	58461	99.39	17206	29.25	5127	8.72	2459	4.18	35328	56.6	60.06
1957	59403	92.4	47143	79.36	17895	30.12	4636	7.80	1699	2.86	25594	39.8	43.09
1958	77656	119	61005	78.56	29482	37.96	5124	6.60	2301	2.96	27422	41.9	35.31
1959	75074	118	55860	74.41	27557	36.71	5690	7.58	7156	9.53	33475	52.6	44.59
1960	74820	117	69156	92.43	39431	52.70	4871	6.51	2453	3.28	36036	56.6	48.16
1961	92558	131	75089	81.13	43054	46.52	3899	4.21	4632	5.00	44872	63.6	48.48
1962	52678	71.1	49533	94.03	26129	49.60	3991	7.58	856	1.62	25693	34.7	48.77
1963	56277	74.5	53047	94.26	20993	37.30	4292	7.63	1789	3.18	33495	44.4	59.52
1964	49091	63.1	42341	86.25	20480	41.72	2202	4.49	1146	2.33	27465	35.3	55.95
1965	95963	120	88842	92.58	29752	31.00	6766	7.05	14571	15.18	51640	64.7	53.81
1966	116051	139	96454	83.11	41412	35.68	5127	4.42	11596	9.99	63043	75.7	54.32
1967	102041	119	89487	87.70	38677	37.90	4230	4.15	8541	8.37	54823	64.0	53.73
1968	94460	108	78596	83.21	34641	36.67	2438	2.58	6286	6.65	53533	61.2	56.67
1969	113835	126	93958	82.54	41157	36.15	7733	6.79	9858	8.66	62820	69.7	55.19
1970	133973	143	111946	83.56	47196	35.23	5676	4.24	12268	9.16	74509	79.5	55.61
1971	148788	152	115528	77.65	54226	36.45	5450	3.66	12086	8.12	82476	84.4	55.43
1972	186277	187	142134	76.30	55235	29.65	5407	2.90	18756	10.07	106870	107.2	57.37
1973	186452	185	145677	78.13	53246	28.56	5422	2.91	9479	5.08	118305	117.1	63.45
1974	213508	204	174953	81.94	66716	31.25	5184	2.43	21575	10.11	120033	114.8	56.22
1975	221436	203	174710	78.90	65110	29.40	5034	2.27	22560	10.19	128732	118.1	58.14
1976	209506	189	165078	78.79	82177	39.22	4971	2.37	18065	8.62	104293	94.3	49.78
1977	196853	172	141604	71.93	66790	33.93	5158	2.62	17746	9.01	107159	93.5	54.44

注：统计数据项目在 1972 年之后有所变化，1972 年之前的国家税收包含在总支出中，之后则包含在分配部分，即不再包含在总支出中，在表中变现为单独存在。换句话说 1972 年之前，总收入 = 总支出 + 集体积累 + 社员分配，而 1972 年之后，总收入 = 总支出 + 国家税收 + 集体积累 + 社员分配。需要说明的是 1956-1960 年数据存在统计上的问题（并不符合上述公式），原始数据如此，因此并未改动。亦未经统一价格处理。

资料来源：东北里生产队历年档案资料。

（2）总支出。总支出也称为生产成本。在总收入中扣除总支出为纯收入部分，总支出占总收入的比例高低可以表明生产效率大小。生产成本包括种子、化肥、农药、机械、水电费、修理费、管理费等费用支出。东北里生产队生产成本从 1956 年的 17206 元增加到 1977 年的 66790 元，共增加 49584 元，增长 288.2%，年均增长 6.67%。可见生产成本并没有明显下降，每年的总支出占总收入的比重一直在 30% 左右，且有一个不容忽略的问题的是，在数据统计上 1972 年之后的国家税收并没有计算在总支出中，如果将国家税收也计算在内则总支出的比重会更高，以现有的数据相比，总收入年增 11.2%，总支出年增 13.7%，总支出数据大于总收入，故投入的生产成本增速大于产出，也就是说农业全要素生产率是逐年下降的，也可以说存在"过密化"发展。另一个忽略的问题是在总支出中并没有计算劳动力的数量，如果将其加入则内卷化更严重。即便如此总收入的数据表明人民公社时期的农业生产依旧取得了一定的绩效。

（3）国家税收。一个明显的变化是国家税收在总收入中的比重显著下降。国家税收在总收入中的比重从 1956 年的 8.72% 稳步下降到 1977 年的 2.62%，年均下降 0.29%，虽然各时期的绝对数量没有明显的下降。这体现了国家对农业"剩余"提取的比重逐渐下降，尽管如此并不意味着国家对农业的提取有所减少。人民公社时期国家为了优先发展工业，不惜牺牲了农业的发展，从农业中提取了过度的"剩余"，提取方式就是农业税收，农业为工业发展做出巨大贡献。冯海发、李微（1993）的研究表明 1952 - 1990 年国家通过税收的方式向农业提取的剩余约为 1527.8 亿元，1985 年前基本每年为 30 亿元。① 不可否认随着国家工业化的发展和国家经济条件的好转，从农业中提取的剩余逐步下降，但同样重要的是国家的过度提取较大地伤害了农业的自身积累，以致伤害了农业的发展。

（4）集体积累。在纯收入中一般分为三个部分，除去国家税收以外，还有集体积累和社员分配。集体积累中包括公积金、公益金、储备粮等项，主要用来解决集体的公共事业投资、公共保障，集体再生

---

① 同时对农业剩余的提取除了税收方式还有：工农业"剪刀差"、农业储蓄、农村进城劳动力等多种方式。如果将这几项都计算在内，则平均每年为工业提供资金高达 250 亿元，如果按农业劳动力平均，每个劳动力每年无偿向工业提供的资本积累最多时达 266 元，占当年农民人均纯收入的 42.24%，最少也在 30 元以上（1952 年）（冯海发、李微，1993）。

产投资和粮食储备等公共事业和再生产事业。集体积累中的公积金主要用于再生产投资，公积金的数量将直接决定再生产的规模，从而影响农业生产的效率和产量。一般如果再生产投资大于一定数量则可以称为扩大再生产，否则便称为简单再生产。扩大再生产有利于发挥固定资本的效益和产生更高的经济效益。集体积累中另一项重要内容是公益金，这主要是用来解决集体中的公益事业的，特别是对"特殊"人群的照顾，如五保户、军烈属、职工家属、困难户等。公益金的设立充分体现了社会主义的优越性，充分对困难群众加以照顾。东北里生产队人民公社时期的集体积累数量不断增加，从 1956 年的 2459 元增加到 1977 年的 17746 元，年均增长 9.9%，可见集体积累的数量增长迅速，集体积累在总收入中的比重上升速度也较快，从 1957 年的 2.86% 上升到 1977 年的 9.01%，但各年之间并不平稳，起伏较为严重，比如 1962 年（"三年灾害"末年）仅占总收入的 1.62%，1965 年却高达 15.18%，这些变化可能与当年的实际情况有密切关联。但无论如何，人民公社时期通过集体积累在生产队内部很好地解决了困难群众的生活问题，增加了贫困人群的福利。

（5）社员分配。收入分配中的最后一项也是最重要的一项是社员分配，这是关乎社员收入的部分，是社员辛苦劳动一年的最终体现，因此社员们格外关注。东北里的社员分配数量逐年增加，1957 年为 25594 元，到 1975 年增加到 128732 元，年均增长 5729.9 元，年增长率为 9.39%，人均收入从 39.8 元增加到 118.1 元，年增加 4.35 元，但在占收入中的比重上升速度较慢，仅从 43.09% 上升到 58.14%，且多年均在 55% 左右。一方面说明社员收入有所增长，另一方面也说明总收入中被瓜分部分也是水涨船高。社员收入的增长速度超过总收入的增长速度，这在一定程度上说明社员的生产生活条件有所改善，这当然也可以从社员的居住环境、饮食条件、穿着、卫生条件等多方面得到体现，这也是亲历者的真实感受。

税收数量、粮食征购价格差（剪刀差）。通过税收的形式向农业提取剩余是较明显的方式，另外一种较隐藏的方式是低价收购粮食。生产队每年都要向国家上交一定数量的粮食、棉花和其他经济作物，这些作物在上交时其价格远低于市场价格。即使是超出国家征购部分的粮食或棉花如果卖给国家其价格依然低于市场价格（高于征购价）。通常国家的征购价仅为市场价的

1/3 或 1/4，国家就可以以这种较隐蔽的方式提取农业剩余。

国家过度抽取影响农业再生产。国家的过度征收和提取严重阻碍了农业现代化的投入，过度征购所造成生产队的损失严重影响了生产队再投入生产的能力。我们没有东北里地区确切的价格数据，因此引用江苏地区的数据加以说明。国家每年从江苏秦村第 11 生产队取得的费用为11800 元，这些钱本来可以用来购买 7 台手扶拖拉机，或 15 台抽水机，或 25 台打谷机，或 42000 公斤化肥，或者可以让社员盖上十几栋砖瓦房，而实际上在 20 世纪 70 年代该生产队仅有 1 台拖拉机、1 台抽水机、1 台打谷机，每年仅能使用 1500 公斤化肥（李怀印，2010）。东北里生产队情况与此相似，可见国家的过度提取确实严重阻碍农业的发展。

人民公社农业有一定发展，社员个人收入有所增加，这在一定程度上提高了人民的生活水平。集体积累数量的增加，改善了贫困人群的社会福利和村庄公共设施建设。但国家对农业的过度抽取严重损害了农业再生产的投资规模，阻碍了农业的发展速度。

六　农业劳动生产率

虽然人民公社农业有一定的发展，但同时也伴随着劳动投入的密集化，即粮食产量提高的部分赶不上劳动力投入的增加。

如表 8 - 4 - 1 所示，东北里生产队的劳动人口从 1962 年的 319 人增加到 1977 年的 400 人，[1] 同时耕地面积在逐渐减少，所以每个劳动力所负担的耕地数量逐渐减少，1962 年每个劳动力负担 5.54 亩，1977 年减少为 4.29 亩，但是劳动投工数量（劳动日数）与年剧增，从 1962 年的69776 个劳动日增加到 1977 年的 134052 个，年增劳动日 4285 个。[2] 更好的度量劳动投入多少可以用每亩投工数量（每亩土地所投入的劳动时数），根据表 8 - 4 - 1 的计算，1962 年每亩投工数为 39.49 个，而 1969

---

[1]　1976 年的劳动力人数可能有误，此年劳动人数为 440 人，前一年（1975 年）为 330 人，后一年（1977 年）为 400 人，其间变化太大所以疑有误。

[2]　如果按该生产队有 400 个劳动力计算，该数据相对于每个劳动力每年要增加 10 个劳动日，如此累加十多年的效果就是巨大的，当然人民公社后期的每个劳动日超过 10 个工分（一般每劳动日为 10 分）。

年达到 50.62 个，1975 年上升到 73.48 个，1977 年更上升到 78.07 个，该数字一直呈上升趋势，15 年的时间里每亩投工从 39.49 个上升到 78.07 个，几乎翻了一番，年增 2.6 个劳动日，说明劳动密集化程度不断增强。这也体现在每劳动力的投工上，每个劳动力所付出的投工从 1962 年的 219 个，逐渐上升到 1969 年的 287 个，再到 1977 年的 335 个，而每个工分的粮食产量仅从 1963 年的 0.50 斤增长到 1977 年的 0.77 斤。伴随着收入的上升，每个工分的价值仅从 0.37 元（1962 年）上升到 0.80 元，并在 20 世纪 70 年代初起开始出现了下降。

表 8 - 4 - 1   东北里生产队历年劳动用工情况

年份	人口	劳动力	耕地总面积（亩）	每劳动力耕地	投工数	每亩投工	每劳动力投工	每工粮（斤）	每工值（元）
1962	741	319	1767	5.54	69776	39.49	219	1.20	0.37
1963	755	358	1767	4.94	85515	48.40	239	0.50	0.39
1964	778	349	1767	5.06	80340	45.47	230	0.40	0.35
1965	798	353	1767	5.01	87198	49.35	247	0.66	0.59
1966	833	285	1767	6.20	87103	49.29	306	0.42	0.72
1967	856	334	1767	5.29	85782	48.55	257	0.49	0.64
1968	875	334	1767	5.29	85401	48.33	256	0.59	0.63
1969	901	312	1767	5.66	89443	50.62	287	0.33	0.70
1970	937	—	1767	—	109572	62.01	—	0.53	0.68
1971	977	—	1767	—	109968	62.23	—	0.70	0.75
1972	997	—	1717	—	103752	60.43	—	1.00	1.02
1973	1010	319	1717	5.38	114277	66.56	358	0.92	1.03
1974	1046	320	1717	5.37	119262	69.46	373	1.10	1.07
1975	1090	330	1717	5.20	126173	73.48	382	0.60	1.02
1976	1106	440	1717	3.90	128757	74.99	293	0.62	0.80
1977	1146	400	1717	4.29	134052	78.07	335	0.77	0.80

资料来源：东北里生产队历年档案资料。

劳动密集化程度增加的原因很多。劳动供给数量的增加和耕地面积的减少是原因之一。人民公社时期劳动力自由流动受到限制，外出劳动的机会很少，这与改革之后形成鲜明对比，在缺少外出劳动的情况下，全生产队的劳动力只有主要投入到生产队有限的耕地上。与此同时，生产队的耕地面积也在不断地被修路、建筑、工厂等占用而减少。另外，大量无用劳动增加，这也是劳动密集化的原因之一（张江华，2007）。特别是在农业学大寨时期，很多劳动力被安排在并无实际用途的各种建设上，如水利建设、深挖土地、土地平整等。据笔者访谈发现，就平整土地来说，此一活动被社员称为"工分库"，顾名思义这种活动已经成为人们取之不尽的工分源泉，大家天天磨洋工、耗时间以换取更多的工分，而这种活动实际上与农业生产没有太大关系。另一种可能的解释是，到人民公社的后期，生产队长为了调动社员的劳动积极性不得不慢慢地将农活的劳动工分数量提高，比如今年该种农活干完 10 个工分，明年为了调动积极性增加到 12 分，后年只能再往上加到 15 分，以此累加后来工分数越来越高。

在劳动密集化中需要特别解释一下无用劳动。在用工中包括，生产用工、基本建设用工和非生产建设用工，非生产建设用工中包括国家义务工、军烈属代耕工、社内义务工、干部补贴工等，其中非生产用工往往跟农业生产没有太多的直接关系，这些用工加大了劳动密集化程度。如 1965 年全年实际用工为 87198 个，其中生产用工为 78978 个，占总用工数 90.6%；基本建设工为 3900 个，占总生产用工的 4.5%；非生产用工为 4320 个，占总用工数 5.0%，在非生产用工中国家义务工为 355 个（占总用工数 0.41%）、军烈属代耕工为 807 个（0.93%）、社内义务工为 1754 个（2.0%）、干部补贴工为 1404 个（1.61%）。而到 1977 年非生产用工比例达到 7.7%；同时农田基建工比例高达 18.98%，仅平整土地就占去总用工量的 4.95%，这些"工分库"大大加强了劳动的密集化程度。

有些学者往往拿人民公社与现代企业对比，把生产队也看作一个企业去计算投入产出收益，然而现实中生产队与企业所不同的是，生产队承担了更多的生产以外的活动，如教育、医疗、民兵建设、党团组织等。从 1966 年的"齐工"[①] 表可以看出这一点。全大队齐工总数为 12800

---

① 齐工的意思是同一个生产大队中有几个生产小队，大队中的工活要由小队承担，东北里的做法是四个小队（1966 年为四个小队）平均承担，所以每个小队的工分必须与其他小队相平（山西土话为"齐"），如果有的小队挣得分多，有的小队挣得分少，则挣得少的小队要补给挣得多的小队，直到各队的工分相"齐"，需要注意的是这些工分都是指的大队工。

个，4个小队均分每队应分工3200个，实际上一队为2993个、二队
3370个、三队3134个、四队3303个，因此根据各队情况，一队和三队
为不足队，二队和四队为超额队，因此一队和三队要补给二队和四队，
根据各队工分数量计算，一队应该补给二队170个工，补给四队37个
工，三队补给四队66个工。

"齐工"种类繁多，有近20种，如津贴工、水利工、修建工、盐房
工、电磨工、电工、大队勤杂工、政治宣传工、民教工、卫生员工、电
机配套规划工、小学勤杂工、扎花工、修公路工、陶瓷厂工、开会参观
工、五三四工地工（军工厂）等。在"齐工"当中，多半都是与农业生
产没有直接关系的，如政治宣传工、民教工、卫生院工、开会参观工等。
这些非直接投入农业中的工作占总投工的14.7%，这也是劳动密集化的
主要原因。

七   小结

总之，我们可以得出这样的初步结论：人民公社时期农业有一定发
展，表现为人口增加、农业产出增长、农民生活水平提高等；国家提取
过多，伤害了农业自身的发展；劳动力流动的限制，人口的增加致使劳
动生产率下降。

人民公社时期的收入在国家、集体、个人三者之间分配，但三者的
优先顺序是不同的，每年的总收入特别是粮食产量要优先以国家分配为
主，国家的粮食征购是政治任务，这在人民公社时期是不容争辩的，是
无论如何也要完成的，甚至在最困难的时期也要先将国家的任务完成，
因而导致了部分人挨饿的悲剧发生，也因此农民为了应对这种不合理的
任务而做出各种各样的"反行为"，如瞒产私分等；其次要将集体的提
留留够，这部分主要是为集体来年的生产做准备，如籽种、各种生产必
需品投入费用等，这部分如果留不够的话也将会影响下年的农业生产，
此外还有对特殊困难群众的照顾也是必须要考虑的，这是社会主义优越
性的体现；在前两者分配完毕之后才能轮到社员分配，因此社员总是处
在最被动的局面，这可能是人民公社时期农民劳动积极性不高的原因
之一。

在国内国际和平发展的大环境下，生产队通过改变种植结构、增加现代农业生产要素投入、增加机械化程度、修建更加便捷的水利设施等使农业产量提升，尽管耕地面积并没有随之增大，相反还有所减少。农业的发展为国家工业化提供了更多的剩余，新中国在短时间内快速建立起的工业化与农业的支持是分不开的。粮食产量的提升为人口增加提供了条件，人口数量快速上升非但没有因增加农业生产的人力资本而使农业更快速地发展，反而造成了更加严重的农业过密化。农业过密化的主要原因是大量劳动力不能自由流动，只能固守在极小的耕地上，没有出路的劳动力只能大量的投入有限的耕地上，结果造成单位面积土地上劳动投入量过高，而投入过高的劳动时间并没有转化为农业产量的增加，而是大量的劳动成了无效的活动。国家对农业收入的提取，伤害了农业自身的发展速度，如果没有国家的过度提取，人民公社的农业也许会有更快的发展。尽管如此，我们的研究案例依旧为我们展示了人民公社二十年的发展路径，这里面充满了悲欢与喜忧，充满了成绩与教训，就因为此也是我们的研究价值所在。诸如良好的社会福利、健康的环境保护、代价极少的乡村治理等均值得今天借鉴。

第九章　结语

一　研究结论

人民公社时期是中国农业现代化过程中的重要一环，是当今众多"三农"问题的逻辑起点。诸如城乡分割的二元经济体制、城乡分列的户籍制度、农村集体所有的土地制度、集体所有的林权制度等对现今影响深远的经济政治制度均产生于这一时期。此外对国家经济做出巨大贡献的乡镇企业也发源于此，如今农村部分地区所使用的农田水利设施、灌溉渠道等也是人民公社时期的建设遗产。因此人民公社时期是研究中国现实问题不可回避的重要历史时期之一。

尽管如此，对人民公社的研究依然存在很多不足，虽然已经有部分论著问世，但依然有众多问题需要深入研究，特别是对人民公社时期的主人——社员的研究，关于他们劳动的行为逻辑、他们的收入分配状况、他们的日常生活实态等尤为欠缺。[1] 本书是在前期关于社员劳动研究的基础上（黄英伟，2011），对社员收入展开了系列研究，这一研究在一定程度上弥补了已有研究的不足，对理解农户的收入和生活状况具有一定的帮助，对理解农户分化、农村社会阶层变迁、农民心理波动、农民的日常斗争、农民与生产队干部的关系、农村与国家政权之间的互动、农民对集体的逃离等问题具有一定的帮助。

20 世纪 70 年代农户收入差异。通常认为 20 世纪 70 年代农户间收入差异较小，但农村生产队账本的数据显示，最高收入与最低收入的农户间收入差距可达两三倍之多，这和我们的想象相去甚远。收入差异既体现在生产队中的农户之间，也体现在生产队之间，更体现在更高层次的

---

[1]　近年来关于人民公社时期社员研究已取得一定的成绩，这方面的研究成果主要有：关于农户劳动有黄英伟（2011）、张江华（2004、2007）、林毅夫（2005）；关于农户生活有李怀印（2010）等，而关于农户收入的则较少。

组织上。

生命周期与农户收入分化。生命周期的分析为我们展现了中国 20 世纪 70 年代农户分化的一个解释，20 世纪 70 年代农户收入与家庭生命周期和人口生命周期有密切关系，家庭收入水平一定程度上由人口分化所决定。利用 1976 年北街第 2 生产队的账本资料分析，按家庭中第一个子女年龄和数量将 88 个农户分为四个家庭生命周期，按人口年龄和性别将男性人口分为五个生命周期、将女性分为六个生命周期。研究表明，在家庭生命周期中阶段 1 因家庭中劳动人口较多，消费人口较少其收入水平较高；阶段 2 因家庭中劳动人口较少而消费人口数量增加较快，同时家庭中妻子生育子女后身体恢复较慢（该阶段身体素质下降），致使家庭中劳动人口需供养的比例较高，结果家庭人均收入最少，是 20 世纪 70 年代生活最困难的家庭；阶段 3 因子女逐渐成为全劳动力而使劳动人数大为增加，结果劳动人口的供养比例快速降低，因此该阶段的农户生活上最为轻松富裕，是 20 世纪 70 年代生活最好的农户；阶段 4 的农户子女逐渐结婚生子而分家单过，则老年夫妇和尚未结婚的孩子一起，家庭劳动能力逐渐下降，工分收入渐渐减少，但因有一定的劳动基础加之子女的照顾，其收入水平维持在较高水平。人口生命周期的计量结果发现处于生命周期的消费阶段时对家庭经济有负向影响，处于生命周期的劳动旺盛时期对家庭经济有正向影响。特别需要注意的是家庭生命周期又与当时的制度（工分制）、工厂用工制度（顶替、学徒等），和中国的传统文化（女孩出嫁）等交相呼应，共同影响了家庭经济。

劳动力性别与农户收入分化。家庭内部的性别结构差异也表现出很强的劳动配置和收入差异。在工分制和传统文化的影响下，男性和女性在选择劳动投入时有较大差异，如在粮食收入、现金收入、投肥收入、应扣工分收入（消费）中均有不同体现，女性比男性更倾向于多挣工分，但女性挣高工分不易。

具体而言，在家庭总收入中女性贡献略低于男性，二者的显著性没有差别，也就是说女性对家庭经济的贡献同样重要。在按人头分配的口粮收入中相差不大，这体现了人人平等的原则、工分粮收入中男性高于女性，说明男性挣了更多的工分，但在集体之外的自留地上，其自留地粮收入女性高于男性，这体现了女性会将更多的时间投入自家的自留地上。在现金收入上女性远不如男性，说明女性确实很少有机会能挣高工分的活。在投肥收入中女性更倾向于积极争取，而男性则较为排斥，因为在男人看来这是女人的活。义务工中劳动力较弱的女性参加较多，男性较少，这体现出了"公地悲剧"的道理。在收益较低的农活中男性倾向于选择休闲，而女性则多为参加。

这种差异包含了三种含义：第一，体现出农户内部的理性分工，家庭在权衡收益与休闲之后做出了不同的劳动配置；第二，体现出传统文化和制度的制约因素，工分制的限制使女性少有机会挣高工分的农活，中国社会中男人的面子，女孩出嫁等原因都影响着劳动的配置；第三，体现出不可忽视的男女生理差别，从生理上讲，男性和女性确实存在不同，这在一定程度上决定着他们劳动的差异。这三点性别差异共同影响了家庭收入差异。

生产队与农户收入分化。生产队间差异是农户收入分化的另一个考察原因。由于中国国土面积广阔，各地地理位置、经济条件、气候条件、各生产队所拥有的物质资源差异较大，因此要在这样具有差异的基础上实现收入均等难度是极大的。我们的研究证明了农户收入分化的生产队差异原因。分层线性模型研究发现生产队间差异可以解释农户差异的37%，即 1/3 以上是由所在生产队不同引起的。即使人民公社时期努力消除贫富差异，但生产队间固有的差异是无法短期内改变的，因此收入平均化很难达到。

同时发现诸如化肥等现代化生产要素采用越多的生产队，其农户平均收入越高；以劳动单价表示的农业生产能力越强则农户平均收入越高；劳动与家庭总人口比经劳动单价对收入的回报率随比值的增加而增加，即生产队经营状况越好则劳动收入越高；同时在制度性因素中，社员分配比例越高的生产队其劳动与人口比值的回报率越好。

农户收入流动性。为了突破短期截面数据的静态研究方法之不足，我们也采用了动态的收入流动法研究农户收入。收入流动性研究为我们展现了另一个农户收入分化的原因。经过测算基尼流动指标的等级流动和数量流动以及收入流动的转换矩阵均说明长期收入流动大于短期流动。数量流动说明短期内数量流动是发散的，长期内则是收敛的，即短期内收入流动扩大收入差距，而长期内则缩小收入差距。等级流动性不断增强，即家庭末期收入与初期收入水平之间的相关性越来越小。

收入流动的研究为我们展现了两个方面的重要信息：其一是收入流动与不平等的关系，发现长期收入分配状况较短期收入分配平等，且收入流动对农户间的平等化程度作用越来越强，也就是说长期内看收入的流动性缩小了农户间的收入差异，这可能是人民公社一直较为稳定的原因之一；其二是收入流动体现出"亲贫性"，即收入流动有利于低收入者脱贫，基尼流动指标和收入转换矩阵都说明收入流动有利于低收入者，这有利于低收入者改变收入现状、改变社会身份，有利于低收入者对社会主义的拥护，也许人民公社能够长期存在的原因也在于此。

收入流动影响因素的考察解释了哪些因素决定收入流动性的大小。我们发现在收入流动的影响因素中家庭人口因素占据主要位置，人口因素包括家庭总人口、家庭劳动力数量和劳动能力，但与家庭的政治身份关系不大，也就是说是人口分化因素决定收入流动的快慢。

农户收入实物化。我们也用实例证明了人民公社时期，农民的劳动报酬主要不是用货币结算的，而是用实物（以粮食为主）。用实物方式支付劳动报酬，一方面符合农村的实际情况，另一方面也限制了农户消费和再投资行为，进而导致"瞒产私分"等行为盛行。人民公社时期可以称作糊口经济，吃饱是社员的最大愿望，因此不惜采取一些非常手段来达到目的。农户收入的实物化促使了这一行为的发生。

20 世纪 70 年代的农业发展与农民生活。在这样的背景下，20 世纪70 年代的农业缓慢向前发展，粮食产量、人口数量等都有一定程度的提升，但同时伴随着劳动生产率的下降。20 世纪 70 年代较好的社会福利水平、基础设施建设等，这些都为农村改革后的发展提供了基础，但这一时期国家提取过多也对农业发展本身有所伤害。水利事业的发展、农药采用、新品种的利用、化肥施用量的提高、国家提取比例的下降等，均为该时期的农业发展贡献了力量。

二 展望

农户收入与人民公社的长期存在。人民公社被认为是不合理的制度存在，特别是农村改革的巨大成功更显出其与社会发展的不相适应。那么，一个很自然的疑问就是，既然人民公社那么不合理、人民收入极其低下、农民劳动积极性不高，并且时刻想逃离集体，但为什么人民公社能够在中国持续那么长的时间？这是一个无法回避的疑问，这个问题是否与该时期的农户收入有一定的联系，比如说收入流动性增加了低收入者的收入，这将有利于社会的稳定。这是需要进一步检验的论题。

农户收入分化如何影响了人民公社的解体。人民公社最终被家庭联产承包制取而代之，起初家庭承包制并不是被中央所承认的，最初是一些农户冒死签订了分地合同，之后取得了预想不到的好成绩，中央才慢慢放开了限制，直至完全"包干到户"。实际上在人民公社时期在生产队内部早就开始孕育了分化的种子，即收入分化，这种收入分化究竟是怎么影响了人民公社的解体，在公社解散之时哪些人更愿意离开集体，而哪些人对集体更加留恋，这也许跟他们在生产队中原本的经济地位有一定的联系，另外，人民公社时期农户保留一定数量的自留地，也是一个说明。试想是不是当时收入高的农户认为他们生活还不错就不愿离开，或者是因为他们觉得自家收入还可以提高更多（如果离开集体的话），因而更拥护集体解散；或者相反对低收入者来说是否因为爱慕集体的优良的社会福利而愿意待在集体里不走，还是愿意离开集体去寻找更好的机会，这些都是需要进一步努力挖掘的课题。

农户收入分化与农村改革后的农户分层。这是一个关于农户社会分层的探讨。历史总是具有一定的连续性和延续性，人民公社时期的事件或多或少地会影响到改革以后的社会现实。众所周知，改革以后农村社会出现了较大的社会分化，有些人经济条件变得更好，有些人反而变得更遭。[①] 那么这些人收入变化的根基是什么，是否与人民公社时期的收入有关联，也许是在这时积累了后来发展所需的物质资本或者人力资本，这方面也是尚需深入研究的问题。

农户收入分化与当今农业发展。人民公社时期收入分化的原因中即

---

① 关于农村改革到底对哪部分人获利更多一直讨论很激烈，如 Nee（1989）援用泽兰尼关于东欧市场改革有利于下层老百姓的分析，提出中国的农村改革，特别是包产到户，削弱了干部的再分配特权，并给普通农民创造通过市场致富的机会，所以改革对普通农民的收入增长更有利。而 Qi（1989）则认为基层干部才是农村改革的最大受益者。对这一问题的讨论一直持续 10 年之久，至今并无统一答案。

有职业差异原因，很明显比如畜牧工无论阴天下雨都不会影响饲养员获得工分，会手艺的（如木匠）可以拿很高的日工分数。这种工作种类的差异是否会影响农户对职业的选择，特别是对子女的劳动安排，而这种选择又对改革后的农村造成怎么的影响，以及这种影响的深远程度如何，是否持续到今天？这些尚需作进一步的考证。

本书一定会留有很多遗憾，同时存在很多不足和缺陷。本书试图论述一个宏观的问题，但多数章节的支持资料只是个别生产队的案例。

这首先表现在样本量不足上。如历史学家严耕望曾指出："分别用不同地区的材料证明一个道理是有偏差的，也就是说只是用对自己有利的材料，而忽视对自己不利的材料，这叫做'抽样论证'。"这就会出现也许这个材料证明这个问题有效但证明另一个问题无效的现象。这也是经济史学家李伯重（2000）所提到的"选精""集萃"问题。本书虽尚未落入此陷阱中，但样本量不足的缺陷仍旧明显。其次，样本量不足限制了诸多方法的使用。比如分层线性模式在使用过程中会因自由度太低而不能做更多更深入的讨论，这使得论证结果的精确性受到部分影响。最后是代表性问题。用几个案例来代表全国的实际情况总是具有极大风险的，中国地域面积广阔、自然地理条件、制度文化因素等千差万别，因此用案例的研究方法去体现出这一时代的特色难免会有偏差。

作为补充本书采用了部分社会学的研究方法，如口述史研究方法，本书研究过程中曾采访了上百位那一时期的老队长、老会计和老社员，这些口述资料与档案资料相互结合会尽可能的接近历史事实。在史实清楚的基础上加以现代手段研究方法的实施会更相得益彰。好在那时的制度差异不大，一个小生产队基本能反应全国的部分情况。当然，该研究只是想抛下一块石子，期待能引起学界更多的兴趣，开展相关的研究，去搜集更多的资料，运用更成熟的研究方法，共同推进学术不断向前发展。

参考文献

[1] AgéNor, P. R. , and Canuto, O. , "Gender Equality and Economic Growth In Brazil: a Long – Run Analysis," *Journal of Macroeconomics*, 2015, 43.

[2] Becket, G. , *The Economicsof Discrimination* (Chicago: Chicago University Press, 1971).

[3] Beenstock, M. , "Rank and Quantity in the Empirical Dynamics of Inequality," *Review of Income and Wealth*, 2004, 50 (4).

[4] Bengtson, V. L. , and Allen, K. R. , "The Life Course Perspective Applied to Families Over Time," in Boss, P. G. , et al. , eds. , *Sourcebook of Family Theories and Methods: A Contextual Approach* (New York: Plenum Press, 1993), pp. 469 – 504.

[5] Bergmann, B. R. , *The Economic Emergence of Women* (New York: Basic Books, 1986), p. 81.

[6] Bonin, J. P. , and Putterman, L. , "Incentives and Monitoring in Cooperatives with Labor-Proportionate Sharing Schemes," *Journal of Comparative Economics*, 1993, 17 (3).

[7] Bonin, J. P. , and Putterman, L. , *Economics of Cooperation and the Labor-Managed Economy* (New York: Harwood Academic Publishers, 1987), pp. 120 – 127.

[8] Bossen, L. , et al. , "Feet and Fabrication: Footbinding and Early Twentieth-Century Rural Women's Labor in Shaanxi," *Modern China*, 2011, 37 (4).

[9] Branisa, B. , Klasen, S. , and Ziegler, M. , "Gender Inequality in Social Institutions and Gendered Development Outcomes," *World Development*, 2013, 45.

[10] Bruda, M. , et al. , "Total Work, Gender and Social Norms," Work-

paper, 2007, No. 13000.

[11] Cain, M. T. , "The Household Life Cycle and Economic Mobility in Rural Bangladesh," *Population and Development Review*, 1978, 4 (3).

[12] Cao, Y. , and Hu, C. , "Gender and Job Mobility in Postsocialist China: A Longitudinal Study of Job Changes in Six Coastal Cities," *Social Forces*, 2007, 85 (4).

[13] Chakravarty, S. R. , Dutta, B. , Weymark, J. A. , "Ethical Indices of Income Mobility," *Social Choice and Welfare*, 1985, 2 (1).

[14] Chang, C. , Mccall, B. P. , Wang, Y. , "Incentive Contracting Versus Ownership Reforms: Evidence form China's Township and Village Enterprises," *Journal of Comparative Economics*, 2003, 31 (3).

[15] Chen, C. S. , *Rural People's Communes in Lien – chiang: Documents Concerning Communes in Lien – chiang County, Fukien Province, 1962 – 1963* (Stanford California: Hoover Institution Press, 1969) .

[16] Chen, F. , and Korinek, K. , "Family Life Course Transition and Rural Household Economy dring China's Market Reform," *Demography*, 2010, 47 (4).

[17] Chen, F. , "The Division of Labor between Generations of Women in Rural China," *Social Science Research*, 2004, 33 (4).

[18] Chinn, D. L. , "Income Distribution in a Chinese Commune," *Journal of Comparative Economics*, 1978, 2 (3).

[19] Clark, R. , et al. , "Culture, Gender, and Labor Force Participation: A Cross-National Study," *Gender & Society*, 1991, 5 (1).

[20] Cohen, M. L. , "Family Management and Family Division in Contemporary Rural China," *The China Quarterly*, 1992, 30.

[21] Conn, D. , "Effort, Efficiency, and Incentives in Economic Organizations," *Journal of Comparative Economics*, 1982, 6 (3).

[22] Cooray, A. , and Potrafke, N. , "Gender Inequality in Education: Political Institutions or Culture and Religion," *European Journal of Political Economy*, 2011, 27 (2).

[23] Croll, E. , *Chinese Women since Mao* (London: UK: Zed Books, 1983).

[24] Davis, L. , and North, D. , "Institutional Change and American Economic Growth: A First Step Towards a Theory of Institutional Innovation," *The Journal of Economic History*, 1970, 30 (1).

[25] Ding, N. , Wang, Y. , "Household Income Mobility In China And Its Decomposition," *China Economic Review*, 2008, 19 (3).

[26] Dong, X. Y. , and Dow, G. K. , "Monitoring Costs in Chinese Agricultural Teams," *Journal of Political Economy*, 1993, 101 (3).

[27] Duvall, E. M. , and Miller, B. C. , *Marriage and Family Development* (New York: Karper & Row, 1985).

[28] Earley. P. C. , Face, *Harmony and Social Structure: An Analysis of Organizational Behavior across Cultures* (New York: Oxford University Press, 1997).

[29] Fan, S. , and Zhang, X. , "Production And Productivity Growth in Chinese Agriculture: New National and Regional Measures," *Economic Development and Cultural Change*, 2002, 50 (4).

[30] Fields, G. , and Ok, E. , "The Meaning and Measurement of Income Mobility," *Journal of Economic Theory*, 1996, 71 (2).

[31] Fields, G. , et al, "Earnings Mobility, Inequality, and Economic Growth in Argentina, Mexico, and Venezuela," *The Journal of Economic Inequality*, 2015, 13 (1).

[32] Fields, G. , "Income Mobility," Cornell University ILR School, Working Papers, 2007.

[33] Gao, X. , " 'The Silver Flower Contest': Rural Women in 1950s China and the Gendered Division of Babour," *Gender & History*, 2006, 18 (3).

[34] Griffin, K. , and Saith, A. , *Growth and Equality in Rural China* (Singapore: Maruzen Asia Pte. Ltd. , 1981), p. 28.

[35] Gronau, R. , "The Intrafamily Allocation of Time: The Value of Housewives' Time," *American Economic Review*, 1973, 63 (4).

[36] Harkness, S., "The Contribution of Women's Employment and Earnings to Household Income Inequality: A Cross-Country Analysis," Luxembourg: Luxembourg Income Survey Working Paper Series, 2010, No. 531.

[37] Heilman, M. E., "Description and Prescription: How Gender Stereotypes Prevent Women's Ascent up the Organizational Ladder," *Journal of Social Issues*, 2001, 57 (4).

[38] Hershatter, G., *The Gender of Memory: Rural Women and China's Collective Past* (Berkeley: University of California Press, 2011), p. 8.

[39] Hershatter, G., *Women In China's Long Twentieth Century* (Oakland: University Of California Press, 2007), Introduction, pp. 1 – 6.

[40] Hershatter, G., "State of the Field: Women in China's Long Twentieth Century," *Journal of Asian Studies*, 2004, 63 (4).

[41] Hsiung, B. Y. and Putterman, L., "Pri-and Post-Reform Income Distribution in a Chinese Commune: The Case of Dahe Township in Hebei Province," Journal of Comparative Economics, 1989, 13 (3).

[42] Huang Y., Li, J., Gu, Z., "Rural Household Income Mobility in the People's Commune Period: The Case of Dongbeili Production Team in Shanxi Province," *China Agriculture Economic Review*, 2016, 8 (4).

[43] Hutchings, K., "Cultural Norms and Gender Inequality in Malaysia," *Race, Gender & Class*, 2000, 7 (2).

[44] Iceland, J., "Why Poverty Remains High: The Role of Income Growth, Economic Inequality and Changes in Family Structure, 1949 – 1999," *Demography*, 2003, 40 (3).

[45] Jin, Y., "Rethinking the 'Iron Girls': Gender and Labour duting the Chinese Cultural Revolution," *Gender & History*, 2006, 18 (3).

[46] Jorge, A., Barquero, B., Trejos S. J. D., "Types of Household, Family Life Cycle and Poverty in Costa Rica," Year Paper, University of California, 2005.

[47] Judd, E. R., *Gender and Power in Rural North China* (Stanford: Stanford University Press, 1994).

[48] Kapinus, C. A. and Michael, P. J. , "The Utility of Family Life Cycle as a Theoretical and Empirical Tool: Commitment and Family Life-Cycle Stage," *Journal of Family Issues*, 2003, 24 (2).

[49] Korinek, K. M. , et al. , "Household Economic Transformation and Recent Fertility in Emerging Market Economies: China and Vietnam Compared," *Journal of Comparative Family Studies*, 2006, 37 (2).

[50] Kung, J. , and Lee, Y. , "Women's Contributions to the Household Economy in Pre – 1949 China: Evidence from the Lower Yangzi Region," *Modern China*, 2010, 36 (2).

[51] Kung, J. , "Egalitarianism, Subsistence Provision, and Work Incentives in China's Agricultural Collectives," *World Development*, 1994, 22 (2).

[52] Kung, J. , "Transaction Costs and Peasants' Choice of Institutions: Did the Right to Exit Really Solve the Free Rider Problem in Chinese Collective Agriculture?" *Journal of Comparative Economics*, 1993, 17 (2).

[53] Li, H. , *Village China under Socialism and Reform a Micro-History*, 1948 – 2008 (Stanford: Stanford University Press, 2005).

[54] Li, H. , "Everyday Strategies for Team Farming in Collective-Era China: Evidence from Qin Village," *China Journal*, 2005b, 54.

[55] Li, H. , "Life Cycle, Labor Remuneration, and Gender Inequality in a Chinese Agrarian Collective," *The Journal of Peasant Studies*, 2005a, 32 (2).

[56] Li, S. , Song, J. , Liu, X. , "Evolution of the Gender Wage Gap among China's Urban Employee," *Social Sciences in China*, 2011, 32 (3).

[57] Li, T. , Zhang, J. , "Returns to Education Under Collective and Household Farming in China," *Journal of Development Economics*, 1998, 56 (2).

[58] Lin, J. Y. , "Collectivization and China's Agricultural Crisis in 1959 – 1961," *Journal of Political Economy*, 1990, 98 (6).

[59] Lin, J. Y. , "Rural Reform and Agricultural Growth in China," *Ameri-*

can Economic Review, 1992, 82 (1).

[60] Lin, J. Y., "The Household Responsibility System in China's Agricultural Reform: A Theoretical and Empirical Study," *Economic Development and Cultural Change*, 1988, 36 (4).

[61] Luo, H., *Economic Changes in Rural China* (Beijing: New World Press, 1985).

[62] Mead, R, W., "China's Agricultural Reforms: The Importance of Private Plots," *China Economic Review*, 2000, 11 (1).

[63] Mundlak, "On the Pooling of Time Series and Cross Section Data," Econometrica, 1978, 46 (1).

[64] Nee, V., "A Theory of Market Transition: from Redistribution to Markets in State Socialism," *American Sociological Review*, 1989, 54.

[65] Nolan, P., and Gordon, W., "Distribution and Development in China," *Bulletin of Concerned Asian Scholars*, 1981, 13 (3).

[66] Nolan, P., and Gordon, W., "Socialist Development and Rural Inequality: The Chinese Countryside in the 1970s," *The Journal of Peasant Studies*, 1979, 7 (1).

[67] Nolan, P., *The Political Economy of Collective Farms: A Analysis of China's Post - Mao Rural Reforms* (Boulder: Westview Press, 1988).

[68] Perz, S. G., "Household Demographic Factors as Life Cycle Determinants of Land Use in the Amazon," *Population Research and Policy Review*, 2001, 20 (3).

[69] Prakash, J. E. A., "Economic Development and Gender Equality: Is There a Gender Kuznets Curve?" *World Politics*, 2013, 65 (1).

[70] Putterman, L., *Continuity and Change in China's Rural Development: Collective and Reform Eras in Perspective* (New York: Oxford University Press, 1993).

[71] Putterman, L., *Hebei Province, Dahe Commune/Township: Dahe Sets and Codebook* (Ann Arbor: Center for Chinese Studies the University of Michigan, 1989).

[72] Putterman, L., "Effort, Productivity, and Incentives in a 1970s Chi-

nese People's Commune," *Journal of Comparative Economics*, 1990, 14 (1).

[73] Putterman, L., "Group Farming and Work Incentives in Collective – Era China," *Modern China*, 1988b, 14 (4).

[74] Putterman, L., "On the Past and Future of China's Township and Village-Owned Enterprises," *World Development*, 1997, 25 (10).

[75] Putterman, L., "Ration Subsidies and Incentives in the Pre-Reform Chinese Commune," *Economica*, 1988a, 55 (218).

[76] Putterman, L., "The Incentive Problem and the Demise of Team Farming in China," *Journal of Development Economics*, 1987, 26 (1).

[77] Qi, J., *State and Peasant in Contemporary China: The Political Economy of Village Government* (Berkeley: University of California Press, 1989).

[78] Raudenbush, S. W., and Bryk, A. S., *Hierarchical Linear Models: Applications and Data Analysis Methods*, *Second Editio* (London: Sage Publications Inc., 2002).

[79] Raudenbush, S. W., et al., *HLM6: Hierarchical Linear and Nonlinear Modeling* (SSI: Scientific Software International Inc., 2004).

[80] Ross, M. L., "Oil, Islam, and Women," *American Political Science Review*, 2008, 102 (1).

[81] Selden M., *The Political Economy of Chinese Socialism* (Armonk NY: M. E. Sharpe, 1988).

[82] Sen, A., *Develoment as Freedom* (New York, NY: Alfred A. Knopf, 1999).

[83] Shi, X., et al., "Determinants of Househlld Income Mobility in Rural China," *China & World Economy*, 2010b, 18 (2).

[84] Shi, X., Nuetah, J. A., Xin, X., "Household Income Mobility in Rural China: 1989 – 2006," *Economic Modelin*, 2010a, 27 (5).

[85] Shorrocks, A., "Income Inequality and Income Mobility", *Journal of Economic Theory*, 1978, 46 (2).

[86] Tang, A. M., *An Analytical and Empirical Investigation of Agriculture*

in Mainland China, 1952 – 1980（Taipei：Chung – Hua Institution For Economic Research，Distributed by University Of Washington Press，Seattle，1984）．

[87] Wen，G．，"Totle Factor Productivity Change in China's Farming Sector：1952 – 1989，" *Economic Development and Cultural Change*，1993，42（2）．

[88] Wodon，Q．，and Yitzhaki，S．，"Growth and Convergence：an Alternative Empirical Framework，" World Bank and Hebrew University，2001．

[89] Woodhams，C．，Lupton，B．，Xian，H．，"The Persistence of Gender Discrimination in China—Evidence from Recruitment Advertisements，" *The International Journal of Human Resource Management*，2009，20（10）．

[90] Woolard，I．，and Klasen，S．，"Determinants of Income Mobility and Household Poverty Dynamics in South Africa，" *Journal of Development Studies*，2005，41（5）．

[91] Xie Y．，and Hannum，E．，"Regional Variation in Earnings Inequality in Reform Era Urban China，" *American Journal of Sociology*，1996，101（4）．

[92] Zhou，Y．，et al．，"From Labour to Capital：Intra – Village Inequality in Rural China，1988 – 2006，" *The China Quarterly*，2008．

[93]〔俄〕恰亚诺夫：《农民经济组织》，萧正洪译，中央编译出版社，1996。

[94]〔荷〕约翰·邦戈茨等主编《家庭人口学：模型及应用》，曾毅等译，北京大学出版社，1994。

[95]〔加〕伊莎白·柯鲁克、〔英〕大卫·柯鲁克：《十里店（二）：中国一个村庄的群众运动》，安强、高建译，上海人民出版社，2007。

[96]〔加〕伊莎白·柯鲁克、〔英〕大卫·柯鲁克：《十里店（一）：中国一个村庄的革命》，龚厚军译，上海人民出版社，2007。

[97]〔美〕唐纳德·里奇：《大家来做口述历史》，王芝芝、姚力译，当代中国出版社，2006。

［98］〔美〕詹姆斯·C. 斯科特：《农民的道义经济学：东南亚的反叛与生存》，程立显、刘建等译，译林出版社，2007。

［99］〔美〕詹姆斯·C. 斯科特：《弱者的武器》，郑广怀、张敏、何江穗译，译林出版社，2011。

［100］〔英〕艾利思：《农民经济学：农民家庭农业和农业发展》，胡景北译，上海人民出版社，2006。

［101］安贞元：《人民公社化运动研究》，中央文献出版社，2003。

［102］薄一波：《若干重大决策与事件的回顾》，中共党史出版社，2008。

［103］曹锦清、张乐天、陈中亚：《当代浙北乡村的社会文化变迁》，上海远东出版社，2001。

［104］曹树基：《1959－1961 年中国的人口死亡及其成因》，《中国人口科学》2005 年第 1 期。

［105］陈鸿根：《关于养猪积肥的几个问题》，《湖北农业科学》1966 年第 3 期。

［106］陈吉元、陈家骥、杨勋：《中国农村社会经济变迁：1949－1989》，山西经济出版社，1993。

［107］陈剑波：《人民公社的产权制度——对排它性受到严格限制的产权体系所进行的制度分析》，《经济研究》1994 年第 7 期。

［108］陈硕：《1959－1961 年中国饥荒的回顾及启示》，《世界经济》2011 年第 4 期。

［109］崔应令：《抗争与决裂：集体时代女性参与建构自身地位的再认识——以湖北恩施土家族双龙村女性为例》，《妇女研究论丛》2011 年第 1 期。

［110］《当代中国农业合作化》编辑室：《建国以来农业合作化史料汇编》，中共党史出版社，1992。

［111］丁抒：《人祸："大跃进"与饥荒》，黎明文化出版社，1998。

［112］杜鹏：《中国城乡家庭生命周期的初步分析》，《中国人口科学》1990 年第 4 期。

［113］杜润生：《杜润生自述：中国农村体制变革重大决策纪实（修订版）》，人民出版社，2007。

［114］范连生：《建国初期黔东南农村地区的代耕问题及实效分析》，

《文史博览（理论）》2010年第3期。

［115］范子英：《1950年代粮食危机的研究：共识与展望》，《当代经济研究》2013年第12期。

［116］冯海发、李徽：《我国农业为工业化提供资金积累的数量研究》，《经济研究》1993年第9期。

［117］高剑平、周志武：《人民公社时代的土地制度实施——广西贵港市港南区八塘镇土地制度变迁考察报告之二》，《经济与社会发展》2006年第1期。

［118］高梦滔、姚洋：《性别、生命周期与家庭内部健康投资：中国农户就诊的经验证据》，《经济研究》2004年第7期。

［119］高王凌：《人民公社时期中国农民"反行为"调查》，中共党史出版社，2006。

［120］高小贤：《"银花赛"：20世纪50年代农村妇女的性别分工》，《社会学研究》2005年第4期。

［121］高小贤：《经济改革与农村妇女》，载杜芳琴等编《中国妇女与发展：地位、健康、就业》，河南人民出版社，1993。

［122］郭于华：《心灵的人民公社：陕北骥村农业合作化的女性记忆》，《中国社会科学》2003年第4期。

［123］郭于华、常爱书：《生命周期与社会保障——一项对下岗失业工人生命历程的社会学探索》，《中国社会科学》2005年第5期。

［124］郭志刚：《对2000年人口普查出生性别比的分层模型分析》，《人口研究》2007年第3期。

［125］郭志刚：《分层单位、分层结构、分层模型》，《北京大学社会学学刊（第一辑）》，北京大学出版社，2004。

［126］郭志刚、李剑钊：《农村二孩生育间隔的分层模型研究》，《人口研究》2006年第4期。

［127］国家农业委员会办公厅编：《农业人民公社重要文献汇编》下，中共中央党校出版社，1981

［128］国家统计局：《中国统计年鉴1981》，中国统计出版社，1982，第196页。

［129］国家统计局国民经济综合统计司：《新中国六十年统计资料汇

编》，中国统计出版社，2010。

［130］ 国家统计局国民经济综合统计司：《新中国五十五年统计资料汇编》，中国统计出版社，2005。

［131］ 河北省统计局：《河北经济统计年鉴 1985》，中国统计出版社，1985。

［132］ 侯永禄：《农民日记：一个农民的生存实录》，中国青年出版社，2006。

［133］ 侯永禄：《农民账本》，人民文学出版社，2012。

［134］ 胡英泽：《人民公社时代农村档案与当代中国史研究》，《中共党史研究》2010 年第 1 期。

［135］ 黄道霞主编《建国以来农业合作化史料汇编》，中共党史出版社，1992。

［136］ 黄荣华：《农村地权研究：1949 - 1983——以湖北省新州县为个案》，上海社会科学院出版社，2006。

［137］ 黄少安、孙圣民、宫明波：《中国土地产权制度对农业经济增长的影响——对 1949 - 1978 年中国大陆农业生产效率的实证分析》，《中国社会科学》2005 年第 3 期。

［138］ 黄西谊：《中国当代社会变迁中农村妇女经济身份的转换》，《社会学研究》1990 年第 6 期。

［139］ 黄嫣梨：《建国后妇女地位的提升》，《清华大学学报》（哲学社会科学版）1999 年第 3 期。

［140］ 黄英伟：《工分制的制度经济学分析》，《二十一世纪》2014 年第 3 期。

［141］ 黄英伟：《工分制下农户劳动》，中国农业出版社，2011。

［142］ 黄英伟：《人民公社时期农村经济档案论述——以江苏祖堂大队为例》，《古今农业》2012 年第 4 期。

［143］ 黄英伟、陈永伟、李军：《集体化时期的农户收入：生命周期的影响——以河北省北街 2 队为例》，《中国经济史研究》2013 年第 2 期。

［144］ 黄英伟、李军、王秀清：《人民公社末期农户劳动投入的性别差异——一个村庄（北台子）的研究》，《中国经济史研究》2010

年第 2 期。

[145] 黄英伟、廖薇、张晋华：《人民公社时期东北里人口特点与变迁》，《兰州学刊》2009 年第 12 期。

[146] 黄英伟、张晋华：《集体化时期人口、收入分配与农业劳动生产率——以山西省东北里生产队为例》，《农业考古》2014 年第 4 期。

[147] 黄英伟、张晋华：《人民公社时期生产队差异与农户收入：基于分层线性模型分析》，《中国经济史研究》2016 年第 3 期。

[148] 黄英伟、汪娟：《中国生猪生产与粮食生产关系的变迁》，《新疆农业科学》2007 年增刊。

[149] 黄宗智：《长江三角洲小农家庭与乡村发展》，中华书局，2000。

[150] 黄宗智：《华北的小农经济与社会变迁》，中华书局，2005。

[151] 黄宗智：《中国社会、经济与法律的实践历史研究》，中国人民大学出版社，2007。

[152] 蒋励：《人民公社：中共农村经济组织制度史上教训深刻的一页》，《学术研究》2002 年第 10 期。

[153] 蒋永萍：《50 年中国城市妇女的就业的回顾与反思》，载李秋芳主编《半个世纪的妇女发展——中国妇女 50 年理论研讨会论文集》，当代中国出版社，2001。

[154] 介休市志编纂委员会：《介休市志》，海潮出版社，1996。

[155] 金一虹：《"铁姑娘"再思考——中国文化大革命期间的社会性别与劳动》，《社会学研究》2006 年第 1 期。

[156] 李伯重：《"男耕女织"与"妇女半边天"角色的形成——明清江南农家妇女劳动问题探讨之二》，《中国经济史研究》1997 年第 3 期。

[157] 李伯重：《从"夫妇并作"到"男耕女织"——明清江南农家妇女劳动问题探讨之一》，《中国经济史研究》1996 年第 3 期。

[158] 李伯重：《简论"江南地区"的界定》，《中国社会经济史研究》1990 年第 4 期。

[159] 李伯重：《控制增长，以保富裕清代前中期江南的人口行为》，《新史学》1994 年第 5 卷第 3 期。

[160] 李伯重：《"选精"、"集粹"与"宋代江南农业革命"——对传

统经济史研究方法的检讨》,《中国社会科学》2000 年第 1 期。

[161] 李成瑞:《大跃进引起的人口变动》,《中共党史研究》1997 年第
2 期。

[162] 李怀印:《华北村治:晚清和民国时期的国家与乡村》,中华书
局,2008。

[163] 李怀印:《集体制时期中国农民的日常劳动策略》,《世纪中国》
2005 年第 6 期。

[164] 李怀印:《乡村中国纪事:人民公社和改革的微观历程》,法律出
版社,2010。

[165] 李怀印、黄英伟、狄金华:《回首"主人翁"时代——改革前三
十年国营企业内部的身份认同、制度约束与劳动效率》,《开放时
代》2015 年第 3 期。

[166] 李孔岳:《信念、权威与制度选择——基于中国人民公社制度的
思考》,《中山大学学报》(社会科学版)2006 年第 4 期。

[167] 李里峰:《阶级划分的政治功能——一项关于"土改"的政治社
会学分析》,《政治学研究》2008 年第 1 期。

[168] 李巧宁:《1950 年代中国对农村妇女的社会动员》,《社会科学
家》2004 年第 6 期。

[169] 李青:《论集体化时代村级档案资料的收集与利用》,《兰台世界》
2011 年第 27 期。

[170] 林善浪、王健:《家庭生命周期对农村劳动力转移的影响分析》,
《中国农村观察》2010 年第 1 期。

[171] 林毅夫:《再论制度、技术与中国农业发展》,北京大学出版社,
2000。

[172] 林毅夫:《制度、技术与中国农业发展》,上海三联书店、上海人
民出版社,2005。

[173] 林毅夫、蔡昉、李周:《中国的奇迹:发展战略与经济改革》,上
海人民出版社,1994。

[174] 林蕴晖、顾训中:《人民公社狂想曲》,河南人民出版社,1995。

[175] 林子力:《论联产承包责任制——中国社会主义农业合作经济的
新形式》,《中国社会科学》1982 年第 6 期。

［176］凌志军：《1978 历史不再徘徊》，人民出版社，1996。

［177］刘德军：《近十年来农村人民公社研究综述》，《毛泽东思想研究》2006 年第 2 期。

［178］刘德军：《毛泽东对"大公社"时期所有制形式认识的演变历程及理论思考》，硕士学位论文，安徽师范大学，2004。

［179］刘庆乐：《权力、利益与信念——新制度主义视角下的人民公社研究》，中国社会科学出版社，2010。

［180］刘庆乐：《双重委托代理关系中的利益博弈——人民公社体制下生产队产权矛盾分析》，《中国农村观察》2006 年第 5 期。

［181］刘艳彬：《中国家庭生命周期模型的构建及与产品消费关系的实证研究》，浙江大学出版社，2010。

［182］刘兆昆：《中国大饥荒时期"非正常人口死亡"研究之综述与解读》，《二十一世纪》（网络版）2008 年第 8 期。

［183］卢晖临：《通向集体之路：一项关于文化观念和制度形成的个案研究》，社会科学文献出版社，2015。

［184］陆学艺：《联产承包责任制研究》，上海人民出版社，1986。

［185］罗必良：《产权制度、"柠檬市场"与人民公社失败——农村经济组织制度的实证分析之四》，《南方农村》1999 年第 6 期。

［186］罗必良：《人民公社失败的制度经济学解理——一个分析框架及其应用》，《华南农业大学学报》（社会科学版）2002 年第 1 期。

［187］罗必良：《限制退出、偷懒与劳动力"柠檬市场"——人民公社的制度特征及其低效率的根源》，《中国农业经济评论》2007 年第 1 期。

［188］罗平汉：《大锅饭——公共食堂始末》，广西人民出版社，2007。

［189］罗平汉：《大迁徙——1961－1963 年的人口精简》，广西人民出版社，2003。

［190］罗平汉：《农村人民公社史》，福建人民出版社，2006。

［191］罗平汉：《票证年代：统购统销史》，福建人民出版社，2008。

［192］罗平汉：《人民公社供给制探析》，《当代中国史研究》2000 年第 3 期。

［193］马东明：《1950－1958 年河北省退伍军人安置工作述论》，硕士学

位论文，河北师范大学，2010。

[194] 麦克法夸尔、费正清：《剑桥中华人民共和国史：革命的中国的兴起（1949 - 1965 年）》，中国社会科学出版社，1998。

[195] 《毛泽东给中共中央妇委的一封信》，载中国妇女联合会妇女运动历史研究编《中国妇女运动历史资料》，中国妇女出版社，1991，第 261 页。

[196] 《毛泽东农村调查文集》，人民出版社，1982，第 35 页。

[197] 《毛泽东选集》第 1 卷，人民出版社，1968，第 31 页。

[198] 梅德平：《60 年代调整后农村人民公社个人收入分配制度》，《西南师范大学》（人文社会科学版）2005 年第 1 期。

[199] 农业部人民公社管理局：《全国农村人民公社收益分配统计资料（1956 - 1980）》，内部资料，1981。

[200] 潘鸣啸：《上山下乡运动再评价》，《社会学研究》2005 年第 5 期。

[201] 秦晖：《农民中国：历史反思与现实选择》，河南人民出版社，2003。

[202] 权衡：《收入流动与自由发展：上海城乡居民收入分配与收入流动性分析》，上海三联书店，2008。

[203] 史清华、侯瑞明：《农户家庭生命周期及其经济运行研究》，《农业现代化研究》2001 年第 2 期。

[204] 史志宏：《无锡、保定农村调查的历史及显存无、保资料概况》，《中国经济史研究》2007 年第 3 期。

[205] 宋国青、罗小朋：《经济结构与经济改革》，《农村·经济·社会》1985 年第 2 期。

[206] 宋静：《生产队长：家长的扩大——对王村生产队长角色的考察（1958—1978）》，硕士学位论文，华中师范大学，2009。

[207] 宋士云：《新中国农村社会保障制度结构与变迁（1949 - 2002）》，博士学位论文，中南财经政法大学，2005。

[208] 孙圣民：《工农业关系与经济发展：计划经济时代的历史计量学再考察——兼与姚洋、郑东雅商榷》，《经济研究》2009 年第 8 期。

[209] 孙圣民、刘晓鸥：《制度变迁、要素误置与效率损失——来自新

中国农业合作化运动的实证分析》，工作论文，2014。

[210] 孙文凯、路江涌、白重恩：《中国农村收入流动分析》，《经济研究》2007 年第 12 期。

[211] 谭秋成：《集体农业解体和土地所有权重建：中国与中东欧的比较》，《中国农村观察》2001 年第 3 期。

[212] 陶春芳：《个人问卷调查中的中国妇女地位》，载杜芳琴等编《中国妇女与发展：地位、健康、就业》，河南人民出版社，1993。

[213] 田丰：《中国当代家庭生命周期研究》，博士学位论文，中国社会科学院研究生院，2011。

[214] 万广华：《经济发展与收入不平等：方法和证据》，上海三联书店、上海人民出版社，2006。

[215] 王海港：《中国居民家庭的收入变动及其对长期平等的影响》，《经济研究》2005 年第 1 期。

[216] 王铭铭：《村落视野中的文化与权力：闽台三村五论》，三联书店，1997。

[217] 王天夫、崔晓雄：《行业是如何影响收入的——基于多层线性模型的分析》，《中国社会科学》2010 年第 5 期。

[218] 王扬宗：《"中国特色"与中国现当代科学口述史浅议》，《中国科技史杂志》2011 年第 1 期。

[219] 王跃生：《华北农民家庭人口生存条件分析——对 20 世纪 30 - 40 年代冀南农村的考察》，《历史研究》2003 年第 6 期。

[220] 王跃生：《社会变革与婚姻家庭变动》，三联书店，2006。

[221] 魏明孔：《中国手工业经济通史·隋唐五代卷》，福建人民出版社，2004。

[222] 温铁军：《中国农村基本经济制度研究》，中国经济出版社，2000。

[223] 吴方卫：《中国农业的增长与效率》，上海财经大学出版社，2000。

[224] 吴平汉、宋子勤、孔金良：《长治地委试办初级农业社的由来、构想和结果》，《中国农业合作史资料》1987 年第 2 期。

[225] 吴卫星、易尽然、郑建明：《中国居民家庭投资结构：基于生命周期、财富和住房的实证分析》，《经济研究》2010 年第 S1 期。

[226] 武力：《1949 - 1978 年中国"剪刀差"差额辩证》，《中国经济史

研究》2001 年第 4 期。

[227] 西奥多·W. 舒尔茨:《改造传统农业》,梁小民译,商务印书馆出版,2006。

[228] 谢淑娟:《论人民公社体制下的村庄经济——以解读〈通知〉为中心》,《中国经济史研究》2006 年第 2 期。

[229] 谢宇、韩怡梅:《改革期间中国城市收入不平等的地位差异》,《国外社会学》2001 年第 1 期。

[230] 辛逸:《"按需分配"的幻灭:大公社的分配制度》,《山东师范大学学报》(人文社会科学版)2006 年第 3 期。

[231] 辛逸:《"农业六十条"的修订与人民公社的制度变迁》,《中共党史研究》2012 年第 7 期。

[232] 辛逸:《对大公社分配方式的历史反思》,《河北学刊》2008a 年第 7 期。

[233] 辛逸:《关于农村人民公社的分期》,《山东师大学报》(社会科学版)2000 年第 1 期。

[234] 辛逸:《简论大公社的分配制度》,《中共党史研究》2007 年第 5 期。

[235] 辛逸:《农村人民公社分配制度研究》,中共党史出版社,2005。

[236] 辛逸:《农村人民公社所有制述论》,《山东师大学报》(人文社会科学版)2001a 年第 2 期。

[237] 辛逸:《人民公社研究述评》,《当代中国史研究》2008b 年第 1 期。

[238] 辛逸:《实事求是地评价农村人民公社》,《当代世界与社会主义》2001b 年第 6 期。

[239] 辛逸:《试论大公社所有制的变迁与特征》,《史学月刊》2002 年第 3 期。

[240] 辛逸:《制度"创新"与农村人民公社的缘起》,《山东师范大学学报》(人文社会科学版)2003 年第 12 期。

[241] 辛逸、高洁:《"自上而下的社会主义"——新中国初期山西省委与长治老区的十个合作社》,《中共党史研究》2010 年第 6 期。

[242] 行龙:《"累档成山":集体化时代基层农村档案的搜集、整理与

研究》，载谭宏、徐杰舜主编《人类学与江河文明——人类学高级论坛 2013 卷》，黑龙江人民出版社，2013。

[243] 行龙、马维强：《山西大学中国社会史研究中心"人民公社时代农村基层档案"述略》，载黄宗智主编《中国乡村研究》第五辑，福建教育出版社，2007。

[244] 行龙、马维强、常利兵：《阅档读史：北方农村的集体化时代》，北京大学出版社，2011。

[245] 徐卫国、黄英伟：《人民公社时期农户劳动报酬实物化及其影响——以 20 世纪 70 年代河北某生产队为例》，《中国经济史研究》2014 年第 4 期。

[246] 杨菊华：《多层模型在社会科学领域中的应用》，《中国人口科学》2006 年第 3 期。

[247] 姚洋、郑东雅：《重工业与经济发展：计划经济时代再考察》，《经济研究》2008 年第 4 期。

[248] 尹恒、李实、邓曲恒：《中国城镇个人收入流动性研究》，《经济研究》2006 年第 10 期。

[249] 张大伟：《"三级所有、队为基础"小公社体制在乡村的确立——基于民族志研究视角》，《湖南农业大学学报》（社会科学版）2010 年第 2 期。

[250] 张江华：《工分制下的劳动激励与集体行动的效率》，《社会学研究》2007 年第 5 期。

[251] 张江华：《工分制下农户的经济行为——对恰亚若夫假说的验证与补充》，《社会学研究》2004 年第 6 期。

[252] 张静：《土地证中的"登记"与"缺席"：二十世纪中期农村妇女土地权益研究》，《中国农史》2014 年第 4 期。

[253] 张军：《合作团队的经济学：一个文献综述》，上海财经大学出版社，1999。

[254] 张俊峰：《文本的历史：集体化时代山西社队文书档案的形成、特征及意义》，《中共党史研究》2009 年第 12 期。

[255] 张乐天：《告别理想——人民公社制度研究》，上海人民出版社，2005。

[256] 张寿春：《人民公社化运动及人民公社问题研究综述》，《当代中国史研究》1996 年第 3 期。

[257] 郑卫东：《集体化时期的分配制度与人口生育——以日照市东村为中心（1949 - 1973）》，《开放时代》2010 年第 5 期。

[258] 中共中央文献研究室编辑：《建国以来重要文献选编》第 12 册，中央文献出版社，1996。

[259] 中共中央文献研究室编辑：《建国以来重要文献选编》第 15 册，中央文献出版社，1997。

[260] 中国社会科学院农业经济研究所合作经济研究室编：《农村人民公社体制改革调查》，出版单位不详，1984。

[261] 中国统计局：《中国统计年鉴 1981》，中国统计出版社，1982，第 196 页。

[262] 中华全国妇女联合会妇女研究所：《中国妇女统计资料》，中国统计出版社，1991，第 241 - 271 页。

[263] 中央党史研究室：《中国共产党历史》（第二卷），中共党史出版社，2011。

[264] 钟霞：《人民公社与东邵瞳村经济社会变迁》，合肥工业大学出版社，2007。

[265] 周其仁：《改革的逻辑》，中信出版社，2013。

[266] 周其仁：《中国农村改革：国家和所有权的关系的变化（上、下）——一个经济制度变迁史的回顾》，《管理世界》1995 年第 3、4 期。

[267] 朱爱岚：《中国北方村落的社会性别与权力》，胡玉坤译，江苏人民出版社，2004。

[268] 朱文强：《怎样认识 20 至 50 年代无锡农民的纯收入——对〈第二次无锡、保定农村经济调查报告〉的再研究》，《中国经济史研究》1998 年第 3 期。

后 记

因为此页纸就在这里，无论写与不写它都在这里，不离不弃，于是有了这几行文字。

因为你要仔细看，所以我必须努力写。

因为有很多人经历了那个火热的年代，所以，我不能乱写，但不保证不出错。因了很多人的帮助，错一定变得少了。

我写得非常不成功，因为给我帮助最大的那些老社员，他们看不懂。可当初，或者现在，或者以后，那些繁杂的账册、记账方法都是他们教我的。他们教的还有很多……

农活分配的故事、底分评定的过程，既朴实无华又惊险刺激，"原来他们竟然有这么多的道道儿"。

我走过的生产队不能说不多。第一个按手印的小岗，最后一个人民公社——周家庄、江苏合沟、山东郭里、河北北街、山西东北里、河北大河等。中国地域之广阔，我去山西东北里竟然要带"翻译"，可见一斑！这些生产队中的上百位老社员们，给了我最大的帮助。

本书的部分章节已在杂志上发表，感谢杂志社慷允收录。

十年前收到回复短信（关于寻找生产队资料的）的兴奋犹在，十年后汇成了这本书。书房里多了一堆生产队档案资料。如果当初群发短信没有收获，我也许不会走上这条路。就是那几句"可能有吧""我记得……好像是有""我爸以前是会计……不知道还有没有"，让我燃起希望，一不小心就是十年，这本书就算是一个小总结吧。

感谢记录历史的社员们！

感谢帮助过我的亲友们！

感谢阅读此书的读者们！

2018 年于北京

图书在版编目（CIP）数据

20 世纪 70 年代农户收入研究 / 黄英伟著. -- 北京：
社会科学文献出版社，2018.4
　国家社科基金后期资助项目
　ISBN 978 - 7 - 5201 - 2082 - 1

　Ⅰ.①2⋯　Ⅱ.①黄⋯　Ⅲ.①农户 - 收入 - 研究 - 中
国　Ⅳ.①F126.2

　中国版本图书馆 CIP 数据核字（2017）第 327446 号

国家社科基金后期资助项目

20 世纪 70 年代农户收入研究

著　　者 / 黄英伟

出 版 人 / 谢寿光
项目统筹 / 陈凤玲
责任编辑 / 关少华

出　　版 / 社会科学文献出版社·经济与管理分社 （010）59367226
　　　　　　地址：北京市北三环中路甲 29 号院华龙大厦　邮编：100029
　　　　　　网址：www. ssap. com. cn
发　　行 / 市场营销中心（010）59367081　59367018
印　　装 / 三河市龙林印务有限公司

规　　格 / 开　本：787mm × 1092mm　1/16
　　　　　　印　张：16.5　字　数：280 千字
版　　次 / 2018 年 4 月第 1 版　2018 年 4 月第 1 次印刷
书　　号 / ISBN 978 - 7 - 5201 - 2082 - 1
定　　价 / 79.00 元

本书如有印装质量问题，请与读者服务中心（010 - 59367028）联系